保险100问系列

李升 江崇光 著

家族信托及保险金信托100问

电子工业出版社
Publishing House of Electronics Industry
北京·BEIJING

内 容 简 介

本书从初识信托、家族信托的主体与客体、家族信托的功能、家族信托的设立与运营以及保险金信托5个方面,以大众经常遇到且容易产生误解的100个问题为切入点,通过案例描述、专业解析及延伸阅读,全面讲解家族信托及保险金信托的相关知识。

通过阅读本书,相关金融从业者能更好地开展家族信托及保险金信托业务,普通读者也能进一步了解家族信托及保险金信托,更合理地规划私人财富的保护及传承。

未经许可,不得以任何方式复制或抄袭本书之部分或全部内容。
版权所有,侵权必究。

图书在版编目(CIP)数据

家族信托及保险金信托100问 / 李升, 江崇光著. -- 北京:电子工业出版社, 2023.3 (2025.8重印)
(保险100问系列)
ISBN 978-7-121-44904-8

Ⅰ. ①家… Ⅱ. ①李… ②江… Ⅲ. ①家族–私营企业–信托投资–问题解答②保险–信托投资–问题解答 Ⅳ. ①F830.59-44

中国国家版本馆CIP数据核字(2023)第015383号

责任编辑:王小聪
印　　刷:鸿博昊天科技有限公司
装　　订:鸿博昊天科技有限公司
出版发行:电子工业出版社
　　　　　北京市海淀区万寿路173信箱　邮编:100036
开　　本:787×1092　1/32　印张:11.75　字数:294千字
版　　次:2023 年 3 月第 1 版
印　　次:2025 年 8 月第 11 次印刷
定　　价:69.00 元

凡所购买电子工业出版社图书有缺损问题,请向购买书店调换。若书店售缺,请与本社发行部联系,联系及邮购电话:(010)88254888,88258888。

质量投诉请发邮件至zlts@phei.com.cn,盗版侵权举报请发邮件至dbqq@phei.com.cn。

本书咨询联系方式:(010)68151612,meidipub@phei.com.cn。

前言
FOREWORD

2013年，当时的中国保监会决定，把每年的7月8日定为"全国保险公众宣传日"，主题是"保险，让生活更美好"。彼时，距离1805年保险在中国首次出现已经过去208年，离1979年全国保险工作会议决定恢复保险业务，也已过了34个春秋。

作为一种现代金融、法律工具，无论是在国家、社会层面，还是在企业、个人层面，保险都有着重要的、不可替代的价值，发挥着保障人民生命和财产安全的重大作用。根据银保监会[①]披露的数据可知，2021年全国保险业总计赔付保险金1.6万亿元，连续六年理赔超过万亿元。与此形成鲜明反差的是，社会上仍有一部分人对保险（尤其是人身保险）有着深深的误解，对基本的保险知识缺乏必要的了解。在我国已经成为全球第二大保险市场、全国保险公众宣传日已启动近10年的今天，这个反差需要被抹平。

为了消除大众对保险的误解、普及保险常识，我们策划了这套"保险100问系列"图书。

这套书既是工具书，也是知识普及读物。我们根据每本书的主

---

① 银保监会，即中国银行保险监督管理委员会。2023年3月，中共中央、国务院印发的《党和国家机构改革方案》中明确：在中国银行保险监督管理委员会基础上组建国家金融监督管理总局，统一负责除证券业之外的金融业监管，作为国务院直属机构，不再保留中国银行保险监督管理委员会。由于本书引用的文件仍然有效，为了不引起读者的混淆，本书仍保留银保监会的称谓。

题，精选100个大众经常遇到、容易产生误解的问题，并给出专业的解答。当你在日常的工作和生活中碰到某个问题时，可以通过检索目录，有针对性地阅读相关章节。书中的案例故事、思维导图（表格）、延伸阅读部分，可以帮助你更好地理解、把握相关内容。你可以像使用字典一样使用这些书，解决遇到的具体问题。

这100个问题并不是随意堆放的。在设计每本书的目录时，我们除了考虑它实用、工具的属性，还要求问题与问题之间具有逻辑上的关联，即所有的问题组合在一起，能系统地体现相关主题的整体面貌。可以这么说，书中每个问题的解答都包含至少一个知识点，这些知识点相互结合，构成了这本书相关主题的完整图景。你可以像阅读任何一本普及读物一样，从第一页读到最后一页，全面了解、学习相关主题的知识。

这套书既适合保险从业者，也适合保险消费者。经过几十年的发展，我国的商业保险市场正在进行专业化转型。在这个转型浪潮中，保险从业者，尤其是保险营销员这个群体，有的人掉队了，有的人在坚守，有的人取得了骄人的业绩。大浪淘沙，留下的是金子。最后能够在这个行业中闪闪发光的，一定是拥有专业能力的那一批人。这套书不仅是对相关问题的简单解答，还深入阐述了诸多问题背后的保险原理、法律依据、行业规范等。借助这套书，我们相信保险从业者的专业能力定能更上一层楼。

作为保险消费者，既可以从实用角度阅读这套书，作为自己配置保险的参考，也可以从"无用之用"的角度阅读这套书，了解保险业务背后的思维模式、科学原理。保险是一种有着诸多功能，因而也有着复杂结构的产品，保险消费者如果自己不了解一些保险知识，又遇到不够专业的保险营销员，就有可能踩到各种"坑"，发生各种理赔纠纷。而遇到相关问题时如果能随手翻一翻这套书，也许就能避开一堆麻烦。从另一个角度讲，作为一种风险管理工具，保险是人类理性智慧的结晶。它是如何看待各种风险的？它是怎样通过巧妙地搭建一个架构，实现风险转移的？……通过保险的视角看世界，你会有惊喜的发现。这种"无用之用"的阅读，能帮你打开一道门，进入新天地。

《论语》里有一句大家耳熟能详的话："学而时习之，不亦说乎？""学"固然重要，更重要的是能"习"，也就是把学到的东西融入我们的精神和人格，应用到实践当中。这样"学"与"习"，才能带来喜悦。对于这套书，我们希望你不仅能从中学到知识，还能把它利用起来，无论是为自己配置合适的保险产品，还是为客户提供更科学合理的保险规划，真正实现"保险，让生活更美好"。

保法城邦编辑部
2022 年 10 月

序言
PREFACE

站在财富管理的转折点上看家族信托

中国经济增速放缓，个人财富如何跨越经济周期，避免在各种不确定的因素下迅速缩水？

"富不过三代"的魔咒尚在，家族财富如何在时间长河的洗礼中，在各种复杂环境的影响下，实现有序传承？

共同富裕已经成为时代的中心课题，对此，高净值人士可以有哪些积极作为？

个人资产透明化时代来临，高净值人士怎样做才能跟上时代、未雨绸缪、顺势而为？

……

这是2021年以来，作者感受到的高净值人士共同的困惑和焦虑。正是基于这些困惑和焦虑，高净值人士对财富的思考更加深入，对财富管理的需求也更加多样。他们从单纯追求财富的保值增值，到注重财富的保护与传承，从单一化的需求，到个性化、定制化、全方位的财富规划，从单纯的金融需求，到以金融产品为基础工具，同时能够实现法律功能、税务筹划和传承安排的综合化解决方案。

财富管理需求侧的变化，倒逼供给侧做出相应的调整。家族信托作为具有特殊法律架构的金融工具,可以充分发挥制度优势,跨越经济周期和生命周期,解决财富保护与传承难题,因此,它从过去仅为极少数超高净值人士使用的金融工具,快速变得被中、高净值人士所熟知。但是,家族信托动辄上千万元的资金门槛,仍然让人望而却步。而保险金信托,作为以保单受益权为信托财产的一种特殊的家族信托,因具备门槛低、流动性好、设立方便等特点,同时还具备家族信托和大额保险的优势,从而受到中、高净值人士的普遍欢迎。自2020年以来,国内的保险金信托规模得到爆发式增长。

经过多年的发展,国内的家族信托已经进入成熟期,投资者获得的信息较为充分,行业格局逐渐清晰,信托公司规模效应已经显现,经济效应也已经得到了初步体现。

对信托公司来说,家族信托是其信托业务转型发展的一个重要方向。家族信托和保险金信托作为财富管理受托服务信托下的重要内容,是监管部门鼓励发展的方向,也是信托公司必须布局的代表行业未来的业务方向。

对高净值人士来说,家族信托是其必须配置的金融工具,不仅可以帮助他们进行资产隔离和财富有序传承,还可以在信托项下进行资产配置,实现更加确定的财富目标。

对从业人员来说,尤其是从事泛财富管理的银行、信托、保险、证券等行业的相关人员,必须与时俱进,及时补充家族信托和保险金信托的相关知识,才能更好地满足客户的需求,为客户提供更加专业的服务。

本书的两位作者有着多年信托和保险行业研究经验及一线从业经历,他们针对大量客户和从业人员在实务中经常遇到的问题,多方面了解信托公司在处理这些问题时的通行做法,将其撰写成书,供想要了解家族信托和保险金信托的从业人员参考。当然，对正在寻求信托公司进行家族信托设计的委托人来说，本书也是有价值的。

由于作者水平有限，家族信托和保险金信托业务创新迭代较快，相关政策也经常更新，因此，尽管作者付出了很多努力，书中仍难免会有错误和疏漏之处，恳请广大读者批评指正，也欢迎从业人员一起探讨交流。另外，对于书中的同一问题，不同信托公司的处理方法也不尽相同，需要委托人与信托公司进行协商确认。

本书写作之时，正值上海市全域静态管理。对高净值人士来说，他们也可能会遇到类似的"黑天鹅"事件，以致在没有应对方案之时，以一种未曾预见的方式经历重大风险，让自己一生的心血付诸东流。因此，作者给高净值人士的建议是：坐而论道，不如立刻行动，即使方案还不完美。

物换星移，周而复始。生命有终点，但文化和价值观会跟随家族信托以另一种形式传承下去。

目录
CONTENTS

第一章 Chapter 1　初识信托

01	什么是信托？	2
02	信托有哪些种类？	7
03	什么是家族信托？	11
04	什么是慈善信托？	17
05	什么是集合资金信托计划？	20
06	什么是遗嘱信托？	24
07	什么是保险金信托？	28
08	什么是离岸信托？	31

第二章 Chapter 2　家族信托的主体与客体

09	如何理解家族信托的主体？	38
10	委托人可以参与信托财产的投资管理吗？	41
11	在家族信托存续期间，委托人需要注意什么？	45
12	哪些人可以做家族信托的受益人？	47
13	委托人本人可以做家族信托的受益人吗？	51
14	未出生的人可以做家族信托的受益人吗？	54

15	非婚生子女可以做家族信托的受益人吗？	57
16	好友或知己可以做家族信托的受益人吗？	59
17	境外人士可以做国内家族信托的受益人吗？	62
18	境外身份的受益人获得的信托利益可以出境吗？	64
19	受益人可以转让和继承受益权吗？	68
20	受益人可以放弃信托受益权吗？	70
21	可以变更受益人吗？	73
22	受益人从家族信托中获得的财产是个人财产吗？	75
23	可以变更受托人吗？	77
24	受托人只能是信托公司吗？	79
25	中国目前有哪些信托公司？	81
26	什么是私人信托公司？	87
27	信托公司是如何管理信托财产的？	90
28	信托公司只负责管理信托财产吗？	93
29	信托公司会收取哪些费用？	96
30	信托公司会向委托人和受益人报告信托财产的管理情况吗？	99
31	信托公司会破产吗？	101
32	什么是信托监察人？	107
33	谁适合做信托监察人？	109
34	财务顾问是必需的角色吗？	111
35	如果发生纠纷，信托当事人如何保障自己的权益？	114
36	哪些财产可以作为信托财产？	117
37	如何理解信托财产的独立性？	120
38	信托财产会被信托公司挪用吗？	124
39	信托财产登记是怎么回事？	126

第三章 家族信托的功能
Chapter 3

40	家族信托有哪些主要功能？	132
41	家族信托可以避债吗？	136
42	企业主如何用家族信托实现家企资产隔离？	140
43	如何用家族信托实现婚姻财产隔离？	143
44	如何用家族信托实现有序传承？	147
45	如何用家族信托照顾特殊的家庭成员？	149
46	如何用家族信托激励和约束后代？	151
47	如何用家族信托实现隔代传承？	153
48	家族信托如何实现信托财产的保值增值？	156
49	家族信托可以保本吗？	159
50	家族信托可以"避税"吗？	163
51	家族信托可以作为遗产税的筹划工具吗？	167
52	家族信托如何保护隐私？	170
53	有了信托登记制度，家族信托还能保护隐私吗？	173
54	家族信托如何传承家族精神？	176
55	如何用家族信托优化公司治理结构？	180
56	家族信托可以实现代持还原吗？	183
57	如何用家族信托来进行慈善安排？	186
58	如何用家族信托对员工实现股权激励？	189
59	如何用家族信托进行养老安排？	193
60	急需用钱时可以从家族信托中"取钱"吗？	198
61	理财型信托和家族信托有什么不同？	200
62	人寿保险和家族信托有什么区别？	202
63	资产代持和家族信托有什么区别？	207

| 64 | 遗嘱继承与家族信托传承有什么区别？ | 211 |
| 65 | 家族信托投资和个人投资有什么区别？ | 216 |

第四章 Chapter 4 家族信托的设立与运营

66	哪些人适合设立家族信托？	220
67	哪些人适合设立离岸信托？	223
68	无子女的人有必要设立家族信托吗？	226
69	如何用股权设立家族信托？	229
70	股权家族信托有哪些优势？	234
71	如何用房产设立家族信托？	239
72	用资金和用保险设立家族信托各有哪些优缺点？	244
73	企业上市前适合设立家族信托吗？	247
74	家族信托的设立流程是怎样的？	252
75	设立家族信托需要签署哪些文件？	258
76	设立家族信托时要注意哪些问题？	262
77	如何选择信托公司？	267
78	信托公司如何进行尽职调查？	272
79	如何阅读信托文件？	275
80	委托人可以修改或解除信托合同吗？	278
81	委托人去世后，家族信托还有效吗？	281
82	家族信托可以提前终止吗？	284
83	什么情况下家族信托可能会被击穿？	286
84	国内家族信托的业务模式有哪些？	290
85	国内的家族信托够不够成熟？	295
86	与信托业务有关的法律法规有哪些？	298

第五章 保险金信托
Chapter 5

87	保险金信托 1.0 版、2.0 版、3.0 版是什么意思?	304
88	如何设立保险金信托?	309
89	保险金信托的信托财产是什么?	313
90	什么样的保险更适合设立保险金信托?	316
91	设立保险金信托需要配偶同意吗?	319
92	保险金信托成立后,能撤销吗?	321
93	保险金信托成立后,能变更投保人或委托人吗?	323
94	保险金信托成立后,还能用保单贷款吗?	326
95	投保人先于被保险人去世,会影响保险金信托吗?	328
96	如果身故保险金较少,保险金信托该如何运作?	331
97	保险金信托成立后,如何申请保险金?	333
98	与人寿保险相比,保险金信托有哪些优势?	336
99	与资金家族信托相比,保险金信托有哪些优势?	339
100	保险金信托的风险有哪些?	342

附录   345

Chapter 1

第一章

一

初识信托

01 什么是信托?

金总经营着一家休闲食品加工企业,经过多年的打拼,他积累了不菲的财富,也成为多家银行的私人银行客户。最近几年,有好几个私人银行的客户经理向金总推荐家族信托,虽然他们已经做了详细介绍,但金总还是有些疑惑:到底什么是信托?

▶▶▶ **专业解析**

对绝大多数的普通人来说,"信托"是一个陌生的名词。即使是高净值人群,也只有一部分人接触过信托,而且他们通常认为信托就是一个高门槛、高收益的"理财产品"。那么,到底什么是信托呢?

下面,我们从法律、历史、行业、道德等方面来加以说明。

一、从法律方面来看

《中华人民共和国信托法》(以下简称《信托法》)第二条给出了信托的法律定义:"本法所称信托,是指委托人基于对受托人的信任,将其财产权委托给受托人,由受托人按委托人的意愿以自己的名义,为受益人的利益或者特定目的,进行管理或者处分的行为。"

也就是说,信托是委托人把财产交给受托人,受托人为了委托人指定的受益人的利益,运用专业知识和技能以自己的名义管理、处分财产,受益人享有财产利益。可见,信托关系由委托人、受托人和受益人三方的权利和义务构成,这些权利和义务围绕着信托财产的转移、管理和信托利益的分配而展开。

所以，从法律的角度来讲，信托是一种行为、一种特殊的多主体法律架构，也是一种制度性安排——财富管理与转移的制度性安排。

在信托关系中，信托财产的所有权和管理权、处分权属于受托人，控制权属于委托人，受益权属于受益人。这种特殊的法律架构实现了财产的所有权、控制权和受益权的分离，并且使其相互制约、相互监督，可以更好地帮助委托人实现保护和传承财富的目的。

二、从历史方面来看

信托作为一项在社会上被广泛使用的保护和传承财富的制度，最早起源于13世纪的英国。当时的人们为了突破封建土地制度对财产自由继承和转移的限制，创造了用益制度，也就是土地的"代为使用"制度。到了17世纪，用益制度发展成了信托制度。这时候的信托仍是民事信托，一般不以营利为目的。

18世纪末，美国从英国引入民事信托制度，并从19世纪初开始以公司形式开展信托经营业务，为现代信托制度奠定了基础。

在中国，信托文化或者信义文化，其实古已有之。

在《论语》中，很多篇目强调了"忠信"的重要性。比如，《论语·学而》中有"吾日三省吾身：为人谋而不忠乎？与朋友交而不信乎？"；《论语·为政》中有"人而无信，不知其可也"；《论语·颜渊》中有"主忠信，徙义，崇德也"；等等。其中强调的"忠信"，其实与现代信托制度的"受人之托，忠人之事"的内涵是完全一致的——"忠"，就是在受托替别人办事时，要做到尽职尽责；"信"，就是要说话诚实，信守承诺。

更进一步来说，刘备的"白帝城托孤"、晋商的"东掌制"已经具备了信托的雏形。

三国时期，刘备在去世之前将蜀国托付给诸葛亮管理，并让其辅佐刘禅，诸葛亮承诺"竭股肱之力，效忠贞之节，继之以死"。此后，诸葛亮信守承诺，不负刘备所托，为了蜀国六出祁山，鞠躬尽瘁，死而后已。

晋商的"东掌制"是晋商能够成功的最重要的一项制度。具体来说，东家是投资人，拥有商号的所有权，对于商号的经营，东家并不参与，而是全权授权给掌柜，以此保持商号的规范化经营。掌柜实际上就是今天的职业经理人。虽然这种形式没有实现商号所有权的转移，但已经形成了以"信而托付"为核心的受托管理制度。

此外，晋商还独创了"财股身股"制度，即东家持有"财股"，掌柜持有"身股"，"身股"和"财股"都可以享受分红，一般是"财四身六"。东家的"财股"是可以继承的，而掌柜的"身股"不能继承和转让。如果从现代信托制度的角度来看的话，"财股"可以理解为委托人或受益人的受益权，而"身股"则可以理解为受托人的管理费。

刘备的"白帝城托孤"与晋商的"东掌制"对比

项目	刘备的"白帝城托孤"	晋商的"东掌制"
委托人	刘备	东家
受托人	诸葛亮	掌柜
受益人	刘禅	东家
信托财产	蜀国的江山	东家的商号
信托合同	口头遗嘱	号规

可见，从历史方面来看，虽然信托制度起源于英国，信托公司起源于美国，但信托文化早在中国古代的春秋战国时期就已经萌芽，

并绵延至今。

三、从行业方面来看

信托业作为一个行业，是指在经营活动中，由受托人提供财产管理服务的经济活动类别。从理论上来说，受托人既可以是个人，也可以是专业机构，但在实践中，受托人通常是持有信托牌照的信托公司。

在我国，信托业和银行业、保险业、证券业并称为"四大金融支柱"。2012年年底，信托业受托管理的资产就已达7.47万亿元，超越保险业（同期保险业总资产为7.35万亿元）成为我国金融行业的第二大支柱，仅次于银行业。

信托公司发行的信托计划是一类金融产品，特别是集合资金类信托，它一头连接融资项目，以满足融资方对项目的资金需求，另一头连接资金，以满足资金方的财富管理需求，有力地推动了经济建设，以及金融体系的发展与完善。

四、从道德方面来看

信托以信任为基础，这里的"信任"是对道德的敬畏，也是对信义精神的坚守。因此，从道德的角度来讲，信托还是一种人类最基本的生存方式。

在日常生活和工作中，广义的信托行为无处不在，比如，委托出租车司机将自己送到目的地、委托快递公司帮自己取送货、委托同事或好友代买物品、购买公募基金等。

总之，人们出于信任，进而委托。信托，因信而托，有信有托，无信则无托。

通俗地说，信托就是委托人将财产所有权转让给信托公司，而信托公司按照委托人的意愿，为了受益人的合法利益最大化来管理这笔财产，并将财产和收益按委托人指定的时间或条件分配给受益人的行为。

信托包含了五个要素：以信任为基础，以信托财产为前提，以维护受益人的合法利益为核心，以委托人的意愿为目的，以委托为管理方式。

▶▶▶ 延伸阅读

2020年6月，中国信托业协会发布了《信托公司信托文化建设指引》，旨在引导信托公司回归受托人定位，恪守"受人之托，忠人之事"宗旨，以受益人的合法利益最大化为目标，培育和树立良好的信托文化，形成"诚信、专业、勤勉、尽职"的良好价值理念。

根据中国信托登记有限责任公司（以下简称"中国信登"）的数据，截至2021年年底，我国信托产品存量个人投资者数量突破120万人。

02　信托有哪些种类？

经过客户经理的细致讲解，金总终于弄明白了什么是信托。紧接着，金总想起朋友之前提到过资金信托、离岸信托、慈善信托等概念，因此，他也很想知道信托都有哪些种类。那么，信托到底有哪些种类呢？

▶▶▶ 专业解析

《信托法》第三条规定："委托人、受托人、受益人（以下统称信托当事人）在中华人民共和国境内进行民事、营业、公益信托活动，适用本法。"

根据上述法条的规定，信托大致可以被分为民事信托、营业信托和公益信托三大类。但这种分类方法并不十分准确，比如民事信托和营业信托之间，甚至民事信托和公益信托之间的界限并不十分清晰。就家族信托来说，从事务管理方面来看，它应当属于民事信托，但从营业行为方面来看，因为家族信托的受托人一般是持有信托牌照的信托公司，所以它显然又是一种营业信托。

虽然信托业至今没有特别清晰且统一的信托分类标准，但是，我们还是可以从多种不同的维度对信托进行分类的。

根据受托人是否以营业或营利为目的，信托可分为民事信托和营业信托。受托人不以营业或营利为目的的信托是民事信托，反之则是营业信托。营业信托也被称为商事信托或商业信托。在我国，营业信托只能由信托公司经营，而信托公司是正规的持牌金融机构，受中国银行保险业监督管理委员会（以下简称"中国银保监会"）的严格监管。

根据信托财产的性质，信托可分为资金信托、动产信托、不动产信托、财产权信托等。财产权包括股权、债权、专利权、著作权、收益权、受益权等。保险金信托就是一种财产权信托。

根据委托人的数量，信托可分为单一信托和集合信托。只有一个委托人的信托是单一信托，委托人多于一个人的信托是集合信托。集合资金信托计划是常见的集合信托，家族信托一般为单一信托。

根据受益人是否只有委托人，信托可分为自益信托和他益信托。根据《信托公司集合资金信托计划管理办法》（银监会令〔2007〕3号）第五条的规定，"参与信托计划的委托人为唯一受益人"。可见，最常见的集合资金信托计划全部为自益信托。家族信托一般为他益信托。

根据受益对象的不同，信托可分为私益信托和公益信托。私益信托是为了特定受益人的利益而设立的信托。公益信托是为了公共利益，发展社会公益事业而设立的信托。关于公益信托，我国《信托法》第六章中有专门的规定。

信托的几种分类方法

分类标准	信托类型
受托人是否以营业或营利为目的	民事信托
	营业信托
信托财产的性质	资金信托
	动产信托
	不动产信托
	财产权信托

续表

分类标准	信托类型
委托人的数量	单一信托
	集合信托
受益人是否只有委托人	自益信托
	他益信托
受益对象的不同	私益信托
	公益信托

▶▶▶ **延伸阅读**

2022年4月，中国银保监会发布了《关于调整信托业务分类有关事项的通知（征求意见稿）》。在征求意见发布近一年后，2023年3月24日，中国银保监会发布了《关于规范信托公司信托业务分类的通知》（银保监规〔2023〕1号），并于2023年6月1日起实施。

这份正式的信托业务分类通知强调了信托公司的受托人定位，根据各类信托服务的实质，以信托目的、信托成立方式、信托财产管理内容为分类维度，将信托业务分为资产服务信托、资产管理信托、公益慈善信托三大类，并在每一大类业务下细分信托业务子项，规范了每项业务的定义、边界、服务内容和禁止事项，明确了分类工作的责任主体和工作要求。值得一提的是，此次的信托业务分类通知中，首次明确地提出了"家庭服务信托"和"保险金信托"的概念，这必将对家庭服务信托和保险金信托业务的发展产生重要影响。

信托公司信托业务新分类简表

服务实质	业务品种 是否募集资金	受益类型	主要信托业务品种	
资产服务信托业务	不涉及	自益或他益	财富管理服务信托	家族信托
				家庭服务信托
				保险金信托
				特殊需要信托
				遗嘱信托
				其他个人财富管理信托
				法人及非法人组织财富管理信托
			行政管理服务信托	预付类资金服务信托
				资管产品服务信托
				担保品服务信托
				企业/职业年金服务信托
				其他行政管理服务信托
			资产证券化服务信托	信贷资产证券化服务信托
				企业资产证券化服务信托
				非金融企业资产支持票据服务信托
				其他资产证券化服务信托
			风险处置服务信托	企业市场化重组服务信托
				企业破产服务信托
			新型资产服务信托	
资产管理信托业务	私募	自益	集合资金信托计划	固定收益类信托计划
				权益类信托计划
				商品及金融衍生品类信托计划
				混合类信托计划
公益慈善信托业务	可能涉及募集	公益	公益慈善信托	慈善信托
				其他公益信托

03 什么是家族信托?

在一次饭局上,金总听朋友说,家族信托和普通的信托不太一样,只有家族信托才能实现财富的保护和传承,而普通的信托不一定行。听完朋友的话后,金总特别想知道其中的原因,也想知道什么是家族信托。

▶▶▶ 专业解析

我们知道,现代信托起源于13世纪的英国,到了17世纪,正式成为一项法律制度,重在解决财富保护和传承的问题;后来,信托在美国发展迅速,并被赋予了很多新的功能,之后被传播到世界各国。

自1979年我国第一家信托公司成立以来,伴随着我国改革开放的进程,信托业在我国得到了快速发展。但是,直到30多年后的2012年,第一单家族信托才正式在我国落地,而家族信托的定义,直到2018年才第一次在我国的官方文件中出现。

一、家族信托的定义

"家族信托"一词第一次在我国的官方文件中出现,是在2015年的《中国银监会办公厅关于做好信托业保障基金筹集和管理等有关具体事项的通知》(银监办发〔2015〕32号)中。文件中提到"家族信托区分资金信托和财产信托分别认购",但也仅此而已,该文件并没有规定何为"家族信托"。

2018年8月,中国银保监会下发《信托部关于加强规范资产管理业务过渡期内信托监管工作的通知》(信托函〔2018〕37号),业内称之为"37号文"。"37号文"要求各银监局信托监管处室按照"实质重于形式"的原则,加强信托业务及创新产品的监管。此外,"37号文"首次明确了家族信托的定义,并明确规定公益信托、家族信托不适用《关于规范金融机构资产管理业务的指导意见》(银发〔2018〕106号)(以下简称《资管新规》)。

"37号文"给家族信托下的定义是:"家族信托是指信托公司接受单一个人或者家庭的委托,以家庭财富的保护、传承和管理为主要信托目的,提供财产规划、风险隔离、资产配置、子女教育、家族治理、公益(慈善)事业等定制化事务管理和金融服务的信托业务。"

虽然"37号文"只是一个行业规范性文件,其中关于家族信托的定义只能算是信托业的工作指引,并不能构成法律层面上的家族信托的定义,但是从信托实务来看,开展家族信托业务的信托公司必然受中国银保监会信托监管部的指导。因此,"37号文"中关于家族信托的定义,事实上成了目前我国有关家族信托最权威的定义。

二、家族信托是什么?

从法律关系来看,家族信托具有区别于普通金融工具的特殊架构。就普通金融工具来说,比如基金、股票、债券等,其受益人只能是投资者本人,且资金的运作流程一定是闭环运作的,即流出的资金最终只能流回投资者本人的账户,因此它们都是自益型金融工具。由于家族信托的委托人不能是唯一的受益人,资金可以实现从委托人向受托人再向受益人的转移,所以家族信托是他益型金融工具。

从信托目的来看,家族信托旨在家庭财富的保护、传承和管理,重点在财产规划、风险隔离、资产配置、子女教育、家族治理等方面，既包含金融服务，也包含一定的家族事务管理服务。

从财产增值来看，以单纯追求信托财产的保值增值为目的的信托不属于家族信托，而应当被看作专户理财产品。

从财富传承来看，家族信托是长辈对后代的爱与责任。对从未见过委托人的后代受益人来说，他们感受到的是长辈"来自天堂的爱"。

三、家族信托不是什么？

家族信托不是一款标准化的金融产品。

家族信托的重点在于解决家族内各种个性化的问题，特别是家族事务管理方面的问题。由于各个家族的具体需求不同，所以在财富管理和分配上，家族信托的条款一定是个性化的，需要进行定制。当然，为了提高业务效率，家族信托在一些通用条款上可以进行模块化设计，比如，在分配条款上可以进行菜单式管理。

家族信托不是一款纯粹的资产管理产品，而是一项财富管理制度。

典型的资产管理产品，比如银行理财产品、专户理财产品、公募基金、私募基金、集合资金信托计划等，都只有一个功能，那就是投资增值。而家族信托除了对财富进行管理、努力让财富增值外，还强调对财富的保护和传承，且具有一定的家族事务管理功能。

四、家族信托的通俗版含义

说白了，家族信托就是"一笔钱、两件事、三个人"。

所谓"一笔钱"，是指信托财产。在家族信托中，整个信托关系都是围绕信托财产展开的，没有信托财产就没有家族信托。

所谓"两件事",第一件事是委托人把财产交给受托人,第二件事是受托人管理和处分这些财产,并按照信托文件的约定将财产及其收益分配给受益人。

所谓"三个人",就是家族信托中的三个主体:委托人、受托人和受益人。家族信托由委托人设立,受托人管理,受益人获益。

委托人,就是设立家族信托,并把信托财产交给受托人的人。委托人虽然放弃了信托财产的所有权,但拥有控制权。

受托人,就是按照委托人的意愿,管理信托财产及家族事务并承担受托义务的人。受托人是信托财产(名义上)的所有人。从理论上讲,家族信托的受托人既可以是法人,也可以是委托人信任的自然人,但在信托实务中,受托人通常是信托公司。

受益人,就是在家族信托中享有受益权的人。在信托实务中,家族信托的受益人应当是与委托人有亲属关系的人。

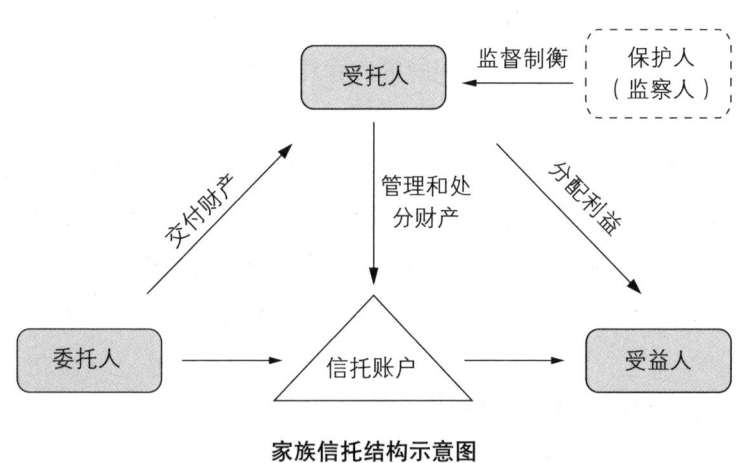

家族信托结构示意图

▶▶▶ **延伸阅读**

我国家族信托业务发展的重要事件[1]

时间	组织/机构名称	事件
2013年1月	平安信托	设立"平安财富·鸿承世家系列单一万全资金信托",总规模为5000万元,是国内首单家族信托产品
2013年5月	外贸信托、招商银行	推出国内第一单私人银行家族信托产品
2014年1月	中信信托	开启"家族办公室"服务,并宣布签下首单"家族办公室"合约
2014年1月	上海信托	成立了名为"家族管理办公室"的部门,主要对接具有家族信托需求的客户
2014年4月	中国银监会办公厅	《关于信托公司风险监管的指导意见》(银监办发〔2014〕99号)发布,提出"探索家族财富管理,为客户量身定制资产管理方案"
2014年5月	中信信托、信诚人寿	推出国内第一单保险金信托产品
2017年5月	国家税务总局、财政部、中国人民银行、中国银监会、中国证监会、中国保监会	联合发布《非居民金融账户涉税信息尽职调查管理办法》,对我国的家族信托业务具有一定的促进作用
2018年8月	中国银保监会	发布"37号文",首次在官方文件中明确家族信托的定义和业务规范

[1] 中国信托业协会. 2021年信托业专题研究报告[R]. 北京:中国财政经济出版社,2022: 226.

续表

时间	组织/机构名称	事件
2019年11月	最高人民法院	发布《全国法院民商事审判工作会议纪要》（法〔2019〕254号）（以下简称《九民纪要》），家族信托可参考适用其中关于营业信托财产独立性及债务隔离性的规定
2020年5月	第十三届全国人民代表大会第三次会议	审议通过《中华人民共和国民法典》（以下简称《民法典》），并于2021年1月1日起开始实施，明确了遗嘱信托的法律地位，对家族信托的发展具有重要意义

04 什么是慈善信托？

金总小时候家境贫寒，在社会爱心人士的资助下，勉强读完了大学。毕业后，金总选择创业，经过多年的奋斗，积累了不菲的财富。金总特别感谢一路走来帮助过自己的"贵人"，积极参与公益活动，希望用自己的力量回报社会。因此，金总特别想了解一下慈善信托的相关情况。

▶▶▶ 专业解析

2021年8月，在中央提出促进共同富裕之后，关注公益和慈善的高净值人士越来越多。慈善信托作为现代社会的公益机制，应当在共同富裕的时代发挥重要作用。

2022年1月，中国慈善联合会与中国信托业协会联合发布了《2021年中国慈善信托发展报告》。该报告显示，截至2021年年底，全国累计慈善信托备案773单，财产规模达39.35亿元。其中，2021年新设立的慈善信托共计227单，财产规模达5.71亿元，较去年增加了32.48%。

一、什么是慈善信托？

《信托法》第六章专门规范了公益信托行为，而《中华人民共和国慈善法》（以下简称《慈善法》）则明确规定"慈善信托属于公益信托"。

《慈善信托管理办法》（银监发〔2017〕37号）第二条规定，慈善信托是指委托人基于慈善目的，依法将其财产委托给受托人，由受托人按照委托人意愿以受托人名义进行管理和处分，开展慈善活动的行为。

《慈善信托管理办法》第七条规定，以开展下列慈善活动为目的而设立的信托，属于慈善信托：

（1）扶贫、济困；

（2）扶老、救孤、恤病、助残、优抚；

（3）救助自然灾害、事故灾难和公共卫生事件等突发事件造成的损害；

（4）促进教育、科学、文化、卫生、体育等事业的发展；

（5）防治污染和其他公害，保护和改善生态环境；

（6）符合《慈善法》规定的其他公益活动。

简单来说，慈善信托属于信托的一种类型，只要委托人以开展慈善活动为目的，将自己的财产转移给受托人，受托人按照委托人确定的公益目的，管理和处分信托财产，并将信托财产及收益用于该公益目的的信托，即为慈善信托。

二、慈善信托的设立

慈善信托的设立和其他信托相似，但又有一些自身的特点：

（1）慈善信托的信托目的必须是从事合法的慈善活动，慈善信托财产及其收益，应当全部用于慈善活动。

（2）慈善信托的受托人可以是信托公司，也可以是依法登记或委托人认定的慈善组织。个人不得以慈善信托的名义开展类似募捐等活动。

（3）慈善信托的受益人不能是与委托人或受托人具有利害关系的人。

（4）慈善信托的委托人根据需要可以确定信托监察人，但这不是必需的。

（5）在慈善信托文件签订后七日内，受托人应当向自己所在地县级以上人民政府民政部门备案，未备案的，不享受税收优惠政策。

三、慈善信托的制度保障

慈善信托受《信托法》《慈善法》《慈善信托管理办法》等法律法规的规范。

国家鼓励、支持慈善信托的发展，并在税收优惠、免计风险资本、保障基金认购等方面给予了政策上的支持。

慈善信托信息必须公开，并接受公众监督，公众可以在全国慈善信息公开平台上查询到已备案的慈善信托信息。

相较于一般的慈善捐赠和慈善基金会，慈善信托机制更加灵活，资金使用效率更高，而且慈善目的也能更有效地实现。

▶▶▶ **延伸阅读**

"慈善中国"官网的数据显示，截至2022年11月30日，我国慈善信托备案单数已经超过了1000单，信托财产规模超过45亿元。

若想进一步了解慈善信托的相关信息，大家可以登录"慈善中国"官网。

05 什么是集合资金信托计划？

经过客户经理的讲解，金总终于了解了家族信托的相关知识。在此过程中，金总不断听到"集合资金信托计划"这一名词，他心想，虽然自己之前多次投资过这类产品，但想更深入地了解它的底层逻辑。那么，什么是集合资金信托计划？它又是如何运作的呢？

▶▶▶ 专业解析

集合资金信托计划，是指由信托公司担任受托人，按照委托人的意愿，为受益人的利益，将两个或两个以上委托人交付的资金进行集中管理和处分的资金信托业务活动。

集合资金信托计划的本质是利用信托工具的灵活性和特殊的法律架构，为投资者和融资者搭建起高效的投融资平台。

一、委托人

集合资金信托计划的委托人必须是合格投资者，既可以是自然人，也可以是法人或其他组织。

根据《信托公司集合资金信托计划管理办法》，单个信托计划的自然人人数不得超过50人，但单笔委托金额在300万元以上的自然人投资者和合格的机构投资者数量不受限制。

2020年5月8日，中国银保监会发布了《信托公司资金信托管理暂行办法（征求意见稿）》，该办法可以被看作《资管新规》的信托版落实方案。其中规定，资金信托面向合格投资者以非公开方式募集，投资者人数不得超过200人，且每个合格投资者的投资起点金额应当符合《资管新规》的规定。

二、合格投资者

根据《资管新规》的规定,合格投资者是指具备相应风险识别能力和风险承担能力,投资于单只资产管理产品不低于一定金额且符合下列条件的自然人、法人或者其他组织。

(1)具有两年及以上投资经历,且满足以下条件之一:家庭金融净资产不低于 300 万元,家庭金融资产不低于 500 万元,或者近三年本人年均收入不低于 40 万元。

(2)最近一年末净资产不低于 1000 万元的法人单位。

(3)金融管理部门视为合格投资者的其他情形。

合格投资者投资于单只固定收益类产品的金额不低于 30 万元,投资于单只混合类产品的金额不低于 40 万元,投资于单只权益类产品、单只商品及金融衍生品类产品的金额不低于 100 万元。

投资者不得使用通过贷款、发行债券等方式筹集到的非自有资金投资资产管理产品。

三、受益人

参与集合资金信托计划的委托人为唯一受益人,因此集合资金信托为自益信托。

四、期限

集合资金信托计划的期限较为灵活,以两年居多,最短不得少于一年。

有一些投资于未上市企业的股权类集合资金信托计划,其期限为"三+二"。这类产品如果运作顺利的话,三年结束;如果三年期满项目退出不顺利的话,管理人有权根据情况将信托期限再延长两年。

有的投向二级市场的集合资金信托计划,其期限可能设置为十年甚至更长时间。同时,它还会设置一个封闭期,封闭期后投资者可以进行赎回,这和设置了封闭期的公募基金很相似。

五、运作模式

常见的项目型集合资金信托计划的运作模式可以用"选、募、投、管、退"五个字来概括,这五个字也代表了五个环节。

(1)"选":信托公司对希望通过信托获得资金的企业进行尽职调查,优选融资人,比如信用和资质良好的企业等,并设计集合资金信托计划这类信托产品。

(2)"募":信托公司将集合资金信托计划向合格投资者进行推介,募集资金。

(3)"投":信托公司按照融资计划,分期、分批将募集到的资金投向项目企业。具体的投资模式,既可以是债权模式——发放信托贷款,也可以是股权模式,还可以是债权+股权模式。

(4)"管":信托公司对项目企业使用信托资金的过程进行监管,比如,对项目进度与资金使用情况是否匹配进行评估。

(5)"退":在项目完成后,项目企业通过销售或其他方式回款至信托公司,信托公司收回投资款和相应收益,并按照信托合同的约定向投资者分配信托投资的本金和收益,实现项目的退出。

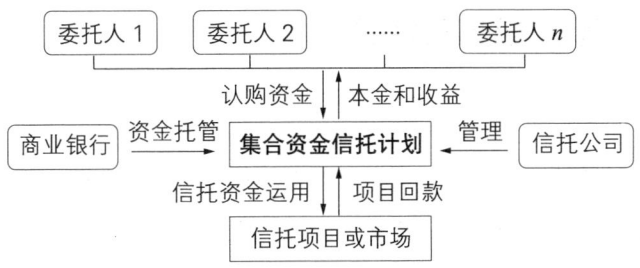

集合资金信托计划结构示意图

▶▶▶ **延伸阅读**

截至2021年年底,中国信托业的资产规模为20.55万亿元,其中集合资金信托计划为10.59万亿元,占比超过50%。[①]

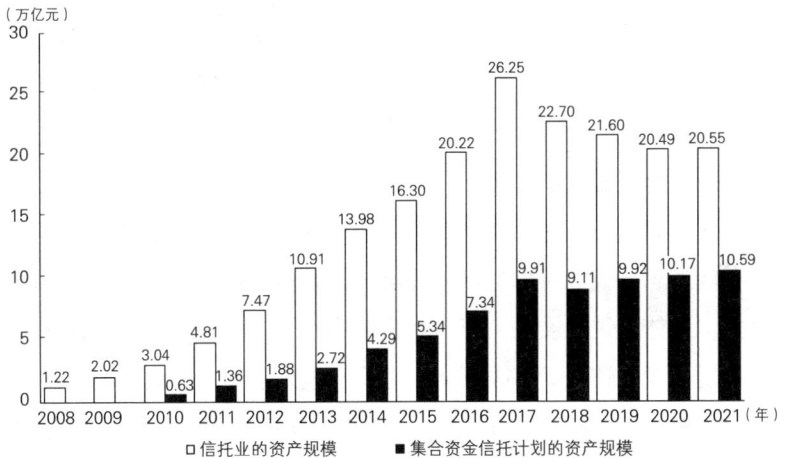

2008—2021年中国信托业的资产规模

[①] 中国信托业协会. 2021年度中国信托业发展评析[EB/OL].(2022-03-22)[2022-09-10]. http://www.xtxh.net/xtxh/statistics/47592.htm.

06 什么是遗嘱信托?

金总觉得,如果现在设立家族信托的话,一次性投入太大,会影响企业资金的流动性,但是为了防止意外的风险,他又不得不提前做些安排。因此,金总想知道,自己能不能通过遗嘱的方式来设立信托。这样的话,在他去世后财产会进入信托账户,最终传承给子女。

▶▶▶ **专业解析**

遗嘱信托是近年进入大众视野的一种新兴的财富管理工具。与常见的生前信托相比,遗嘱信托兼具遗嘱和信托的双重功能属性,也有较为独特的应用场景。下面我们来了解一下遗嘱信托。

一、什么是遗嘱信托?

虽然我国的法律法规并没有明确给出遗嘱信托的定义,但根据其字面意思,我们可以这样来理解:遗嘱信托是通过遗嘱而设立的信托。具体来说,委托人以订立遗嘱的方式,将自己的全部或部分财产用来设立信托,待委托人去世后,遗嘱生效,相应的财产转移至信托账户,信托成立并生效,由受托人根据信托文件的约定管理和处分信托财产。

可见,当委托人以遗嘱的方式来设立信托时,包含了两个法律行为:一是订立遗嘱,二是设立信托。因此,遗嘱信托的设立,既要符合《民法典》中关于订立遗嘱的规定,也要符合《信托法》中关于设立信托的规定。遗嘱信托成立后,受托人应当按照《信托法》

的相关规定来运作信托,并履行相应的义务。

遗嘱信托是遗嘱与家族信托的结合。委托人既可以提前以遗嘱的方式,约定在其去世后将全部或部分财产设立信托,也可以提前约定遗嘱生效后,由谁来执行,由谁负责将遗产转移给受托人。此外,委托人也可以提前签订信托文件,并在信托文件中细化自己的需求,制订未来遗产的管理计划,内容包括遗产的投资管理、受益人、信托利益分配等。

总之,遗嘱信托能够使委托人的财产做到"生前不失控,身后好传承",可以在一定程度上弥补遗嘱继承制度的不足和缺陷。因此,对高净值人士来说,遗嘱信托是一个不错的选择。

二、关于遗嘱信托的法律规定

2001年10月1日施行的《信托法》,第一次提到了"遗嘱信托"的概念。

《信托法》第八条规定:"设立信托,应当采取书面形式。书面形式包括信托合同、遗嘱或者法律、行政法规规定的其他书面文件等。"该法条明确了委托人可以通过遗嘱设立信托。

《信托法》第十三条规定:"设立遗嘱信托,应当遵守继承法关于遗嘱的规定。遗嘱指定的人拒绝或者无能力担任受托人的,由受益人另行选任受托人;受益人为无民事行为能力人或者限制民事行为能力人的,依法由其监护人代行选任。遗嘱对选任受托人另有规定的,从其规定。"该法条提到的"继承法"已被自2021年1月1日起施行的《民法典》所替代,说明设立遗嘱信托要同时符合《民法典》中关于遗嘱的规定。

《民法典》中也提到了一次遗嘱信托。《民法典》第一千一百三十三条第四款规定:"自然人可以依法设立遗嘱信托。"

以上是《信托法》和《民法典》中关于遗嘱信托的表述，说明遗嘱信托是有法可依的。但是，遗嘱信托具体如何设立以及设立前后的相关问题，法律并没有明确规定，而且实践中设立遗嘱信托的案例也不多见。

三、遗嘱信托的设立

从对受托人的选择来看，法律并没有规定遗嘱信托的受托人必须是信托公司，因此，原则上遗嘱人可以指定任何人为受托人，这也是遗嘱信托乃至家族信托的本源要义。不过，从风险控制的角度来看，由信托公司作为受托人可能会更好。

设立遗嘱信托，不能想当然地认为，只要在遗嘱中指定信托公司管理遗产就可以了。在设立遗嘱之前，委托人应当与信托公司充分沟通协商，并签订信托文件，否则，信托公司不一定愿意承担受托义务。如果委托人事前没有和信托公司充分沟通协商，而直接采用遗嘱来设立信托，该遗嘱信托基本上无法成立。

因此，要想设立遗嘱信托，比较可行的方案有两个：

（1）委托人在世时与信托公司充分沟通协商，确定信托文件，并约定在委托人去世后，信托正式生效运作。同时，委托人订立遗嘱，指定遗嘱执行人，约定将来转入信托的财产明细和转入方式。

（2）如果委托人已经成立了家族信托，那么在征得信托公司同意后，委托人可以通过订立遗嘱的方式，约定在其去世后将一部分或全部遗产也装入家族信托中，由信托公司一起进行管理并按信托文件进行分配。

总之，虽然《信托法》和《民法典》都为遗嘱信托的设立提供了法律保障，但由于相关的配套措施尚未完善，不管是对委托人还是对信托公司来说，遗嘱信托的实务操作仍然不太明确。这需要委托人与信托公司在实践中共同探索与创新,这样的话,才能更好地发挥遗嘱信托制度在财富传承中的重要作用。

▶▶▶ 延伸阅读

遗嘱继承与遗嘱信托的对比

项目	遗嘱继承	遗嘱信托
当事人	被继承人(遗嘱人)、继承人	委托人(遗嘱人)、受托人、受益人
成立要件	有效的遗嘱(6种形式)	要式合同,书面的信托合同+遗嘱
生效条件	被继承人死亡	委托人死亡、受托人同意设立信托
适用法律	《民法典》	《民法典》《信托法》
受益人	继承人只能是法定继承人,赠与非法定继承人的被称为遗赠	遗嘱信托的受益人范围更大
财富管理方式	继承人一次性获得遗产	兼顾财产转移与财富管理,可以详细安排给付的条件和时间
执行难易程度	执行遗嘱时,最常见的障碍有两个:确认遗嘱的真实性和有效性,以及继承权公证	设立遗嘱信托时,流程较复杂,遗产被装入信托后,按信托文件执行较容易
继承后的结果	遗嘱被执行后,继承人取得遗产,便是财产所有人	遗嘱生效后,遗产被装入信托成为独立财产,由受托人管理,信托受益人按信托文件享有受益权

07　什么是保险金信托？

金总将自己的想法告诉妻子后,妻子觉得,设立遗嘱信托的不确定因素太多,即便花了很多精力去设计,最后也不一定能按计划执行,而且一次性拿出1000万元去设立家族信托,也会影响企业资金的流动性。金总的妻子听说,可以用保险来设立家族信托,门槛也比较低。那么,什么是保险金信托呢?

▶▶▶ 专业解析

保险金信托,是以保险金或保险金请求权作为信托财产,由委托人(保单的投保人)与受托人签订信托合同,约定保险公司未来将保险金(可以是身故保险金,也可以是年金)交给受托人,由受托人管理和处分信托财产,并将信托财产及其收益按信托合同的约定分配给受益人的一种信托。

通俗来说,保险金信托就是投保人在和保险公司签订保险合同后,再和信托公司签订信托合同,约定未来的保险金直接进入信托账户,成为信托财产,由信托公司进行管理和处分,并将信托财产及其收益按合同约定分配给受益人。

一、保险金信托的法律关系

保险金信托包含保险和信托两种法律关系。如果委托人没有追加现金到保险金信托账户的话,那么在保险金进入信托账户之前,保险金信托仍然只是一份保险,主要受保险合同的约束。当保险金进入信托账户之后,保险金信托的信托功能才真正被激活,受托人开始管理和处分信托财产。

在保险端,保险金信托是委托人用资金购买保险,解决用少量资金分期、分批设立信托架构的问题;在信托端,保险金信托是对保险金的二次管理,按计划流出,以实现委托人的财富心愿。

二、保险金信托的结构

保险金信托是将大额保单和家族信托两种金融工具结合在一起了。具体来说,投保人先签订保险合同购买大额保单,再将保单受益人变更为信托公司,并以保险金请求权作为信托财产,与信托公司签订合同;未来当保单理赔或给付时,保险公司直接将保险金交给信托公司,由信托公司按照信托合同的约定对该笔资金进行管理和处分,实现投保人更长时间的意志延续和财产控制。

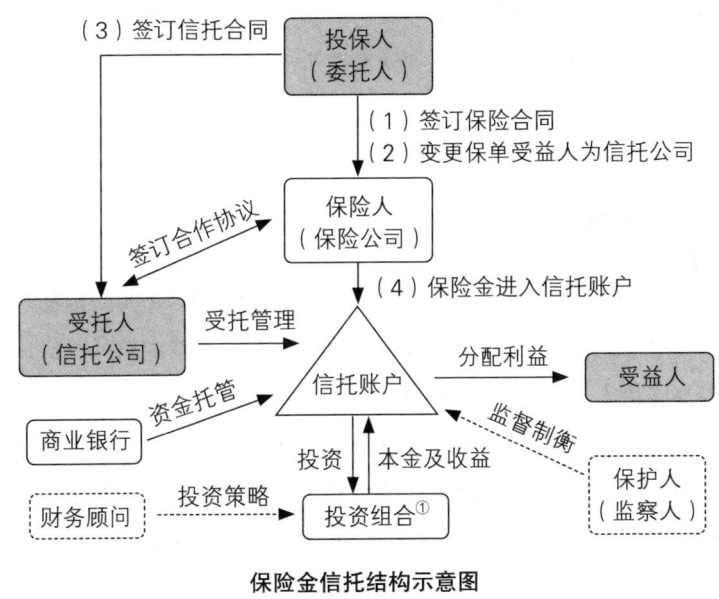

保险金信托结构示意图

---

① 投资组合是由投资者或者金融机构所持有的股票、债券、金融衍生产品等组成的集合。

1. 保险金信托的委托人

因为保单的所有权和控制权属于投保人,所以保险金信托的委托人应该是保单的投保人。

2. 保险金信托的受托人

保险金信托的受托人是信托公司,应承担按照信托合同的约定管理和处分信托财产的责任。在保险端,保单的受益人应当由自然人变更为信托公司,这样信托公司才能取得保险金。

3. 保险金信托的受益人

保单的受益人是由投保人和被保险人共同指定的,通常为被保险人的配偶、父母和子女等。

设立保险金信托后,原保单的受益人就变成了信托公司,原保单的投保人在信托合同中以委托人的身份指定真正的受益人。保险金信托的受益人范围比原保单的受益人范围更大,委托人甚至还可以设置分配的时间、频率、条件等,实现定人、定时、定事、定额分配。

▶▶▶ 延伸阅读

自从 2014 年信诚人寿(现为"中信保诚人寿")与中信信托跨界合作,在国内创新开发出保险金信托以来,保险金信托已经成为最受高净值人士青睐的金融工具之一。

有数据显示,截至 2022 年 3 月,与中信信托合作开展保险金信托业务的保险公司超过 20 家;平安信托的家族信托和保险金信托规模超过 672 亿元,其中保险金信托规模达到 600 亿元,客户数达到 13000 名,保险金信托业务规模全行业第一。

08 什么是离岸信托？

在金总咨询家族信托的过程中，也有客户经理建议他在境外设立离岸信托。关于离岸信托，金总倒是听说过，也在新闻上看到过有些商业大佬在境外设立了离岸信托。但到底什么是离岸信托，金总却不太清楚。

▶▶▶ 专业解析

离岸信托是与国内家族信托相对应的一种信托类型，是指在离岸地成立的信托。离岸信托的设立、信托财产的管理和处分等环节均发生在离岸地。离岸信托中的"离岸"是相对于委托人的居住地来说的，即离岸信托的设立地和委托人的居住地属于不同的法域，适用不同的法律。

对中国居民来说，常见的离岸地有英属维尔京群岛（BVI）、开曼群岛、泽西岛、百慕大群岛，以及新加坡、新西兰等。

一、离岸信托的特点

和国内家族信托相比，离岸信托最大的特点就是法域不同。不同的离岸地对于信托关系、信托文件、信托当事人权利的理解和认定，有较大的差异。

就国内家族信托来说，委托人往往保留了较大的控制权，而离岸信托在控制权的保留问题上相对保守。最常见的情况是，在离岸信托成立后，委托人就放弃了控制权。当然，为了达到特定的目的，委托人也可以保留较大的控制权。但是，在离岸地，委托人保留较大控制权的信托，往往会被认定为"虚假信托"。

国内家族信托的受托人基本上只能由信托公司担任，而离岸信托对于受托人的身份和资质的限制较少，受托人既可以是金融机构，也可以是自然人，还可以是私人信托公司（Private Trust Company，简称PTC）。

二、离岸信托的优势

中国的很多居民之所以想设立离岸信托，主要是因为离岸地具有相对完善的信托法律体系、严格的保密制度、极低的税率等优势。

1. 相对完善的信托法律体系

由于离岸地信托制度的历史较长，与信托制度相配套的法律法规较为完善，所以，在离岸地，信托已经成为一种非常成熟且常见的财富保护和传承制度。特别是在信托财产的登记与确权方面，离岸地的制度非常完善，这是国内家族信托暂时不具备的。

2. 严格的保密制度

一些离岸地，如英属维尔京群岛、开曼群岛和百慕大群岛等，对于在当地设立的信托会采取严格的保密措施，委托人及受益人的信息绝对保密，信托财产不接受公开查询。在开曼群岛，甚至允许信托文件中不出现委托人的真实信息。

3. 极低的税率

离岸地被看作"避税天堂"，非本地居民在离岸地之外的所得基本上都免征个人所得税，对高净值人士来说，这当然是一个非常有吸引力的条件。中国的一些富豪在设立离岸信托时，税务筹划往往是他们考虑的一个重要因素。

三、离岸信托的不足

对委托人本人或家庭成员有境外身份、有境外投资或移民计划,以及在境外有大量资产的家族来说,设立离岸信托是一个明智的选择。

但是,对在境外没有资产、与境外没有往来关系的人来说,设立离岸信托不仅没有太大的必要,而且还有不小的障碍。

1. 沟通渠道不畅

就离岸信托的设立来说,从信托目的的确认到信托文件的设计,再到最后信托文件的签署,短则需要一到两个月,长则需要半年,沟通的时间成本和金钱成本都很高。

2. 资金进出不便

在我国,对于资本项下的外汇,国家会进行严格管理,所以对离岸信托来说,大额资金的出入境都比较麻烦。很多离岸地的机构为客户提供的资金"出境渠道",大多是不合法的或者处于灰色地带,存在极大的法律风险。

3. 语言和法律障碍

离岸地的法律体系和我国的法律体系有着较大的差异,再加上信托文本使用的语言都是外语,所以,对长期生活在国内的高净值人士来说,无论是对法律条文还是对信托文本的理解都可能存在偏差,将来一旦发生纠纷,维权就会非常困难。

4. 离岸信托的隐私保护和税务筹划功能在不断弱化

规避本国税收是委托人设立离岸信托的重要目的之一。因此,很多离岸地严格的保密制度和极低的税率,为国际洗钱和避税提供了温床,这自然受到了全世界很多国家的关注。

在隐私保护方面,随着经济合作与发展组织(Organization for Economic Cooperation and Development,OECD,以下简称"经合组

织")推动的"共同申报准则"(Common Reporting Standard,以下简称"CRS")的执行,中国税收居民在离岸地的包括家族信托在内的金融账户信息会被自动交换到中国,因此,中国税务机关对中国税收居民设立的离岸信托的资金进行税收征管的可能性大幅提升。这样一来,CRS的执行将会在一定程度上穿透至离岸信托的实际控制人,直接导致离岸信托的保密性被弱化。

在税务筹划方面,自2019年1月1日起施行的新修订的《中华人民共和国个人所得税法》(以下简称《个人所得税法》)增加了"反避税条款"。对于中国税收居民在实际税负明显偏低的国家设立的企业,如果没有合理经营的需要,以及个人开展的其他不具有合理商业目的的活动而获取了不当的税收利益,税务机关有权做出纳税调整,需要补征税款的,应当补征税款,并依法加收利息。

所以,在全球资产透明化的大势之下,离岸信托的隐私保护和税务筹划功能被大大地弱化了。

▶▶▶ 延伸阅读

2014年7月,为了维护诚信的税收体制,应二十国集团(G20)的委托,经合组织发布了《金融账户涉税信息自动交换标准》(AEOI),CRS是该标准的组成部分,不过常被用来指代整个标准。

简单来说,CRS就是跨国交换纳税人的金融账户信息。它会直接导致个人或企业在非税籍所在地的金融账户被公开,主要会影响在境外有金融资产的高净值人士。

CRS本身并不会直接要求纳税人补税或接受各种税务惩罚,但各国执行CRS的本质是为税收管理服务。CRS让藏在境外的金融资产变得透明,并将其信息自动交换回本国,暴露在税务机关之下。

国家税务总局的数据显示：2018年9月，中国开始与其他参与CRS的国家和地区进行第一批信息交换。截至2019年7月，已有106个国家（地区）签署实施"标准"的多边主管当局协议，其中，包括中国在内的92个国家（地区）已开展相关信息交换。[①]

[①] 国家税务总局. 金融账户涉税信息自动交换[EB/OL]. [2022-09-10]. http://www.chinatax.gov.cn/chinatax/aeoi_index.html.

Chapter

第二章

—

家族信托的主体与客体

09　如何理解家族信托的主体？

听着客户经理的介绍，金总对家族信托表现出很大的兴趣。在此过程中，金总注意到，委托人、受托人和受益人这三个家族信托的主体，总是不断被提到。对于这三个主体，金总还是不十分理解，他想让客户经理详细讲一下。

▶▶▶ 专业解析

前面我们讲过，家族信托其实就是"一笔钱、两件事、三个人"，其中的"三个人"就是家族信托的三个主体，即委托人、受托人和受益人。正是因为有这种包含三个主体的特殊架构，家族信托才具备了其他普通金融工具不具备的财富保护和传承功能。

一、委托人

委托人，是指设立家族信托的人。在信托实务中，委托人就是信托公司的客户。

在家族信托的设立过程中，委托人拥有较大的话语权。就国内家族信托来说，在信托的运作过程中，委托人常常会保留很大的控制权，只要委托人健在，随时可以修改信托受益人和分配条款。

如果把家族信托比作一个关于财富保护和传承的剧本，那么这个剧本的核心情节都是由委托人来安排的。

二、受托人

受托人，是指接受委托人的委托，按照委托人的意愿，根据信托文件的约定，承担受托义务的人。根据《信托法》的规定，家族信托的受托人既可以是法人，也可以是自然人，但是在信托实务中，受托人通常是持有信托牌照的信托公司。

家族信托成立后，委托人有义务将信托财产转移给受托人，受托人拥有信托财产名义上的所有权和事实上的管理权。

受托人有义务为了受益人的利益最大化来处理信托事务。受托人管理信托财产，必须恪尽职守，履行诚实、信用、谨慎、有效管理的义务。

三、受益人

受益人，是指享有信托受益权的人，既可以是自然人，也可以是法人或依法成立的其他组织。在家族信托生效时，受益人的受益权即由信托文件确立。委托人常常会给受益人的受益权附加条件，比如时间条件或事件条件。

受益人的受益权是一个期待权，由委托人在信托文件中指定。也就是说，在信托财产真正分配到受益人的账户之前，信托财产并不属于受益人。由于委托人往往会保留对家族信托的控制权，可以随时修改受益人和受益条件，所以受益人的受益权具有一定的不确定性。

▶▶▶ 延伸阅读

《信托法》

第十九条　委托人应当是具有完全民事行为能力的自然人、法人或者依法成立的其他组织。

第二十条　委托人有权了解其信托财产的管理运用、处分及收支情况，并有权要求受托人作出说明。

委托人有权查阅、抄录或者复制与其信托财产有关的信托账目以及处理信托事务的其他文件。

第二十四条　受托人应当是具有完全民事行为能力的自然人、法人。

法律、行政法规对受托人的条件另有规定的，从其规定。

第二十五条　受托人应当遵守信托文件的规定，为受益人的最大利益处理信托事务。

受托人管理信托财产，必须恪尽职守，履行诚实、信用、谨慎、有效管理的义务。

第四十三条　受益人是在信托中享有信托受益权的人。受益人可以是自然人、法人或者依法成立的其他组织。

委托人可以是受益人，也可以是同一信托的唯一受益人。

受托人可以是受益人，但不得是同一信托的唯一受益人。

第四十四条　受益人自信托生效之日起享有信托受益权。信托文件另有规定的，从其规定。

《信托公司管理办法》(银监会令〔2007〕2号)

第七条　设立信托公司，应当经中国银行业监督管理委员会批准，并领取金融许可证。

未经中国银行业监督管理委员会批准，任何单位和个人不得经营信托业务，任何经营单位不得在其名称中使用"信托公司"字样。法律法规另有规定的除外。

10 委托人可以参与信托财产的投资管理吗？

金总了解到，设立家族信托后，自己需要把财产交给信托公司，之后由信托公司来管理这笔财产。金总担心，财产不在自己手里，会不会面临风险。因此，金总想知道，家族信托成立后，信托财产是如何被投资管理的？委托人自己是否可以参与投资管理呢？

▶▶▶ **专业解析**

原则上，只要是有价值的东西，都可以作为信托财产。最常见的信托财产是现金，其他比较常见的信托财产包括股权、不动产、动产，甚至知识产权。信托财产的多样性，给信托财产的管理带来了很大的挑战，所以，信托财产的投资管理是一个技术活。下面，我们仅以现金类信托财产的三种常见的投资管理模式来做简单介绍。

一、全权委托模式

全权委托，是指委托人基于对受托人的信任，在家族信托存续期间，由受托人根据委托人的风险承受能力、期望收益率、信托分配方案等，自行决定信托财产的投资策略和产品配置。

全权委托要求委托人对受托人的专业能力高度认可，同时也要求受托人在资产配置方面具备优秀的专业能力。

全权委托的好处是，委托人不需要在信托财产的管理上花费时间和精力，可以腾出时间在自己擅长的领域更好地经营自己的事业，享受生活。全权委托的不足是，受托人要克制自己的投资冲动，真正做到在风险可控的前提下，本着受益人利益最大化的原则去配置产品，而不是为了完成业务指标频繁操作或投资与信托文件投资策略不匹配的产品。

二、指令模式

指令模式，是指受托人根据委托人的风险偏好和对收益的预期，提出投资建议和具体的产品配置方案，由委托人或者投资指令权人[①]进行决策，且每个产品的配置都需要投资指令权人发出投资指令。

委托人在世时，投资指令权人通常是委托人本人；委托人去世后，投资指令权人通常是委托人指定的第三人，一般为配偶、子女或其他近亲属。

指令模式的好处是，在每个产品配置前，委托人或指定的第三人都会看到产品说明书和投资建议，对信托财产将要投资的标的有非常清晰的了解。但指令模式的不足也是显而易见的：第一，大部分委托人以及由其指定的投资指令权人本身并不具备专业的投资能力，无法甄别投资产品的优劣；第二，对于一个长达几十年甚至上百年的家族信托，使有能力下正确指令的投资指令权人不缺席，并不是一件容易的事。一旦投资指令权人长时间缺席，信托财产就无法进行投资，家族信托本身也会面临贬值或终止的风险。

三、财务顾问模式

财务顾问模式，是指在保证信托目的能够实现的前提下，信托财产的投资决策事宜由财务顾问全权处理。经受托人同意，委托人既可以自己担任财务顾问，也可以聘请专业的投资机构担任财务顾问。

[①] 投资指令权人，是指拥有信托财产投资决策权限的人，一般在信托成立前，由委托人指定，并记载在信托文件中。

在实务中,如果是信托公司占主导地位的家族信托模式,往往不会再聘请第三方财务顾问,而由信托公司自己进行事实上的投资决策;如果是银行占主导地位的家族信托模式,那么银行常常会担任财务顾问的角色。

需要说明的是,不管采用哪种模式来管理信托财产,信托文件中都会提前约定投资风格①、投资标的种类和范围、各方的权利和义务,以及信托财产损失责任的承担等内容。全权委托模式、指令模式和财务顾问模式三者之间并非替代关系,在采用了全权委托模式和指令模式的家族信托中,也常常会出现第三方财务顾问的角色。

▶▶▶ 延伸阅读

为了保证家族信托项下的投资风险可控、收益稳健,聘请一个专业的财务顾问是非常有必要的。常见的财务顾问由商业银行、公募/私募基金公司、证券公司、自然人等担任。如果投资建议由信托公司提供,则信托公司实际上担任了财务顾问的角色。

财务顾问为家族信托提供投资建议时,会收取财务顾问费。常见的财务顾问费收取方式有两种:固定比例、固定比例+超额报酬。

以固定比例的方式收取财务顾问费这种方式非常简单,即以信托财产规模为基数,乘以财务顾问费率(一般为0.1%~1.5%)。这笔费用一般按月计算,即以上一个自然月的最后一个自然日的信托财产为基准,按每个月的实际自然日计算,并以信托财产按季度或年度支付。

以固定比例+超额报酬的方式收取财务顾问费时,财务顾问和

---

① 投资风格,是指机构或个人在构建投资组合和选择股票的过程中,所表现出的理念、操作、风险意识等外部表现的总称。

委托人会约定一个基准年化收益率。比如，约定的基准年化收益率为 4%，如果信托投资的年化收益率超过了 4%，除收取固定比例的费用外，财务顾问还会对超过 4% 的那部分收益收取超额报酬，这个比例一般为 20% 左右。

11 在家族信托存续期间，委托人需要注意什么？

听完客户经理的讲解后，金总心中的顾虑消除了不少。接着，客户经理对金总说，家族信托成立后，除了关心信托财产的投资，委托人还要注意一些其他方面的问题。所以，金总想知道：在家族信托存续期间，还有哪些问题是需要委托人特别关注的？

▶▶▶ **专业解析**

委托人签订信托合同并交付信托财产后，家族信托就成立并生效了。那么，在家族信托存续期间，除了信托财产的投资事项，委托人还需要注意哪些问题呢？

一、关注信托管理报告

在家族信托存续期间，受托人有义务向委托人（或受益人）定期报告信托财产的管理情况及信托事务的处理情况。委托人需要及时关注报告，如果发现投资标的与自己的期望相去甚远，可以及时与受托人、财务顾问沟通，调整投资策略。

二、补充信托财产

在家族信托存续期间，委托人在与受托人沟通后，可以随时追加信托财产。

三、调整受益人及分配条款

在制订家族信托的分配方案时，信托条款一定无法穷尽所有情况,更无法预测现实中的某些变化,所以委托人需要及时调整相关条款。比如,如果委托人又有新的子女或第三代出生,且希望将他们设置为受益人,那么委托人可以与受托人协商,增加或减少受益人,并同时调整分配条款。

四、及时告知重要信息

在家族信托存续期间,如果委托人或受益人的一些重要信息发生变化,比如税收居民身份发生变化,对信托的运作可能产生较大影响,那么委托人有义务及时通知受托人。

▶▶▶ 延伸阅读

家族信托成立后,委托人可以通过定期的信托管理报告来了解信托的运作情况。

信托管理报告大致包括以下内容:

(1)信托基本信息。信托名称、成立日期、委托人、受托人、财务顾问、托管银行、信托账户等。

(2)信托财产的运用和管理。报告期内,信托财产投资标的及收益情况,信托管理费、财务顾问费、银行托管费等费用支出情况。

(3)信托分配。报告期内,受托人向受益人分配信托财产的情况。

(4)其他情况,如受益人或受益份额变更等。

12　哪些人可以做家族信托的受益人？

金总听说家族信托的受益人范围比保单的受益人范围更广，而且在选择上也更为灵活，这一点让他很动心。但是金总不清楚在家族信托中哪些人可以作为受益人，于是他向客户经理请教了这一问题。

▶▶▶ **专业解析**

根据《信托法》第四十三条的规定，受益人是在信托中享有信托受益权的人。受益人由委托人指定，既可以是自然人，也可以是法人或者依法成立的其他组织。

在信托实务中，家族信托的受益人往往限于三类人，即委托人本人、和委托人有亲属关系的家族成员，以及其他个人或组织。

一、委托人本人做受益人

委托人本人可以做家族信托的受益人，但不能是唯一受益人。如果委托人想充分利用家族信托的资产隔离功能，那么委托人最好不要做受益人。

和家族信托不同的是，参与集合资金信托计划的委托人必须是信托计划的唯一受益人。

二、委托人的亲属做受益人

根据"37号文"的规定，家族信托的受益人应包括委托人在内的家庭成员，但委托人不得为唯一受益人。关于"家庭成员"在法律上的定义，第一次出现是在 2021 年 1 月 1 日生效的《民法典》中，但"37 号文"出台时，《民法典》尚未公布。在信托实务中，对于受益人范围的限定，各家信托公司的标准也不尽相同，有的规定必须是近亲属，有的规定只要是有亲属关系的人就可以。

《民法典》第一千零四十五条规定："亲属包括配偶、血亲和姻亲。配偶、父母、子女、兄弟姐妹、祖父母、外祖父母、孙子女、外孙子女为近亲属。配偶、父母、子女和其他共同生活的近亲属为家庭成员。"

可见，"亲属"是一个非常宽泛的概念，而"家庭成员"则是一个非常狭窄的概念。如果我们仅将家族信托的受益人限定在《民法典》规定的家庭成员的范围内，不仅不太妥当，也不符合家族信托监管部门的本意。

一般认为，和委托人有亲属关系的家族成员都可以作为家族信托的受益人。也就是说，家族成员只要能证明其与委托人的亲属关系，具有合理性，就可以成为家族信托的受益人。甚至，委托人未出生的孙辈、重孙辈都可以成为家族信托的受益人。

三、其他个人或组织做受益人

1. 其他个人

如果委托人一生未婚，也未生育子女，且不存在其他亲属，但有关系最好的朋友，那么，经过审查之后，信托公司也可以将这样的非亲属列为家族信托的受益人。

如果委托人有配偶、子女或近亲属，但他还想将与其没有亲属关系的人也列为受益人，那么在信托实务中，这么做很难通过信托公司的合规性审查，因为委托人需要证明家族信托不涉及利益输送，且没有其他不法行为。

2. 慈善组织

委托人也可以把家族信托当作开展慈善事业的工具，这时，慈善机构或慈善信托就可以成为家族信托的受益人。

3. 其他机构

如果受益人本人是无民事行为能力人或限制民事行为能力人，委托人为了更好地照顾这类特殊受益人的生活，常见的做法是在信托文件中约定福利机构作为受益人。这样的话，在委托人去世后，福利机构会承担照顾特殊受益人的责任。

总之，虽然《信托法》中并没有对家族信托受益人的范围做出太多限制，但在信托实务中，无论是监管部门还是信托公司，都会对家族信托受益人的范围做出一些限制。之所以这样，更多的是基于业务合规的考虑，防止信托当事人利用家族信托来达到洗钱、利益输送或逃税等非法目的。

当然，在家族信托的设计上，委托人还可以设置"除外受益人"，不允许被列为"除外受益人"的人获得信托受益权。比如，有的委托人会将第二代或第三代的配偶排除在受益人之外。

▶▶▶ **延伸阅读**

在境外，一些富豪会为自己的宠物设立宠物信托，它可以被看作一种特殊目的信托，一般采用遗嘱信托的形式。

2003年5月6日，英国公民格利特·雷恩立下遗嘱，将其拥有的价值56万英镑的房产和37.7万英镑的银行存款尽数留给其宠物猫；2007年，美国公民利昂娜·赫尔姆斯利通过设立信托基金，将其约 1200 万美元的遗产留给其宠物狗。①

  我国法律没有明文规定宠物的法律地位，在司法实践中，宠物被视为一般财产，法律不允许宠物继承或者受遗赠，宠物主人也无法通过遗嘱直接指定自己的宠物作为遗产继承人或受赠人。因此，在我国是否可以设立特殊目的信托用于照顾宠物还存在争议，且实务中没有宠物信托的案例。有动物爱好者建议，我国也应该借鉴国外的信托制度，根据我国社会的实际情况建立相应的宠物信托制度。

---

① 邓祎轲，梁分. 宠物信托中的法律问题探析[J]. 法制与经济，2018（6）：96-98.

13　委托人本人可以做家族信托的受益人吗？

在客户经理讲解家族信托的过程中，金总表现出一丝疑虑。在对方的追问下，金总说出了自己的想法。他说："人们设立家族信托，好像都是为了子孙后代着想。我在想，如果拿钱设立了家族信托，自己以后的养老问题怎么办。我能不能让自己也做受益人，未来从家族信托中领取养老金呢？"

▶▶▶ **专业解析**

因为财富传承和风险隔离是家族信托的核心功能，所以委托人不同时作为受益人的情况较为常见。但是，有的委托人因其个性化的需求，希望家族信托也能为自己分配一定的信托利益。那么对家族信托来说，委托人可以同时作为受益人吗？

一、委托人可以做家族信托的受益人

对集合资金信托计划来说，根据《信托公司集合资金信托计划管理办法》的规定，"参与信托计划的委托人为唯一受益人"。

对家族信托来说，根据"37号文"的规定，受益人应包括委托人在内的家庭成员，但委托人不得为唯一受益人。该规定主要有两层含义：第一，明确了家族信托的他益性，不是纯自益信托。第二，明确了家族信托不是理财产品，和一般的资产管理产品、专户理财产品有着本质的区别。资产管理产品的定位是财富的保值和增值，而家族信托，除了资产配置的功能，更重要的功能是财富的保护及传承。

二、委托人是否必须做家族信托的受益人？

那么,"37号文"中提到的"受益人应包括委托人在内的家庭成员",是否意味着委托人必须做家族信托的受益人呢？

按照字面意思来理解的话,委托人必须做家族信托的受益人,但是在信托实务中,大部分的委托人并不是家族信托的受益人。也就是说,将"受益人应包括委托人在内的家庭成员"理解为"受益人应当是包括委托人在内的家庭成员"更为合理。

▶▶▶ 延伸阅读

《资管新规》中关于资产管理产品的规定

三、资产管理产品包括但不限于人民币或外币形式的银行非保本理财产品,资金信托,证券公司、证券公司子公司、基金管理公司、基金管理子公司、期货公司、期货公司子公司、保险资产管理机构、金融资产投资公司发行的资产管理产品等。依据金融管理部门颁布规则开展的资产证券化业务,依据人力资源社会保障部门颁布规则发行的养老金产品,不适用本意见。

四、资产管理产品按照募集方式的不同,分为公募产品和私募产品。公募产品面向不特定社会公众公开发行。公开发行的认定标准依照《中华人民共和国证券法》执行。私募产品面向合格投资者通过非公开方式发行。

资产管理产品按照投资性质的不同,分为固定收益类产品、权益类产品、商品及金融衍生品类产品和混合类产品。固定收益类产品投资于存款、债券等债权类资产的比例不低于80%,权益类产品投资于股票、未上市企业股权等权益类资产的比例不低于80%,商品及金融衍生品类产品投资于商品及金融衍生品的比例不低于80%,

混合类产品投资于债权类资产、权益类资产、商品及金融衍生品类资产且任一资产的投资比例未达到前三类产品标准。非因金融机构主观因素导致突破前述比例限制的，金融机构应当在流动性受限资产可出售、可转让或者恢复交易的 15 个交易日内调整至符合要求。

金融机构在发行资产管理产品时，应当按照上述分类标准向投资者明示资产管理产品的类型，并按照确定的产品性质进行投资。在产品成立后至到期日前，不得擅自改变产品类型。混合类产品投资债权类资产、权益类资产和商品及金融衍生品类资产的比例范围应当在发行产品时予以确定并向投资者明示，在产品成立后至到期日前不得擅自改变。产品的实际投向不得违反合同约定，如有改变，除高风险类型的产品超出比例范围投资较低风险资产外，应当先行取得投资者书面同意，并履行登记备案等法律法规以及金融监督管理部门规定的程序。

14　未出生的人可以做家族信托的受益人吗？

金总对客户经理说："你刚才说，连未出生的后代也可以做家族信托的受益人。真的是这样吗？这样的话，我不仅可以实现'富过三代'的心愿，还可以照顾后代子孙了。"

▶▶▶ 专业解析

家族信托是一种能够对家族的未来进行安排的财富管理工具，因此不少人希望通过设立家族信托对家族未来的成员进行关照，比如还未出生的孙辈。那么，在家族信托中，未出生的人可以作为受益人吗？

一、受益人必须能够确定

根据《信托法》第十一条的规定，"受益人或者受益人范围不能确定"的信托，属于无效信托。那么，对于受益人或受益人范围能否确定，要如何认定呢？

比如，委托人希望将"所有曾经帮助过自己的人"列为信托受益人，这样的受益人范围就是无法确定的，因为无法明确界定"帮助"的含义。但是，如果委托人将"王庙村所有居民"列为信托受益人，那么这样的受益人范围就是能够确定的，因为这个范围可以根据户籍簿、村民登记册等材料进行明确界定。

二、信托生效时受益人可以不存在

有观点认为，《信托法》第四十四条规定"受益人自信托生效之

日起享有信托受益权",所以在信托生效后,不存在的受益人无法享有信托受益权。然而,该规定并没有否定信托生效后不能再增加受益人,且法条还明确规定了"信托文件另有规定的,从其规定"。正因如此,信托设立时,并不要求受益人必须存在,只要受益人或者受益人范围能够确定即可。所以,只要写在信托文件中的未出生的人能够确定,他们就可以做受益人。

三、如何将未出生的人列为受益人?

根据"受益人必须能够确定"的原则,委托人在将未出生的子孙列为受益人时,可以在信托文件中将"委托人的所有子女及这些子女所生的子女"列为受益人,并预留受益份额。这些未出生的受益人一般被称为"潜在受益人"。

未出生的人作为潜在受益人,在信托成立时并非自然人,无法获得初始信托受益权;在其出生后,还需要委托人或监察人,或者信托文件约定的其他人与受托人达成一致,将其登记为受益人,并设置或调整分配条款。

需要注意的是,信托文件可能会对受益人的资格做出一些限制,比如"非美籍",如果原信托文件约定的未出生的人出生时为"美籍",则其无法被登记为受益人。

▶▶▶ **延伸阅读**

为信托设立时尚不存在而将来可以确定的受益人设立的信托,在委托人死亡后、受益人确定前,由于缺乏监督人对受托人违反职责处理信托事务进行监督,受益人的权益可能得不到保障。

为了解决这一问题，日本、韩国的信托法特别规定了信托管理人制度，要求设立此类信托时，应当设置信托管理人，代表受益人监督受托人履行职责。虽然我国《信托法》中没有类似的规定，但是在实践中，委托人设立此类信托时，可以按照意思自治原则，在信托文件中设置类似"信托管理人"的角色，比如"信托保护人""信托监察人"等，以弥补信托监督人缺席的不足。①

---

① 新财道财富管理股份有限公司.财富管理视角下的家族信托规划[M].北京：中国金融出版社，2019: 57.

15 非婚生子女可以做家族信托的受益人吗?

有一天,金总接到前女友的电话。对方声称,他们两人的孩子现在生了大病,需要一大笔医疗费,希望金总能够提供帮助。金总听完,大吃一惊,心想:哪里来的孩子?原来,金总的这位前女友在没有告知他的情况下,生下了两人的孩子。后经亲子鉴定,证实孩子确实是金总的亲生骨肉。那么,这个孩子可以做金总家族信托的受益人吗?

▶▶▶ 专业解析

《民法典》第一千零七十一条规定:"非婚生子女享有与婚生子女同等的权利,任何组织或者个人不得加以危害和歧视。"

因此,委托人的非婚生子女做家族信托的受益人,在法律上是没有障碍的。但是,在信托实务中,委托人经常会面临一些实际的问题,比如如何证明亲子关系,以及如何取得配偶的同意。

一、证明亲子关系

出于对业务合规性的考虑,信托公司会要求委托人提供其与非婚生子女的关系证明,常见的证明材料包括户口簿、出生医学证明、公证书等。

如果以上材料无法证明亲子关系,那就只能到医疗机构做亲子鉴定了。

二、取得配偶的同意

要想将非婚生子女作为家族信托的受益人，委托人在证明亲子关系之后，还需要取得配偶的同意。

我国实行夫妻共同财产制，因此，已婚的委托人设立家族信托，需要取得配偶的同意，签署配偶知情文件，并在文件中约定配偶作为信托财产的共同所有人，同意委托人设立信托、追加财产、变更受益人及信托受益权分配方案等事宜。如果配偶不知道非婚生子女的存在，那么，委托人让配偶签署配偶同意函，将非婚生子女列为家族信托的受益人，应该不是一件容易的事情。

▶▶▶ **延伸阅读**

常见配偶同意函的核心内容：

（1）本人与委托人为合法夫妻关系。

（2）本人无条件且不可撤销地确认委托人以夫妻共同财产设立此信托，并据此向信托账户交付财产。

（3）本人认可配偶作为信托委托人根据信托文件对信托财产中夫妻共同财产进行处分的权利，包括但不限于追加信托资金或其他财产，本人现在、将来都不会对此持有异议。

（4）未来委托人根据信托文件行使相应的权利，无须再取得本人同意。

16　好友或知己可以做家族信托的受益人吗？

金总在创业时得到了很多朋友的帮助。其中，有一位特别好的朋友，可谓是金总事业的领路人，金总对他特别感激。为了表示感谢，金总在设立家族信托时，考虑将这位朋友及其子女列为受益人。那么，金总可以这样做吗？

▶▶▶ **专业解析**

2017年9月，国务院办公厅发布了《关于完善反洗钱、反恐怖融资、反逃税监管体制机制的意见》（国办函〔2017〕84号），对《中华人民共和国反洗钱法》实施以来的"三反"监管体制机制建设取得的重要进展进行了肯定，也对深入、持久推进"三反"监管体制机制建设，完善"三反"监管措施提出了新的要求。

2022年1月，为进一步完善反洗钱的监管制度，提高反洗钱的工作水平，中国人民银行、中国银保监会、中国证监会联合印发了《金融机构客户尽职调查和客户身份资料及交易记录保存管理办法》（以下简称《管理办法》）。《管理办法》自2022年3月1日起施行。《管理办法》进一步完善了金融行业反洗钱义务的主体范围，明确了各金融行业客户尽职调查的具体要求，强调基于风险的尽职调查措施和持续的尽职调查措施，要求金融机构对高风险情形强化尽职调查。

基于国家相关法律法规及以上规范性文件，我们可以知道，金融机构在开展业务的过程中，具有反洗钱、反恐怖融资、反逃税的"三反"义务。

如果委托人想将好友或知己列为家族信托的受益人，那么，这个好友或知己要如何认定呢？如果将其列为家族信托的受益人，那么，如何保证该家族信托不涉及利益输送，或以合法形式掩盖非法目的，甚至洗钱呢？

在前面的小节里，我们讲过，有的委托人一生未婚也未生育子女，且没有在世的其他亲属，但有关系最好的朋友，在这种情况下，经过信托公司的审查之后，是可以将其列为家族信托受益人的。

综上，除非有特殊情况，国内的信托公司不支持将没有亲属关系的好友或知己列为家族信托的受益人。

▶▶▶ 延伸阅读

《金融机构客户尽职调查和客户身份资料及交易记录保存管理办法》

第二条 本办法适用于在中华人民共和国境内依法设立的下列金融机构：

（一）开发性金融机构、政策性银行、商业银行、农村合作银行、农村信用合作社、村镇银行；

（二）证券公司、期货公司、证券投资基金管理公司；

（三）保险公司、保险资产管理公司；

（四）信托公司、金融资产管理公司、企业集团财务公司、金融租赁公司、汽车金融公司、消费金融公司、货币经纪公司、贷款公司、理财公司；

（五）中国人民银行确定并公布的从事金融业务的其他机构。

非银行支付机构、银行卡清算机构、资金清算中心以及从事汇兑业务、基金销售业务、保险专业代理和保险经纪业务的机构履行客户尽职调查、客户身份资料及交易记录保存义务适用本办法关于金融机构的规定。

第四条 金融机构应当按照安全、准确、完整、保密的原则，妥善保存客户身份资料及交易记录，确保足以重现每笔交易，以提供客户尽职调查、监测分析交易、调查可疑交易活动以及查处洗钱和恐怖融资案件所需的信息。

17　境外人士可以做国内家族信托的受益人吗？

金总本人是中国国籍，他有两个儿子，大儿子在国内且已经结婚，小儿子今年20岁，在英国读大学，并且开始准备移民。金总的问题是，如果自己作为委托人在中国设立家族信托，那么当小儿子取得英国国籍后，他是否还可以做受益人呢？

▶▶▶ **专业解析**

出于各种原因，很多高净值人士可能已经加入了外国国籍，或者虽然是中国国籍，但同时又是外国税收居民。那么，外籍人士或者具有境外税收居民身份的人，是否可以做国内家族信托的受益人呢？

一、法律上没有障碍

对于委托人和受益人的国籍，我国《信托法》中并没有限制性的规定，此外，对于民事权利、民事活动、财产权利等，《民法典》也没有对国籍进行限制。《民法典》规定，在中国领域内的民事活动，适用中国法律，因此，只要不属于被法律禁止的外籍人士享有的民事权利，均受中国法律保护。

二、实务中的操作

在信托实务中，对于非中国国籍或具有境外税收居民身份的受益人，出于对风险控制和合规的考虑，绝大多数信托公司会加以限制。处理的原则一般如下：

第一，具有美国税收居民身份的人做受益人，一般会被信托公司拒绝。这主要是因为美国税收居民受到《海外账户税收合规法案》（Foreign Account Tax Compliance Act，简称 FATCA，也常被戏称为"肥猫法案"或"肥咖法案"）的限制。根据 FATCA 的规定，全球金融机构有义务向美国政府通报美国税收居民在海外的金融账户信息，以供美国政府查税。多数信托公司为了规避此风险，会限制具有美国税收居民身份的人做家族信托的受益人。

第二，不具有美国税收居民身份的人做受益人，会被信托公司有条件地接受。比如，对于具有新加坡等低税率国家或地区税收居民身份的人，信托公司一般较为友好，但对于具有澳大利亚、加拿大等高税率国家或地区税收居民身份的人，信托公司一般会拒绝其做受益人，除非当事人能够出具信托公司认可的知名税务所提供的税务意见。

▶▶▶▶ **延伸阅读**

近两年，针对家族信托的委托人和受益人的外籍身份，多家信托公司进行了一些尝试与突破。

2020 年，建信信托创新推出针对美籍受益人（包括持有美国国籍、美国绿卡或因其他原因成为美国税收居民的受益人）的家族信托服务。

2021 年，五矿信托也成功落地美籍受益人的家族信托。同年，长安信托成功落地国内首单涉及加拿大籍受益人的大额"祖母信托"。

2022 年年初，浙金信托成功落地国内首单澳洲税收居民受益人的家族信托。

18　境外身份的受益人获得的信托利益可以出境吗?

听完客户经理的话,金总明白,小儿子取得英国国籍后,也有可能做国内家族信托的受益人。接着,金总又问了一个问题:将来小儿子移民英国的话,其身份的变化对家族信托会有影响吗?他从家族信托中领取的资金可以出境汇往英国吗?

▶▶▶ **专业解析**

基于国际化的产业布局或者资产配置的需要,高净值人士的家庭中可能会有长期生活在境外,或者已经取得境外身份的成员,对这样的家庭来说,资金出入境是一个常见的需求。那么,根据现行的外汇管理规定,受益人从家族信托中获得的信托利益,能顺利出境吗?

一、受益人税收居民身份的变化对家族信托的影响

在设立家族信托时,如果委托人和受益人都是中国税收居民,但是在家族信托存续期间,委托人或受益人取得了其他国家或地区的税收居民身份,这可能就会导致与信托财产相关的税务规则发生变化。此时,委托人或受益人有义务以书面形式及时通知受托人,由受托人按照信托文件或相关监管机构的要求决定家族信托是否存续。如果受益人由中国税收居民变为美国税收居民,家族信托很可能会被受托人按信托文件的约定终止。

如果委托人或受益人因税收居民身份变化而未及时告知受托人,由此造成信托财产损失的,由信托财产承担;给受托人造成财产损失的,也应由信托财产承担。若信托财产不足以承担受托人损失的,受托人有权要求委托人及受益人承担赔偿责任。

二、境内受益人获得的信托利益可以出境吗?

境内个人的外汇收支,应当符合《中华人民共和国外汇管理条例》的相关规定。境内个人因信托分配而获得的财产显然不属于经常性国际支付和转移,也无法对应资本项目的某一类,因此,信托公司以信托财产分配为由而申请购付汇,在现行的外汇管理规定下是无法操作的。简单地说,就是信托公司只能将信托利益分配至受益人的境内外汇账户,无法直接汇至其境外账户。

三、境外受益人获得的信托利益可以出境吗?

受益人的身份从中国税收居民变成境外税收居民,并且在及时通知受托人之后,受托人同意家族信托继续有效,这是我们讨论信托利益能否出境的前提条件。

关于境外受益人获得的信托利益能否出境,目前我国的法律法规没有明确规定,我们可参考目前大额资金出境的方法。

根据《个人外汇管理办法》(中国人民银行令〔2006〕3号)的规定,"境外个人在境内的合法财产对外转移,应当按照个人财产对外转移的有关外汇管理规定办理"。根据《个人财产对外转移售付汇管理暂行办法》(中国人民银行公告〔2004〕16号)的规定,个人大额资金出境主要有两个路径:移民财产转移和继承财产转移。

移民转移是指从中国内地移居外国,或者赴香港特别行政区、澳门特别行政区定居的自然人,将其在取得移民身份之前在境内拥有的合法财产变现,通过外汇指定银行购汇和汇出境外的行为。

继承转移是指外国公民或香港特别行政区、澳门特别行政区居民将依法继承的境内遗产变现，通过外汇指定银行购汇和汇出境外的行为。

如果受益人是以境外税收居民身份取得的信托利益，则可以比照移民财产转移和继承财产转移的渠道申请购汇和汇出。受益人需要向国家外汇管理局提供如下材料：个人财产转移业务申请表、外国护照或居住国居民身份证及中国驻外使领馆出具的在该国定居证明、被继承人财产权利证明、税务证明（如需）等。之后，受益人根据国家外汇管理局核准的金额在银行办理购付汇。

需要注意的是，个人移民财产转移原则上只能申请一次，且必须一次性申请拟转移出境的全部财产金额。若移民前在境内无财产，在取得外国国籍后，也可以直接适用"境外个人经常项目合法人民币收入"对其之后在境内取得的合法收入办理购汇。但是，信托利益是否能出境，以及如何出境，还需要看当事人与国家外汇管理局沟通的结果。

▶▶▶ 延伸阅读

《个人外汇管理办法实施细则》

第二十条　移居境外的境内个人将其取得合法移民身份前境内财产对外转移以及外国公民依法继承境内遗产的对外转移，按《个人财产对外转移售付汇管理暂行办法》等有关规定办理。

《个人财产对外转移售付汇管理暂行办法》

第五条　申请人办理移民转移需向移民原户籍所在地外汇管理分局、外汇管理部（以下简称所在地外汇局）申请；申请人办理继承转移需向被继承人生前户籍所在地外汇局申请。申请人所在地国家外汇管理局中心支局可以代为接受申请材料。

第六条　移民转移必须一次性申请拟转移出境的全部财产金额，

分步汇出。首次可汇出金额不得超过全部申请转移财产的一半；自首次汇出满一年后，可汇出不超过剩余财产的一半；自首次汇出满两年后，可汇出全部剩余财产。全部申请转移财产在等值人民币20万元以下（含20万元）的，经批准后可一次性汇出。

从同一被继承人继承的全部财产变现后拟转移出境的，必须一次性申请，可一次或分次汇出。继承人从不同被继承人处继承的财产应分别申请，分别汇出。

19 受益人可以转让和继承受益权吗?

金总的大儿子花钱大手大脚,所以金总设立家族信托的一个重要目的,就是要缓缓地传承财富,避免大儿子大肆挥霍。可是,金总还有一个担心:既然大儿子也是家族信托的受益人,那么,他有没有权利转让该受益权呢?

▶▶▶ 专业解析

《信托法》第四十八条规定:"受益人的信托受益权可以依法转让和继承,但信托文件有限制性规定的除外。"可见,一般情况下,受益人是可以转让和继承受益权的。

防止子女挥霍,是委托人设立家族信托最常见的目的之一。为了实现这个目的,委托人会在信托文件中约定定期向子女分配一定金额的生活费,以此避免一次性分配给子女大额资金后,被子女挥霍的风险。但是,由于信托受益权可以转让,所以,如果受益人在委托人去世后,擅自将信托受益权转让给第三人,且一次性获得信托受益权的兑价,那么,委托人设立家族信托的目的就没有办法实现了。

因此,为了避免子女挥霍或者无力管理大额财富的风险,委托人可以在信托文件中增加信托受益权转让的限制性条款。比如,有的信托文件中就有"本信托项下的受益权不得转让、赠与,且不得用于偿还债务或设定担保,受益人擅自处分其受益权的,对委托人和受托人均不发生法律效力"这样的条款。

家族信托功能丰富,机制灵活,只要不违反法律法规,不违背公序良俗，委托人在和受托人协商一致后，便可以对信托条款进行个性化定制，以最大限度地实现委托人的心愿。

▶▶▶▶ **延伸阅读**

某信托合同中关于限制受益权转让的条款

除本合同另有约定外，受益人不得以转让、赠与（包括遗赠）、设立遗嘱、质押等任何方式处分本信托项下其拥有的受益权，受益人擅自处分其受益权的，对委托人和受托人均不发生法律效力，受托人有权拒绝执行其处分结果，由此产生的损失或责任由该受益人自行承担，与受托人无关。

20　受益人可以放弃信托受益权吗？

除了担心大儿子可能会转让信托受益权，金总还担心大儿子可能会放弃信托受益权。金总想知道，受益人可不可以放弃信托受益权呢？如果受益人放弃信托受益权的话，家族信托会不会受到影响呢？

▶▶▶ **专业解析**

《信托法》第四十六条规定："受益人可以放弃信托受益权。"可见，受益人是可以放弃信托受益权的。

一、受益人放弃信托受益权的情形

在信托关系中，信托受益权基本上是不附带义务的纯粹性权利，且信托受益权的取得不需要以受益人的承诺为条件，受益人是被动取得的。

那么，受益人在什么情况下会放弃信托受益权呢？如果家族信托在运作过程中，已经没有多少信托财产，甚至可能有债务，这时受益人已经不太可能从中获益了，那么受益人就会选择放弃信托受益权。

二、受益人放弃信托受益权的形式

受益人放弃信托受益权的话，既可以在知道信托受益权存在时马上表示放弃，也可以在享受一段时间的信托利益后表示放弃。

在放弃信托受益权时，受益人应当以书面形式明确做出放弃的意思表示，并通知受托人。

三、受益人放弃信托受益权的后果

如果受益人只有一个，或者受益人有多个，但所有受益人均表示放弃信托受益权，那么该家族信托就不存在受益人了。此时，信托目的无法实现，该家族信托也就失去了存在的意义，自然应当终止。家族信托终止后，信托财产归谁呢？如果信托文件有规定，信托财产归信托文件规定的人；如果信托文件没有规定，信托财产归委托人或其继承人。

如果受益人有多个，但只有一部分受益人放弃信托受益权，那么，被放弃的信托受益权一般按下列顺序确定归属：第一，信托文件规定的人；第二，如果信托文件没有规定，或规定的人找不到，则由其他受益人均分；第三，不存在其他受益人，或者其他受益人也表示放弃，则由委托人或其继承人享有。

因为某个受益人在放弃信托受益权后，该受益人原来应当享有的信托份额会被重新分配，所以受益人一旦放弃信托受益权，往往就不可再恢复。

▶▶▶ 延伸阅读

《信托法》

第四十六条　受益人可以放弃信托受益权。

全体受益人放弃信托受益权的，信托终止。

部分受益人放弃信托受益权的，被放弃的信托受益权按下列顺序确定归属：

（一）信托文件规定的人；

（二）其他受益人；

（三）委托人或者其继承人。

第五十四条　信托终止的，信托财产归属于信托文件规定的人；信托文件未规定的，按下列顺序确定归属：

（一）受益人或者其继承人；

（二）委托人或者其继承人。

21 可以变更受益人吗?

金总问客户经理:"在家族信托成立若干年后,如果我发现孩子特别优秀,给不给他信托受益权并不重要,或者我对孩子特别失望,一点儿财富都不想留给他,那么我可以变更受益人吗?又该如何变更呢?"

▶▶▶ **专业解析**

对国内家族信托而言,在信托成立生效后,委托人往往会对信托保留很大的控制权,比如委托人在世时,可以随时变更受益人。

一、委托人因受益人的侵权行为变更受益人

如果受益人对委托人或者其他受益人有重大侵权行为,委托人就可以取消其信托受益权,然后变更受益人。

一般认为,侵权行为是指对他人的人身或财产等合法权益进行了侵害,是一种民事过错行为。而重大侵权行为,则是指实施侵权行为的主观性质或者手段比较恶劣,或者造成了严重的后果,比如受益人对委托人或其他受益人的故意伤害、故意杀害等行为。

二、委托人主动变更受益人或受益条件

在家族信托存续期间,委托人的想法可能会发生改变,从而决定变更受益人或受益条件。比如,委托人设立家族信托原本的目的是给第二代提供基本的生活保障、给第三代提供充足的教育费用和成长激励,但若干年过后,第二代事业有成,各方面都很优秀,委托人很可能就会将第二代从受益人名单中移除，增加第三代的受益份额。

委托人在与信托公司协调一致后，随时可以增加或减少受益人、调整受益人及信托利益的分配规则。

三、谁有权变更受益人？

委托人具有变更受益人的权利，但要符合信托文件的规定，并且取得受托人的同意。

如果委托人去世，且事先没有在信托文件中将变更受益人的权利授予其他相关当事人，则无人再有权利变更受益人。

▶▶▶ **延伸阅读**

《信托法》

第五十一条 设立信托后，有下列情形之一的，委托人可以变更受益人或者处分受益人的信托受益权：

（一）受益人对委托人有重大侵权行为；

（二）受益人对其他共同受益人有重大侵权行为；

（三）经受益人同意；

（四）信托文件规定的其他情形。

有前款第（一）项、第（三）项、第（四）项所列情形之一的，委托人可以解除信托。

22　受益人从家族信托中获得的财产是个人财产吗？

在金总咨询家族信托之前，他的大儿子已经结婚了。看着身边很多年轻人离婚，金总也开始担心儿子以后有离婚的可能，那样的话，自己留给儿子的财产就可能会被女方分走。金总想知道，将来儿子作为信托受益人取得的财产是个人财产，还是夫妻共同财产？

▶▶▶ **专业解析**

根据《民法典》第一千零六十二条的规定，夫妻在婚姻关系存续期间所得的受赠财产归夫妻共同所有，但是，赠与合同中明确规定只赠与一方的财产为夫妻一方的个人财产。

为了防止受益人因信托分配而得到的财产变为夫妻共同财产，委托人可以在信托文件中约定，受益人享有的信托受益权以及因此所获得的财产均属于其个人财产，与其配偶无关。事实上，在很多家族信托的文件中，也都将"受益人享有的信托受益权以及因此获得的财产属于个人财产"作为标准条款。

有了这样的约定后，受益人在家族信托中获得的财产就属于其个人财产。当婚姻关系和谐时，这笔财产可以供家庭使用；当婚姻出现问题甚至离婚时，这笔财产也不会被分割。

▶▶▶ **延伸阅读**

《民法典》

第一千零六十二条　夫妻在婚姻关系存续期间所得的下列财产，

为夫妻的共同财产，归夫妻共同所有：

（一）工资、奖金、劳务报酬；

（二）生产、经营、投资的收益；

（三）知识产权的收益；

（四）继承或者受赠的财产，但是本法第一千零六十三条第三项规定的除外；

（五）其他应当归共同所有的财产。

夫妻对共同财产，有平等的处理权。

第一千零六十三条　下列财产为夫妻一方的个人财产：

（一）一方的婚前财产；

（二）一方因受到人身损害获得的赔偿或者补偿；

（三）遗嘱或者赠与合同中确定只归一方的财产；

（四）一方专用的生活用品；

（五）其他应当归一方的财产。

23 可以变更受托人吗?

金总问了客户经理这样一个问题:"如果我现在和信托公司签了一份家族信托合同,但是过了几年,我觉得这家信托公司的管理不太规范,担心它在经营上会出现重大风险,那么我能不能换一家信托公司呢?"

▶▶▶ **专业解析**

家族信托的存续时间短则数十年,长则上百年,所以找到一个稳定、尽职的受托人是非常关键的。也就是说,家族信托的受托人一般是不能变更的。但是,在某些特殊情况下,或当具备一定的条件时,委托人也可以要求变更受托人。

一、什么情况下可以变更受托人?

1.受托人有重大过失

《信托法》第二十三条规定:"受托人违反信托目的处分信托财产或者管理运用、处分信托财产有重大过失的,委托人有权依照信托文件的规定解任受托人,或者申请人民法院解任受托人。"

2.受托人辞任

根据《信托法》第三十八条的规定,在信托成立后,经过委托人和受益人同意,受托人可以辞任。不过,在新的受托人选出来之前,原受托人仍应当履行管理信托事务的职责。

3.受托人职责终止

当受托人发生《信托法》第三十九条规定的情形之一时,比如受托人死亡、被依法撤销或被宣告破产等，受托人显然不再具备履行职责的能力，自然也就要被动变更。此时，受托人的继承人或者清算人应当协助新的受托人接管信托事务。

二、谁有权主张变更受托人？

在家族信托正常运作的过程中，受托人与委托人、受益人协商一致后，可更换受托人，或者友好解除信托合同。

如果受托人在处理信托事务或者在管理信托财产过程中有重大过失，委托人有权根据信托文件的规定解任受托人；若委托人已经去世，则受益人有权解任受托人。如果受托人有异议，委托人或受益人可向人民法院提起诉讼。

▶▶▶ 延伸阅读

《信托法》

第三十九条　受托人有下列情形之一的，其职责终止：

（一）死亡或者被依法宣告死亡；

（二）被依法宣告为无民事行为能力人或者限制民事行为能力人；

（三）被依法撤销或者被宣告破产；

（四）依法解散或者法定资格丧失；

（五）辞任或者被解任；

（六）法律、行政法规规定的其他情形。

受托人职责终止时，其继承人或者遗产管理人、监护人、清算人应当妥善保管信托财产，协助新受托人接管信托事务。

24 受托人只能是信托公司吗？

在听客户经理讲家族信托主体的时候，金总注意到，家族信托的受托人通常是信托公司。但根据《信托法》的规定，自然人也可以做家族信托的受托人。于是，金总问了这样的问题："设立家族信托时，是不是必须让信托公司担任受托人？自己能不能找好朋友做受托人呢？"

▶▶▶ **专业解析**

根据《信托法》第二十四条的规定，受托人应当是具有完全民事行为能力的自然人、法人。可见，从法律层面来说，自然人完全可以担任家族信托的受托人。但是，从商业行为和金融服务的层面来说，家族信托的受托人应当是持有信托牌照的信托公司。

2013年，山东省烟台市中级人民法院对一起关于自然人作为受托人的民事信托诉讼案件做出过裁定。

在该案例中，张某为委托人，自然人滕某为受托人，委托人和受托人之间签订的信托合同和信托行为均得到了法院的认定。委托人张某通过民事信托解决了对非婚生子女的财产传承问题，实现了自己的目的，并经受住了相关利益人的诉讼考验，具有一定的参考意义。

尽管自然人可以作为家族信托的受托人，但是在当下，随着信托法律法规越来越健全、信托公司的家族信托业务越来越成熟，委托人在设立家族信托时，还是应该选择专业的信托公司作为受托人。

和自然人相比，信托公司作为受托人，不仅没有人身风险，道德风险也极低,而且风险控制机制完善,管理能力较强,更具有法律保障。

▶▶▶ 延伸阅读

2004年10月,张某作为委托人出资53049元与受托人滕某签订《资金信托合同》,约定委托人张某作为信托的唯一受益人,同时还约定,在信托有效期间,委托人在征得受益人同意后可以变更受益人。

2010年3月,张某以遗嘱的形式将受益人变更为其子。2010年12月,受托人滕某出具"受益人变更确认书",将受益人变更为张某之子。张某去世后,其他继承人认为遗嘱无效,诉讼至人民法院。

案件的争议焦点是,被继承人张某的53049元是否应该作为遗产被分割。

法院认为,在信托受益人变更后,张某不是信托的唯一受益人,因此张某去世后,这单信托存续,信托财产不应作为张某的遗产进行分割。

从这个案例中我们可以得出两点结论:第一,委托人不是信托唯一受益人的,在委托人去世后,信托继续有效,信托财产不作为委托人的遗产进行分割;第二,自然人完全可以担任受托人。

25 中国目前有哪些信托公司?

金总听说,信托牌照极其稀缺,国内的信托公司不足百家。因此,金总特别想知道:中国目前有哪些信托公司?它们之间有什么区别?

▶▶▶ **专业解析**

我们已经讲过,虽然我国《信托法》没有禁止自然人担任信托的受托人,但在信托实务中,受托人通常是持有信托牌照的金融机构——信托公司。截至 2022 年 9 月,国内的信托牌照共有 71 张,正常经营的信托公司仅 63 家,有 8 家信托公司处于停业状态。广东国际信托、吉林泛亚信托、金新信托等 3 家信托公司多年前已经完成破产清算或正在停业整顿;2022 年 7 月,中国银保监会宣布同意新华信托依法进入破产程序;另有 4 家信托公司因近几年大面积风险暴露,事实上也处于停业状态。

在除广东国际信托、吉林泛亚信托、金新信托等 3 家信托公司之外的 68 家信托公司中,24 家有国务院、财政部或国资委背景,18 家有省级国资委背景,8 家有市级国资委背景,18 家有混合所有制企业或民营企业背景。可见,信托业的实际控制人呈现出高度国有化的特征,穿透后由国资控股的信托公司有 50 家,占比高达 73.5%。

一、拥有央企/国资委背景的信托公司（24家）

信托公司名称	简称	注册地
百瑞信托有限责任公司	百瑞信托	郑州市
大业信托有限责任公司	大业信托	广州市
光大兴陇信托有限责任公司	光大兴陇信托	兰州市
国投泰康信托有限公司	国投泰康信托	北京市
华宝信托有限责任公司	华宝信托	上海市
华能贵诚信托有限公司	华能信托	贵阳市
华融国际信托有限责任公司	华融信托	乌鲁木齐市
华润深国投信托有限公司	华润信托	深圳市
华鑫国际信托有限公司	华鑫信托	北京市
建信信托有限责任公司	建信信托	合肥市
交银国际信托有限公司	交银国际信托	武汉市
昆仑信托有限责任公司	昆仑信托	宁波市
五矿国际信托有限公司	五矿信托	西宁市
英大国际信托有限责任公司	英大信托	北京市
长城新盛信托有限责任公司	长城新盛信托	乌鲁木齐市
中诚信托有限责任公司	中诚信托	北京市
中国对外经济贸易信托有限公司	外贸信托	北京市
中国金谷国际信托有限责任公司	金谷信托	北京市
中海信托股份有限公司	中海信托	上海市
中航信托股份有限公司	中航信托	南昌市
中建投信托股份有限公司	中建投信托	杭州市
中粮信托有限责任公司	中粮信托	北京市
中铁信托有限责任公司	中铁信托	成都市
中信信托有限责任公司	中信信托	北京市

二、拥有省级国资委背景的信托公司（18家）

信托公司名称	简称	注册地
安徽国元信托有限责任公司	国元信托	合肥市
北方国际信托股份有限公司	北方信托	天津市
北京国际信托有限公司	北京信托	北京市
广东粤财信托有限公司	粤财信托	广州市
湖南省财信信托有限责任公司	财信信托	长沙市
华宸信托有限责任公司	华宸信托	呼和浩特市
吉林省信托有限责任公司	吉林信托	长春市
江苏省国际信托有限责任公司	江苏信托	南京市
山东省国际信托股份有限公司	山东信托	济南市
山西信托股份有限公司	山西信托	太原市
陕西省国际信托股份有限公司	陕国投信托	西安市
上海国际信托有限公司	上海信托	上海市
天津信托有限责任公司	天津信托	天津市
西部信托有限公司	西部信托	西安市
西藏信托有限公司	西藏信托	拉萨市
兴业国际信托有限公司	兴业信托	福州市
浙商金汇信托股份有限公司	浙金信托	杭州市
中原信托有限公司	中原信托	郑州市

三、拥有市级国资委背景的信托公司（8家）

信托公司名称	简称	注册地
东莞信托有限公司	东莞信托	东莞市
国联信托股份有限公司	国联信托	无锡市
国通信托有限责任公司	国通信托	武汉市
杭州工商信托股份有限公司	杭州工商信托	杭州市
陆家嘴国际信托有限公司	陆家嘴信托	青岛市
厦门国际信托有限公司	厦门国际信托	厦门市

续表

信托公司名称	简称	注册地
苏州信托有限公司	苏州信托	苏州市
紫金信托有限责任公司	紫金信托	南京市

四、拥有混合所有制/民营企业背景的信托公司（18家）

信托公司名称	简称	注册地
安信信托股份有限公司[①]	安信信托	上海市
渤海国际信托股份有限公司	渤海信托	石家庄市
国民信托有限公司	国民信托	北京市
华澳国际信托有限公司	华澳信托	上海市
华信信托股份有限公司	华信信托	大连市
平安信托有限责任公司	平安信托	深圳市
上海爱建信托有限责任公司	爱建信托	上海市
四川信托有限公司	四川信托	成都市
万向信托股份公司	万向信托	杭州市
新华信托股份有限公司	新华信托	重庆市
新时代信托股份有限公司	新时代信托	包头市
雪松国际信托股份有限公司	雪松国际信托	南昌市
云南国际信托有限公司	云南信托	昆明市
中国民生信托有限公司	民生信托	北京市
中融国际信托有限公司	中融信托	哈尔滨市

---

① 2022年9月，中国信托业保障基金有限责任公司代中国信托业保障基金通过司法处置的方式，获得安信信托控股股东上海国之杰投资发展有限公司持有的14.55亿股股份，占安信信托总股本的26.6%，成为安信信托第一大股东。此外，安信信托已正式公布非公开发行股票方案，并经股东大会审议通过。非公开发行股票完成后，上海砥安投资管理有限公司将成为安信信托的控股股东。2022年12月25日，安信信托发布公告，拟将公司名称"安信信托股份有限公司"变更为"建元信托股份有限公司"。

续表

信托公司名称	简称	注册地
长安国际信托股份有限公司	长安信托	西安市
中泰信托有限责任公司	中泰信托	上海市
重庆国际信托股份有限公司	重庆信托	重庆市

▶▶▶ **延伸阅读**

除了根据股东背景，还可以从其他维度对现有的68家信托公司进行分类。

一、全金融牌照[①] 金融集团旗下的信托公司

金融集团或银行	信托公司	备注
中国平安保险（集团）股份有限公司	平安信托	—
中国光大集团股份公司	光大兴陇信托	—
中国中信集团有限公司	中信信托	—
交通银行股份有限公司	交银国际信托	境内暂无证券牌照，香港地区有证券牌照
兴业银行股份有限公司	兴业信托	暂无保险牌照
中国建设银行股份有限公司	建信信托	境内暂无证券牌照，香港地区有证券牌照
上海浦东发展银行股份有限公司	上海信托	上海信托参股上海人寿保险股份有限公司[②]

---

① 全金融牌照一般是指拥有银行、证券、保险、信托、基金、金融租赁等牌照。
② 上海信托仅持有上海人寿保险股份有限公司1.33%的股份，在其公司股权结构中，未显示上海信托。

二、四大金融资产管理公司旗下的信托公司

金融资产管理公司	信托公司
中国华融资产管理股份有限公司	华融信托①
中国信达资产管理股份有限公司	金谷信托
中国东方资产管理股份有限公司	大业信托
中国长城资产管理股份有限公司	长城新盛信托

---

① 2022年8月,中国华融资产管理股份有限公司将其持有的华融信托全部股份转让给中国信托业保障基金有限责任公司,转让完成后,中国华融资产管理股份有限公司将不再拥有华融信托任何权益。

26　什么是私人信托公司？

金总听朋友说，在离岸地设立信托的话，如果委托人不放心将资产交给信托公司，可以自己成立私人信托公司来管理自己的信托。真的是这样吗？到底什么是私人信托公司呢？

▶▶▶ **专业解析**

在国外，很多资产数额较大、类型较复杂的家族会以私人信托公司作为受托人来设立家族信托。这样不但保密性更好，家族成员还可以对家族资产的运作保留较大的控制权。但在我国，大家对私人信托公司还比较陌生，下面我们一起来了解一下。

一、什么是私人信托公司？

私人信托公司，是在英属维尔京群岛、开曼群岛、库克群岛、新加坡、泽西岛和根西岛等离岸地运行的一种特殊的受托人制度。

对资产规模庞大的委托人来说，如果在选择受托人时不信任家族以外的机构，或者委托人的家族企业属于珠宝、黄金等洗钱高风险行业，无法通过银行和信托机构的尽职调查，就可以成立私人信托公司，专门为自己的资产提供信托服务。

私人信托公司的治理结构和一般公司相同，自然人和法人都可以成为私人信托公司的股东。

二、私人信托公司的功能

私人信托公司由家族内部成员设立，只能为单一家族或关联人提供受托服务，解决了受托人的风险问题，它不仅可以控制家族资产和优化家族企业治理结构，同时又具备资产隔离和财富传承的功能。总之，私人信托公司结合了公司和信托的优势，是非常好的一种资产隔离和财富传承的顶层结构，在境外上市公司中较为常见。

三、私人信托公司的优势

1. 有更大的控制权

很多离岸地的家族信托，一旦成立，委托人便失去了财产的所有权，甚至连变更信托条款都非常不便。使用私人信托公司作为家族信托的受托人，虽然委托人看似也失去了财产的所有权，但由于私人信托公司被委托人控制着，所以委托人自然就对信托拥有了更多的控制权。

2. 更加灵活

和普通信托公司相比，私人信托公司更加灵活，持有的资产类型也更加丰富。对普通信托公司来说，最常见的信托财产类型以金融资产和股权为主，而私人信托公司则几乎能持有所有的资产类型。更重要的是，委托人可以利用私人信托公司作为顶层平台，控制家族的各个企业，持有家族的各类资产。

3. 保密性较好

在离岸地，私人信托公司的内部信息是严格保密的，不会被外界公开查阅。因此，私人信托公司的保密性较好，相关文件只有家族成员知晓，外界无从了解，即使是境外上市公司也没有披露内部信托文件的义务。

在 CRS 的框架下，普通信托公司会被认定为金融机构，家族信托会被认定为金融产品，所以家族信托的信托账户在 CRS 的交换范围内。目前，私人信托公司是否会被认定为金融机构或经济实体，还有争议。通常被接受的观点是，私人信托公司仅为家族服务，并不从事商业活动，所以并不是经济实体，无须参与 CRS 的交换。

4. 安全性较好

私人信托公司的核心管理人员和董事会成员大部分为家族成员，因此，对于公司信息安全和家族事务管理，它的安全性非常好。

▶▶▶ **延伸阅读**

在香港上市的内地公司，超过 100 家在设立家族信托时选择利用私人信托公司来控制公司股权，其中包括小米集团、联想集团、平安好医生、汉森制药等。

小米集团由雷军设立的家族信托控股，而雷军家族信托的受托人 ARK Trust (Hong Kong) Limited 即为私人信托公司。

27　信托公司是如何管理信托财产的？

金总明白，家族信托成立后，对信托财产进行投资管理，就成了重中之重。通过客户经理的讲解，金总也知道了，对于信托财产的投资管理，委托人可以选择不同的模式。但是，信托公司是如何对信托财产进行管理的呢？在此过程中，需要注意哪些要点呢？

▶▶▶ **专业解析**

信托财产的管理是一项很专业的工作。由于信托公司本身具有非常丰富的资产管理经验，所以信托公司常常会亲自管理信托财产。当然，也有信托公司会应委托人的要求选择第三方机构来管理信托财产。

通过前面的问答，我们可以知道，信托财产的管理模式有全权委托型，也有指令型，但不管哪种类型，为了降低波动率，获得较为稳健的收益，信托项下的投资都会进行多元化的大类资产配置。

一、选择投资管理模式

设立家族信托前，受托人应当对委托人进行风险测评，只有能接受较高投资风险的委托人才能设立家族信托。对于家族信托项下的投资，受托人应充分向委托人提示投资风险，并选择与委托人风险承受能力相匹配的产品。

有的信托公司会让委托人选择信托财产的投资管理模式，如稳健型、平衡型、积极型。不同的投资管理模式所配置的产品，其风险等级各不相同。

二、确定投资产品

信托公司或财务顾问一般会给家族信托项下的投资列一个可投资产品清单。产品清单中包含低、中、高风险的各大类产品,并且会定期更新,供委托人选择配置。为了降低投资风险,有的信托公司或财务顾问也会自己选择不同主题的公募基金进行组合搭配,形成类 FOF[①] 的产品。

三、考虑期限

对于家族信托项下的投资,还有一个非常重要的方面需要注意,那就是选择产品的期限要和信托分配方案相匹配。比如,如果信托分配方案中有每年给受益人定期分配生活费的要求,那么在投资管理时就要做好相应的流动性安排,保证在向受益人分配生活费的时间点,信托账户中有充足的现金。

总之,信托公司管理信托财产要考虑三个"相匹配":投资风格与委托人的风险承受能力相匹配、选择的产品与公司风险控制要求相匹配、产品期限与信托分配方案相匹配。

▶▶▶ 延伸阅读

随着我国经济发展进入新常态,经济由高速增长阶段转向高质量发展阶段,各类理财产品的收益不断走低。同时,《资管新规》正式实施后,刚性兑付被打破,投资者购买的各类银行理财产品不仅面临价格波动,甚至可能会亏损。因此,投资者需要改变过去投资

---

① FOF,是Fund of Funds的简称,即基金中的基金,可简单理解为基金组合或者一篮子基金。FOF通过二次精选和组合,可有效降低单一基金的非系统性风险。

集中度高和分配不合理的状况，根据投资目标、风险偏好和资金安排，就现金、债券、保险、股票、不动产、黄金等各大类关联度较低的资产进行分散投资，通过资产配置降低波动率，实现长期的稳健回报。

28　信托公司只负责管理信托财产吗？

金总对客户经理说:"信托公司只管钱的事吗？我听朋友说,信托公司还有很多其他事务性的工作或者服务。"客户经理回答道:"信托公司的工作当然不只是管理好信托财产。除此之外,还有很多工作,比如管理家族事务。"金总说:"那你给我详细讲一下吧。"

▶▶▶ 专业解析

在"37号文"中,中国银保监会指出:"家族信托是指信托公司接受单一个人或者家庭的委托,以家庭财富的保护、传承和管理为主要信托目的,提供财产规划、风险隔离、资产配置、子女教育、家族治理、公益(慈善)事业等定制化事务管理和金融服务的信托业务。……单纯以追求信托财产保值增值为主要信托目的,具有专户理财性质和资产管理属性的信托业务不属于家族信托。"

可见,除了提供资产配置服务,家族信托还提供家族事务管理服务、信托运营管理服务以及信托文件中约定的其他服务。

一、资产配置服务

2022年1月1日,长达三年多的《资管新规》过渡期结束,《资管新规》正式实施。这意味着,金融市场上再也没有保本保收益的资产管理产品。

如何管理好家族信托项下的财产,实现信托财产的保值增值,是受托人或财务顾问的一项重要职责。这需要根据委托人的风险偏好和收益目标,并结合信托利益分配方案,来设计信托财产的资产配置方案。

家族信托项下的资产配置服务，就是将信托财产分散配置在现金管理类、固定收益类、权益类等相关性较小的各大类资产上，通过资产配置组合，降低波动率和投资风险，或者在承担同等风险水平的情况下，提升投资收益。

采用大类资产配置，其投资收益较为稳健，波动率一般较小，从长期来看，其投资收益也会不错。

二、家族事务管理服务

对于信托利益的分配，按事件分配是一种十分常见的选择。比如，当受益人考取大学或大学毕业时，可以从家族信托中领取教育奖励金；当受益人结婚生育时，可以从家族信托中领取婚嫁支持金和生育礼金；当受益人创业时，可以从家族信托中领取创业支持金。这些都体现了家族信托的家族事务管理功能。

有些委托人还希望能在家族信托中体现家族精神和文化的传承，甚至将家族宪章写进家族信托，这是家族信托对家族事务深度管理的体现。

三、信托运营管理服务

家族信托的存续时间少则十年，多则数十年，甚至上百年，因此，除了变更或修改重要信托条款，委托人和受益人一定还会有一些和信托文件相关的服务需求，比如更改联系方式、变更银行卡号、追加信托财产、增加或修改分配条款等。这些都是信托公司应当提供的基础运营管理服务。

四、信托文件中约定的其他服务

当然，委托人在和受托人协商一致后，也可以在信托文件中约定一些更加个性化的服务,比如,利用家族信托向为受益人提供服务的第三方直接支付服务费,利用家族信托进行公益和慈善事务的安排等。

总之,"管钱"只是信托公司的家族信托管理服务中的一项内容。只要信托公司同意,并且不违反法律法规、不违背公序良俗、不侵害第三人权益,委托人就可以深度定制信托服务内容,并体现在信托文件中。

▶▶▶ **延伸阅读**

家族信托的运作内容主要包括两大类:财产管理和事务管理。[①]

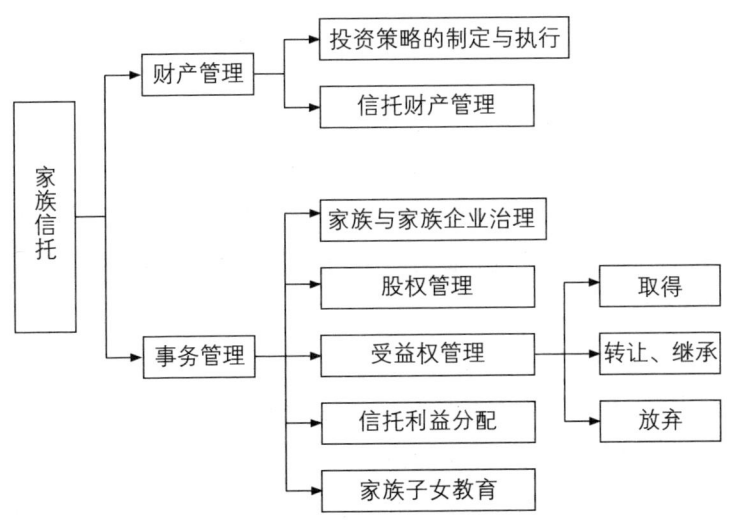

---

① 韩良.家族信托法理与案例精析增订版[M].北京:中国法制出版社,2018: 95.

29 信托公司会收取哪些费用？

金总听朋友说，在设立家族信托时，信托公司是会收费的。于是，金总就问客户经理："在设立家族信托时，信托公司会收取哪些费用？在家族信托的运作过程中，信托公司还会收取其他费用吗？信托公司又是如何收费的呢？是直接从信托财产中扣除吗？"

▶▶▶ **专业解析**

信托公司作为营利性金融机构，在向委托人提供信托服务时，是会收取一定费用的。因管理或处分信托财产而产生的费用，应当从信托财产中列支。

一、信托设立费

在设立家族信托时，委托人要一次性付给信托公司信托设立费。信托设立费主要包括前期设计方案时发生的尽职调查费、律师费及其他相关费用。信托设立费的多少一般取决于家族信托的复杂程度，与信托财产多少关系不大。

随着家族信托市场的逐渐扩大，各家信托公司基本上都已经将委托人常见的需求模式化了，即只要委托人没有特别个性化的需求，信托公司现有的文件模板都能够帮其实现，不需要律师再出具意见。所以，除非委托人有特别个性化的需求，否则信托公司一般不再收取信托设立费。

但是，如果委托人仅用保单作为信托财产来设立家族信托，信托公司一般会一次性收取一定金额的信托设立费。这是因为，对仅用保单来设立的家族信托来说，在保险金进入信托账户前，信托公司没有办法从信托财产的管理中获利。

二、信托管理费

信托管理费，也称信托报酬。在家族信托运作期间，因为信托公司要对信托财产进行专业的投资管理以及家族事务管理，所以委托人需要支付信托管理费。信托管理费与信托财产的多少有关，一般由信托财产承担。

有的信托公司在收取信托管理费时会分为两个部分：固定信托管理费和浮动信托管理费。浮动信托管理费，可以理解为超额报酬，即当信托财产的年化收益率高于约定的基数时，信托公司会收取超额报酬。

信托管理费的计算方法和公募基金管理费的计算方法基本一样，即根据每日信托财产净值进行计算。

三、财务顾问费

如果委托人聘请了第三方专业机构作为财务顾问，那就需要向该机构支付财务顾问费。财务顾问费的具体费率或金额，由委托人和财务顾问协商确定。

四、托管费

为信托财产提供托管服务的银行会收取托管费。

五、其他费用

家族信托运作过程中产生的其他相关合理费用，也应当由信托财产承担。比如，家族信托中增加了监察人的角色，一般需要向监察人支付一定的费用;在家族信托项下配置产品时,可能会产生认购费、申购费、赎回费;在向受益人分配信托利益时,在转账过程中银行可能会收取手续费;在进行信息披露时,可能会产生快递费;在信托财产管理过程中,与第三人发生诉讼时,需要支付律师费;等等。这些费用的支付,原则上都需要在信托文件中进行明确。

▶▶▶ 延伸阅读

假如金先生用 3000 万元在某信托公司设立家族信托,那么一年的费用大概是多少呢?

1. 信托设立费

对于信托条款,金先生大部分采用了信托公司提供的模板,因此不涉及信托设立费的问题。

2. 信托管理费

信托文件中约定,信托管理费率为 0.6%/ 年,以信托财产为基数,按日计提,按年收取。

3. 财务顾问费

投资建议由信托公司提供,金先生未聘任第三方财务顾问,因此不涉及财务顾问费。

4. 托管费

托管费由信托账户的开户银行收取,托管费率为 0.05%/ 年,按日计提,按年收取。

综上,金先生家族信托的综合费率为 0.65%/ 年,如果忽略信托财产份额和净值的变化,一年的费用为 3000 万元 ×0.65%/ 年 =19.5 万元。

30 信托公司会向委托人和受益人报告信托财产的管理情况吗?

金总跟妻子说:"设立家族信托后,信托公司会帮我们管理信托财产。信托公司还是比较靠谱的,所以我们不必太操心。"听完金总的话,妻子有一点疑问,她说:"如果我们想知道信托财产的管理情况,该怎么办呀?信托公司会定期向我们报告吗?我们自己能查询吗?"

▶▶▶ **专业解析**

家族信托生效后,受托人应当定期向委托人和受益人报告信托财产的管理情况。委托人和受益人如对报告有异议,应当在信托文件限定的期限内以书面形式向受托人提出。

一、信息披露接收人

信息披露接收人一般应是委托人和所有受益人,若设置了监察人,则也应包括监察人。委托人可以在信托文件中约定信息披露接收人事项。

二、报告形式

受托人应当以书面形式将信托财产和事务管理报告送达信息披露接收人。具体的报告形式和送达方式可在信托文件中进行约定,比如向指定的邮箱发送电子邮件,也可视为书面形式的送达。

三、报告时间

1. 定期报告

受托人应该按照信托文件的约定,定期制作信托财产和事务管理报告。一般来说,受托人应每季度报告一次信托财产的管理运用情况,每年至少报告一次信托事务管理情况。

2. 清算报告

家族信托终止后,受托人应当对信托财产进行清算,并在规定期限内提供清算报告。

3. 临时报告

在家族信托存续期间,若发生受托人认为有必要向委托人或受益人做出临时披露的情形,比如信托财产可能遭受重大损失,受托人可以在相关事项发生后向信息披露接收人发送临时的信息披露报告。

▶▶▶ 延伸阅读

《信托法》

第三十三条　受托人必须保存处理信托事务的完整记录。

受托人应当每年定期将信托财产的管理运用、处分及收支情况,报告委托人和受益人。

受托人对委托人、受益人以及处理信托事务的情况和资料负有依法保密的义务。

第五十八条　信托终止的,受托人应当作出处理信托事务的清算报告。受益人或者信托财产的权利归属人对清算报告无异议的,受托人就清算报告所列事项解除责任。但受托人有不正当行为的除外。

31　信托公司会破产吗？

金总觉得，家族信托与自己的两大核心需求——资产隔离和财富传承非常契合，但他还是有点担心："家族信托确实非常不错。但是，家族信托是一个传承三代、延续百年的计划，万一哪天信托公司破产了，我该怎么办？是不是就血本无归了？信托公司到底会不会破产？"

▶▶▶ 专业解析

那些拥有企业经营和管理经验的高净值人士深知，一个企业要想存活十年以上已经非常不容易，更别说百年了。家族信托是一个传承三代、延续百年的计划，因此有些人担心，在此期间，如果信托公司破产了，委托人该怎么办？

其实，不要说信托公司破产这样的极端事件发生的概率极低，即使发生了，家族信托委托人的信托财产也不会受到太大的影响。

一、信托公司属于非银行金融机构，受严格监管

在我国，信托公司属于非银行金融机构，其内部有一系列风险控制流程。同时，和银行、保险公司等金融机构一样，信托公司也会受到中国银保监会的监管，而监管的重中之重就是防范风险。

一旦监管部门认为某信托公司的经营出现了重大问题，可能发生信用危机，就会对其进行法定接管。2020年7月，新时代信托和新华信托触发了相关法律规定的接管条件，可能会发生信用危机，为了维护信托当事人的合法权益和社会公共利益，中国银保监会决定对这两家信托公司实施接管。接管组将对这两家信托公司的投资人的登记份额进行核对确认,并依法按照受益人利益最大化原则督促它们积极管理运用、处分信托财产,及时回收资金并全部用于兑付投资者,切实保护信托投资者的合法权益。

二、信托牌照极其稀缺

截至2022年9月,全国正常经营的信托公司只有63家,银行却有4000多家,而在这4000多家银行中,只有4家拥有信托牌照,分别是中国建设银行控股的建信信托、交通银行控股的交银国际信托、兴业银行控股的兴业信托,以及浦发银行控股的上海信托。同时持有银行牌照和信托牌照的有中信集团、平安集团、光大集团,但它们一般不被认为是银行控股的信托公司。中国工商银行即使运作多年,也未能获得信托牌照。

手握信托牌照的信托公司,可以从事资产管理、财富管理、银行投资和信托服务等业务,是唯一可以横跨货币市场、资本市场、实业投资三大领域的金融机构,其业务范围之全面是其他任何单一金融牌照都不具备的。因此,手握"香饽饽"的信托公司,极其珍惜自己的牌照。不管是公司内部治理,还是开展受托业务,信托公司都会秉承诚实、信用、谨慎、有效的原则,依法依规合法经营,严控风险。

三、由信托业保障基金做保障

银行业、保险业、证券业、信托业作为我国的四大金融支柱,其行业安全极为重要。因此,保险业有保险保障基金,证券业有投资者保护基金,银行业有存款保险制度,信托业有信托业保障基金。

2014年年底,《信托业保障基金管理办法》(银监发〔2014〕

50号）施行，其中规定，信托业保障基金主要由信托业市场参与者共同筹集，用于化解和处置信托业风险。2022年2月，中国银保监会又对《信托业保障基金管理办法》进行了修订，形成了《信托业保障基金和流动性互助基金管理办法（征求意见稿）》，拟进一步优化基金筹集机制、明确基金定位和使用方式，强化道德风险防范。

另外，《信托公司管理办法》也规定，信托公司每年应当从税后利润中提取5%作为信托赔偿准备金。

2022年8月，信托业保障基金以61.52亿元接手中国华融资产持有的华融信托76.79%的股权，为信托业保障基金探索信托公司风险处置提供了新方式。

四、监管部门要求信托公司订立"生前遗嘱"

2014年，原中国银监会发布了《关于信托公司风险监管的指导意见》，其中明确提出，"信托公司应结合自身特点制订恢复与处置计划"，并要求信托公司事先做好出现重大风险时的应对措施。这就是信托业常说的信托公司的"生前遗嘱"。

五、信托财产是独立财产

即使万一发生信托公司被依法解散或被宣告破产这样极端的情况，信托财产也不属于清算财产。根据《信托法》的规定，在信托存续期间，信托财产独立于委托人、受托人、受益人各自的固有财产。信托公司在管理信托财产时，必须将信托财产与其固有财产分别管理、分别记账，并将不同委托人的信托财产分别管理、分别记账。所以，信托财产不会与信托公司的固有财产发生混同。

万一信托公司破产了，委托人或受益人有两个选择：既可以选择终止信托，也可以选择新的受托人继续管理信托财产。

2020年7月17日，新华信托触发了法律规定的接管条件，中国银保监会决定对其实施接管。2022年6月16日，中国银保监会依法批复同意新华信托关于破产清算的行政许可申请。同年7月6日，重庆市第五中级人民法院依法裁定受理新华信托提出的破产清算申请，自此，新华信托依法进入破产程序。这是2001年《信托法》施行以来，首家进入破产程序的信托公司。

新华信托的破产，引发了已经设立家族信托以及对家族信托持观望态度的高净值人士的担忧：信托公司破产，家族信托将何去何从？家族信托的委托人和受益人的利益该如何保障？

新华信托破产的主要原因在于"明天系"金融机构的系统性爆雷。早在2014年，新华信托就因产品兑付危机被监管部门暂停了信托业务，所以新华信托也自然没有存续的家族信托业务。即使新华信托有存续的家族信托业务，根据前面的分析，因为信托财产独立于受托人的固有财产，并且二者在账户上是完全被区隔开的，分别管理，分别记账，所以信托公司破产对信托账户的安全性基本没有影响。

但是，如果在破产之前，信托公司存在挪用信托财产的情况，这就违背了受托人的义务，也违反了《信托法》。因此，给委托人或受益人造成损失的，信托公司应该承担赔偿责任。不过鉴于信托公司即将破产的现实情况，其财务状况一定不会很好，所以其赔偿责任也很难真正履行。即使信托公司没有破产，这种道德风险也可能存在。

新华信托破产带给我们的启示是，委托人选择受托人要更加谨慎。

总之，信托公司破产的可能性极低，即使破产，集合资金信托计划的安全性仍然是和其投资的项目或底层资产[①]相对应的，而家族信托的信托财产的安全性则取决于信托项下的资产配置方案，信托财产不会因为信托公司破产、解散、撤销等原因而产生损失。

▶▶▶ 延伸阅读

《信托法》

第十六条　信托财产与属于受托人所有的财产（以下简称固有财产）相区别，不得归入受托人的固有财产或者成为固有财产的一部分。

受托人死亡或者依法解散、被依法撤销、被宣告破产而终止，信托财产不属于其遗产或者清算财产。

第十八条　受托人管理运用、处分信托财产所产生的债权，不得与其固有财产产生的债务相抵销。

受托人管理运用、处分不同委托人的信托财产所产生的债权债务，不得相互抵销。

第二十九条　受托人必须将信托财产与其固有财产分别管理、分别记账，并将不同委托人的信托财产分别管理、分别记账。

《信托业保障基金管理办法》

第十九条　具备下列情形之一的，保障基金公司可以使用保障基金：

（一）信托公司因资不抵债，在实施恢复与处置计划后，仍需重组的；

[①] 底层资产是指最基础的资产，简单来说，就是投资者的资金最终的实际流向。

（二）信托公司依法进入破产程序，并进行重整的；

（三）信托公司因违法违规经营，被责令关闭、撤销的；

（四）信托公司因临时资金周转困难，需要提供短期流动性支持的；

（五）需要使用保障基金的其他情形。

32　什么是信托监察人？

对于设立家族信托，金总还有一个担心，那就是信托公司会不会背信弃义，从而损害受益人的利益？自己能不能在信托文件中设置一个监察人的角色呢？客户经理告诉金总，他可以设置监察人，以此监督信托公司的行为。金总问："到底什么是监察人？"

▶▶▶ **专业解析**

《信托法》在"公益信托"一章中提到了"监察人"。这里的"监察人"主要是为了监督公益信托的运行，保护受益人或其所代表的公共利益，对委托人的意愿能否得到实现并不十分关注。

在家族信托中，为了更好地实现信托目的，保护受益人的合法权益，委托人可以设置监察人这一角色。家族信托的监察人在关注受益人利益的同时，还关注委托人的意愿能否得到实现。监察人常常也被称为"保护人"。

监察人作为信托当事人，并不是必需的角色。监察人的权利和义务由信托文件规定。

监察人最大的权利是可以等同于委托人。家族信托成立后，有的委托人会放弃所有权利，而将其授予监察人，这样，监察人就拥有变更受益人、修改受益条件及份额、检查及监督信托运行等权利。

监察人这一角色的出现，是因为委托人对受托人不够信任，或者是担心在家族信托存续期间发生太多当下不可预知的问题。当委托人去世后，监察人既可以监督、制衡受托人，也可以根据实际情况调整信托分配方案。因此，监察人也可以被视为委托人的代表，是为了保护受益人的合法权益,保证信托目的更好实现,监督受托人履行诚实、信用、谨慎、有效管理的义务。

监察人的义务,除监督家族信托的运行外,还有保密义务。

▶▶▶ **延伸阅读**

《信托法》

第六十四条 公益信托应当设置信托监察人。

信托监察人由信托文件规定。信托文件未规定的,由公益事业管理机构指定。

第六十五条 信托监察人有权以自己的名义,为维护受益人的利益,提起诉讼或者实施其他法律行为。

33　谁适合做信托监察人？

听完客户经理的讲解后，金总希望自己的家族信托中也能有一个监察人来监督家族信托的运行。这样的话，在遇到不确定的分配事项时，监察人就能够调整家族信托的分配方案。然而，应该让谁来担任监察人这一角色呢？金总一时拿不定主意。

▶▶▶ 专业解析

信托监察人最主要的职责是持续监督受托人的行为，然而，委托人往往还期待监察人能正向引导或监督受益人。也就是说，监察人的存在是为了更好地实现家族信托的目的，保证家族信托长期、平稳地运行。因此，为了保证监察人能真正起到委托人期待的作用，监察人应该具有一定的专业能力，并且是对委托人非常忠诚的人，比如委托人的至亲或密友。

从法律层面来说，自然人和法人都可以担任监察人。有的委托人可能会聘请律师事务所或会计师事务所这类专业机构作为监察人，想法倒是没错，但是律师事务所是一个组织，在实际执行事务的过程中，仍需要具体的人去履行，需要事务所再指定或授权一位律师，这样可能会带来效率低下或者职责不清的问题。所以，到底是选择委托人信任的人做监察人，还是选择法人做监察人，需要委托人权衡利弊后做出慎重的选择。

家族信托的监察人应该具备三个条件：第一，具备高尚的道德，即监察人首先应该是委托人绝对信任的人；第二，具备专业的知识，最好对信托法及信托运作情况有一定的了解；第三，相对较年轻，身体状况良好,这样才能更长时间地监督家族信托的运行。如果可以,委托人最好同时设置第二顺序监察人。

▶▶▶ 延伸阅读

　　Minassian 是美国佛罗里达州的一位成功商人,退休后与第二任妻子 Patty 住在一起。他有两个孩子,都是他与前妻所生。1999 年,Minassian 设立了一个可撤销的生前信托,约定在他去世后,该信托变为不可撤销信托。信托文件中明确表示,在他去世后,信托首要是为了 Patty 的利益而设的,他的孩子只能在 Patty 去世后获得收益;他和 Patty 是受托人,在他去世后,Patty 就是唯一的受托人。

　　信托文件还允许受托人可以委任一名信托保护人,该信托保护人可以修改信托文件,以解释未来信托文件中可能会出现的模糊之处。

　　Minassian 于 2010 年去世,在他去世后不久,两个孩子起诉了 Patty,称她没有恰当管理信托财产,要求她出示账单。Patty 拒绝了他们的要求,表示他们根本不是受益人。Patty 还表示,她已经委任了一位信托保护人,该保护人会修改信托文件,以明确在她去世后,接下来的受托人会用剩余的信托财产设立一个新的信托,新的信托利益会分为两份,分别给两个孩子。

　　法院最终认定信托保护人有权修改模糊条款,批准了保护人的修改,使委托人设立信托的目的得以实现。如果没有保护人,该信托的受益人很可能会变为 Patty 和两个孩子,而 Patty 管理信托财产时会受到两个孩子的阻挠,这样的话,Minassian 设立信托的目的就达不到了。因此,信托保护人在执行委托人的信托意愿、实现信托目的方面可以发挥重大的作用。

34　财务顾问是必需的角色吗?

在询问信托财产的投资管理事宜时,金总对财务顾问这一角色有些印象,所以他还想了解更多的内容。比如,要想实现财富的保值增值,是否必须聘请财务顾问?哪些人可以做财务顾问?财务顾问都做哪些工作呢?

▶▶▶ **专业解析**

虽然投资回报并不是委托人设立家族信托的首要目的,但要想在长达几十年甚至上百年的时间内力争信托财产的保值增值,就需要有一个专业人士来对信托财产进行投资管理。这个角色就是财务顾问,也叫投资顾问。

一、财务顾问的职责

财务顾问需要充分了解信托目的、委托人的风险偏好、收益预期等相关信息,为信托运行制定投资策略,选择合适的投资组合。

所有和信托财产投资管理相关的操作,均应由财务顾问向受托人下达,并由受托人负责执行。如果是指令型的投资模式,那么受托人在执行投资指令之前,还需要让投资指令权人确定。

在信托运作过程中,财务顾问要定期检查投资组合和投资标的是否符合投资策略,并和委托人或受益人保持良好沟通,定期披露投资结果,确定后续投资策略。

二、财务顾问不是必需的角色

在家族信托的当事人中,财务顾问不是必需的角色。比如,在大多数由信托公司和委托人直接签订的家族信托合同中,往往没有单独设置财务顾问,这个角色的相关职责事实上是由受托人自己来承担的。

在银行主导的家族信托模式中,往往由银行担任财务顾问。和投资管理相关的决策均由财务顾问来制定,信托公司作为受托人,仅承担执行投资决策和其他事务性管理的职责。

三、谁适合做家族信托的财务顾问?

由于财务顾问最重要的职责是负责信托财产的投资管理,因此投资管理能力就是选择财务顾问的重要标准。

在市场上,不同类型的资产管理人擅长的领域也不尽相同。一般来说,信托公司擅长非标类资产的管理,银行擅长固定收益类产品的管理,公/私募基金公司擅长权益类投资。如果受托人允许委托人自行选择财务顾问,则委托人可以根据自己的投资偏好,并结合不同类型资产管理人的特长来进行选择。

▶▶▶ 延伸阅读

什么是"非标"与"标"?

根据所指对象不同,"非标"与"标"也有两种理解:一种理解是指非标准化债权和标准化债权,另一种理解是指非标准化资产和标准化资产。

2020年7月,中国人民银行、中国银保监会、中国证监会、国家外汇管理局联合发布了《标准化债权类资产认定规则》,明确了标准化与非标准化债权类资产的界限、认定标准及监管安排。

分类	认定标准及具体资产
标准化债权类资产	1. 标准化债权类资产是指依法发行的债券、资产支持证券等固定收益证券。 2. 主要包括国债、中央银行票据、地方政府债券、政府支持机构债券、金融债券、非金融企业债务融资工具、公司债券、企业债券、国际机构债券、同业存单、信贷资产支持证券、资产支持票据、证券交易所挂牌交易的资产支持证券,以及固定收益类公开募集证券投资基金等。 3. 其他债权类资产被认定为标准化债权类资产的,应当同时符合以下条件: (1) 等分化,可交易; (2) 信息披露充分; (3) 集中登记,独立托管; (4) 公允定价,流动性机制完善; (5) 在银行间市场、证券交易所市场等国务院同意设立的交易市场交易。 (符合此要求的机构,可向人民银行提出标准化债权类资产认定申请,并由人民银行会同金融监督管理部门进行认定)
非标准化债权类资产	1. 不满足上述认定标准所列条件的债权类资产,为非标准化债权类资产。 2. 银行业理财登记托管中心有限公司的理财直接融资工具,银行业信贷资产登记流转中心有限公司的信贷资产流转和收益权转让相关产品,北京金融资产交易所有限公司的债权融资计划,中证机构间报价系统股份有限公司的收益凭证,上海保险交易所股份有限公司的债权投资计划、资产支持计划,以及其他未同时符合上述五项标准的为单一企业提供债权融资的各类金融产品,是非标准化债权类资产
其他资产	存款(包括大额存单)以及债券逆回购、同业拆借等形成的资产

35 如果发生纠纷，信托当事人如何保障自己的权益？

金总知道，家族信托成立后，各方当事人就要承担相应的义务。那么，假如一方违反约定，不履行相应的义务，其他当事人该怎么办呢？比如，委托人对信托服务不满意，甚至信托公司出现了重大失误或错误，委托人或受益人应该如何保障自己的合法权益呢？

▶▶▶ 专业解析

我们知道，家族信托是委托人基于对受托人的信任，为了受益人的利益，在平等自愿、诚实信用的基础上成立的一种法律关系。也就是说，信托的各方当事人，包括委托人、受托人、受益人、监察人、财务顾问、托管人等，都应该遵守信托文件的约定，任何一方违反部分或全部约定，均应当向守约方承担违约责任，并赔偿因违约行为而造成的损失。

信托当事人的权利和义务由信托文件规定，信托文件中一般也会规定相应的违约责任。

一、委托人违约

委托人常见的违约行为，包括在受托人做尽职调查时未如实告知、在个人国籍或税收居民身份发生重大变更时未及时通知受托人、未按约定时间或方式交付信托财产、提供虚假信息或虚假承诺等。因委托人的违约行为给受托人造成损失的，委托人应承担违约责任。

二、受托人违约

受托人常见的违约行为，包括违反信托目的管理或处分信托财产，处分信托财产有重大过失，未充分履行诚实、信用、谨慎、有效管理的义务，等等。因受托人的违约行为致使信托财产受到损失的，受托人应承担违约责任，同时委托人也有权解任受托人，或者申请人民法院解任受托人。

三、其他当事人违约

信托行为中的其他当事人违约后，也需要承担相应的违约责任。各方当事人如果发生纠纷，应当友好协商，协商不成的，任何一方均可以向有管辖权的人民法院提起诉讼。

但是，如果在信托存续期间，因为国家法律法规发生变化或者监管机构出台新的规定，造成信托文件中的一些约定无法执行、部分或全部信托目的无法实现的，可视为不可抗力，各方当事人均不承担责任。

▶▶▶ **延伸阅读**

某信托合同中关于违约责任的条款

委托人、受托人及其他合同方应严格遵守本合同的约定，本合同任何一方未能按本合同的约定履行各项义务均被视为违约，违约方应向守约方承担违约责任，并赔偿因其违约给信托财产和对方造成的损失。

1. 如委托人违约，委托人应负责赔偿受托人因处理信托事务而支出的合理费用及所受到的全部损失。

1.1 委托人承诺信托设立前以及运行过程中提交给受托人的

各种文件及陈述与保证，包括但不限于委托人尽职调查问卷、委托人风险承受能力评估问卷、身份证明、婚姻状态证明、与受益人关系的证明、信托利益分配账户证明等相关文件，内容真实、合法、有效。若相关文件内容发生变更，应及时书面通知受托人并将变更后有效的文件复印件提交给受托人存档。因委托人通知不及时或通知内容错误导致信托财产损失的，受托人不承担相关法律责任。

1.2 如因委托人委托受托人管理的信托财产存在合法性、所有权或处分权瑕疵、损害其债权人的利益或因委托人的其他违约行为导致发生纠纷，因此给受托人、受益人、信托财产造成损失的，委托人应承担赔偿责任。

1.3 委托人承诺，如因委托人过错导致信托被撤销或无效，委托人应向受托人进行充分、及时的赔偿，以保证受托人的信托管理费和根据本合同可得的权益不遭受任何损失。为此，委托人同意受托人在依法返还信托财产时，可事先自行扣除受托人上述相关权益。

1.4 如委托人违约，受托人有权终止信托，并保留依照法律、法规的规定进行进一步追责的权利。

2. 如受托人利用信托财产为自己谋取利益，则所得收益归入信托财产。

因受托人的过错或者违反法律、法规及本合同的规定致使信托财产损失的，受托人应当予以补偿或者赔偿。赔偿额以受托人的过错程度与实际损失酌情确定。

受托人违反信托目的处分信托财产或者管理运用、处分信托财产有重大过失的，则委托人有权解聘受托人。

36　哪些财产可以作为信托财产？

作为一位高净值人士，金总拥有的财产可谓多种多样，包括现金、房产、股权、艺术品等。因此，金总想把这些财产都放到家族信托中。那么，他的所有财产都可以作为信托财产吗？金总听朋友说"万物皆可信托"。真的是这样吗？

▶▶▶ **专业解析**

根据《信托法》的规定，信托财产必须是委托人合法所有且具有完全处分权的财产，同时，信托财产也必须是确定的、可流通的财产。比如，在设立信托前已经附有抵押或质押权利的资产、赃物等，均不能用于设立信托。如果委托人交付的信托财产有瑕疵，那么信托在存续期间，其有效性很有可能遭到该财产相关人的挑战。

一、哪些财产可以作为信托财产？

具有财产价值的东西都可以作为信托财产，其中既包括有形的财产，也包括无形的财产权利。

最常见的信托财产是资金，其他财产如金融产品、有价证券、不动产、股权、知识产权、古玩珠宝、名家字画等，原则上也可以作为信托财产，但需要与信托公司"一事一议"，看信托公司是否愿意接收并有能力管理非资金类信托财产。

最近几年深受高净值人士青睐的保险金信托，就是以保险金请求权作为信托财产而设立的财产权信托。

二、哪些财产不能作为信托财产？

1. 不确定的财产

信托财产应当是委托人实际拥有并确定的财产，而那些将来可能取得的财产不能作为信托财产。比如，张三希望用自己将来的房屋拆迁补偿款作为信托财产来设立信托，这是不可以的，因为房屋将来是否拆迁、有没有补偿款、有多少补偿款，都是不确定的。

在信托存续期间，受托人因为管理或处分信托财产，导致原来信托财产的确定状态可能变得不确定，则不影响信托的有效性。比如，在委托人的强烈要求下，信托公司将部分信托财产投资于高风险的数字货币产品，虽然该笔投资收益的不确定性很大，但并不会影响信托的有效性。

2. 以非法手段获得的财产

委托人以非法手段如盗窃、赌博、诈骗、受贿、非法占有等获得的财产，不能作为信托财产。

3. 存在权属不清或纠纷的财产

比如，夫妻一方未经另一方同意，则不能用夫妻共同财产设立信托。

4. 损害债权人合法权益的财产

设立信托前，债权人已对该财产享有优先受偿权的财产，不得作为信托财产。

5. 法律法规禁止流通的财产

信托财产必须是可以合法转让或流通的财产。

法律、行政法规禁止流通的财产，不得作为信托财产，比如全民所有的森林、河流、矿藏，以及武器、毒品等。

法律、行政法规限制流通的财产，依法经有关主管部门批准后，可以作为信托财产，比如金、银、外汇、采矿权和一定级别的文物等。

6. 其他情形

委托人代他人持有的财产、委托人违规汇集他人的资金、委托人的贷款,都不得作为信托财产。

▶▶▶ 延伸阅读

《信托法》

第七条 设立信托,必须有确定的信托财产,并且该信托财产必须是委托人合法所有的财产。

本法所称财产包括合法的财产权利。

第十条 设立信托,对于信托财产,有关法律、行政法规规定应当办理登记手续的,应当依法办理信托登记。

未依照前款规定办理信托登记的,应当补办登记手续;不补办的,该信托不产生效力。

第十一条 有下列情形之一的,信托无效:

(一)信托目的违反法律、行政法规或者损害社会公共利益;

(二)信托财产不能确定;

(三)委托人以非法财产或者本法规定不得设立信托的财产设立信托;

(四)专以诉讼或者讨债为目的设立信托;

(五)受益人或者受益人范围不能确定;

(六)法律、行政法规规定的其他情形。

37　如何理解信托财产的独立性?

金总知道,家族信托拥有强大的资产隔离功能,这也是高净值人士选择家族信托的原因之一。至于为何家族信托可以做到这一点,金总听说是因为信托财产的独立性。对于这个说法,金总还是不太理解,他想让客户经理给他讲一下。

▶▶▶ 专业解析

家族信托是一种特殊的财产管理制度,一旦设立并生效,委托人就要将自己的财产交给受托人。此时,财产的所有权会发生转移——委托人丧失财产所有权,受托人成为信托财产名义上的所有人。这是信托财产独立性的法律基础。

信托财产的独立性体现在五个方面:信托财产独立于委托人未设立信托的财产,信托财产独立于受托人的固有财产,信托财产独立于其他委托人的信托财产,信托财产独立于受益人的财产,信托财产损益独立。

一、信托财产独立于委托人未设立信托的财产

《信托法》第十五条规定:"信托财产与委托人未设立信托的其他财产相区别。"因此,家族信托设立后,设立信托的财产会从委托人的其他固有财产中分离出来,委托人对信托财产不再享有所有权。除非"设立信托前债权人已对该信托财产享有优先受偿的权利",否则,委托人的债权人不得要求法院强制执行信托财产。

此外,在家族信托中,委托人并不是唯一受益人,所以在委托

人去世后,信托财产也不属于委托人的遗产。

二、信托财产独立于受托人的固有财产

《信托法》第十六条第一款规定:"信托财产与属于受托人所有的财产(以下简称固有财产)相区别,不得归入受托人的固有财产或者成为固有财产的一部分。"因此,家族信托设立后,虽然受托人对信托财产享有所有权,但信托财产独立于受托人的固有财产。

《信托法》第十六条第二款规定:"受托人死亡或者依法解散、被依法撤销、被宣告破产而终止,信托财产不属于其遗产或者清算财产。"因此,即使受托人破产被清算,信托财产也不会被用于偿还受托人自身的债务。但是,"受托人处理信托事务所产生债务,债权人要求清偿该债务的"或者"信托财产本身应担负的税款"除外。

为了保证信托财产独立于受托人的固有财产,保障委托人和受益人的利益,"受托人必须将信托财产与其固有财产分别管理、分别记账"。

三、信托财产独立于其他委托人的信托财产

《信托法》第二十九条规定:"受托人必须将信托财产与其固有财产分别管理、分别记账,并将不同委托人的信托财产分别管理、分别记账。"

如果信托财产是资金,受托人可以将其放在一起管理运用,但必须分别计账。这样就能从实际操作层面保证信托财产既不会和受托人的固有财产混同,也不会和其他委托人的信托财产混同。

四、信托财产独立于受益人的财产

就受益人来说,尽管其享有一定条件下的信托利益请求权,但

是在达到这一条件（时间或事件）前，受益人既不拥有信托财产，也无法处分信托财产。所以，信托财产也独立于受益人的固有财产，受益人的债权人不能直接针对信托财产行使清偿权。

但是，当信托财产分配给受益人后，就变成了受益人的个人财产，与受益人的其他固有财产没有区别。

五、信托财产损益独立

因信托财产而产生的收益应归入信托财产，同时，因为管理、处分信托财产发生的债务和损失，也应该由信托财产承担。

▶▶▶ **延伸阅读**

《信托法》

第十五条　信托财产与委托人未设立信托的其他财产相区别。设立信托后，委托人死亡或者依法解散、被依法撤销、被宣告破产时，委托人是唯一受益人的，信托终止，信托财产作为其遗产或者清算财产；委托人不是唯一受益人的，信托存续，信托财产不作为其遗产或者清算财产；但作为共同受益人的委托人死亡或者依法解散、被依法撤销、被宣告破产时，其信托受益权作为其遗产或者清算财产。

第十六条　信托财产与属于受托人所有的财产（以下简称固有财产）相区别，不得归入受托人的固有财产或者成为固有财产的一部分。

受托人死亡或者依法解散、被依法撤销、被宣告破产而终止，信托财产不属于其遗产或者清算财产。

第十七条　除因下列情形之一外，对信托财产不得强制执行：

（一）设立信托前债权人已对该信托财产享有优先受偿的权利，并依法行使该权利的；

（二）受托人处理信托事务所产生债务，债权人要求清偿该债务的；

（三）信托财产本身应担负的税款；

（四）法律规定的其他情形。

对于违反前款规定而强制执行信托财产，委托人、受托人或者受益人有权向人民法院提出异议。

38　信托财产会被信托公司挪用吗？

听完客户经理的话，金总对信托财产的独立性有了更深的理解，也更加确信了家族信托拥有强大的资产隔离功能。但是，金总心中还有一点忧虑："在家族信托如此长的存续期内，信托公司会不会挪用信托财产呢？"

▶▶▶ 专业解析

信托公司作为持牌的金融机构，受中国银保监会（或各地方监管局）的监管，且各家信托公司内部也都有一套相对完善的风险控制流程。此外，《信托法》《信托公司管理办法》《中华人民共和国银行业监督管理法》（以下简称《银行业监督管理法》）也为信托公司审慎经营、恪尽职守提供了法律保障。因此，国家从法律和制度上保证了信托财产不会被信托公司挪用。

《信托法》第二十二条规定："受托人违反信托目的处分信托财产或者因违背管理职责、处理信托事务不当致使信托财产受到损失的，委托人有权申请人民法院撤销该处分行为，并有权要求受托人恢复信托财产的原状或者予以赔偿；该信托财产的受让人明知是违反信托目的而接受该财产的，应当予以返还或者予以赔偿。"

根据《信托公司管理办法》第三十四条的规定，信托公司开展信托业务，不得"将信托财产挪用于非信托目的的用途"。

因此，如果信托公司有挪用信托财产或其他不端行为，委托人或受益人可以直接要求信托公司恢复信托财产的原状或者予以赔偿。当然，在受托人损害委托人或受益人利益时，委托人和受益人还有更换受托人的权利,也可以向人民法院起诉主张权益。

▶▶▶ **延伸阅读**

2020年4月,上海银保监局官网公布了行政处罚信息公开表(沪银保监银罚决字〔2020〕4号),其中针对安信信托股份有限公司2016年至2019年违规将部分信托项目的信托财产挪用于非信托目的的用途等行为,根据《银行业监督管理法》第四十六条第(五)项,责令安信信托改正,并处罚款共计1400万元。

39 信托财产登记是怎么回事？

在打算设立家族信托之前，金总还特意研究了《信托法》。他发现有法条规定，在设立信托时，信托财产要依法办理登记手续。金总顿时就蒙了：为什么信托财产要办理登记手续？又要如何登记呢？

▶▶▶ 专业解析

信托财产最主要的特性是其独立性。信托财产登记制度，即是为了更好地保证信托财产的独立性而建立的。

一、信托财产登记

《信托法》第十条规定："设立信托，对于信托财产，有关法律、行政法规规定应当办理登记手续的，应当依法办理信托登记。未依照前款规定办理信托登记的，应当补办登记手续；不补办的，该信托不产生效力。"

我们可以发现，虽然《信托法》明确规定信托财产按法律法规应当登记的，必须登记，但是并没有规定如何登记和有权登记的机关。也就是说，与信托财产相关的专有登记制度目前在我国尚未明确，这在一定程度上限制了非资金类家族信托的发展。

委托人的财产在成为信托财产后，依法需要登记的，应当登记在信托公司名下。这样既是为了确定信托财产的权属，满足公示的需要，也是为了更好地实现信托财产的独立性，即通过信托登记的方式来对抗第三人。

根据《民法典》的相关规定，以下财产权需要依法登记后才发生效力：

（1）不动产所有权和土地使用权；

（2）船舶、航空器和机动车等的物权；

（3）股权和股票；

（4）商标专用权、专利权、著作权等知识产权。

二、信托产品登记

2017年8月，原中国银监会印发《信托登记管理办法》（银监发〔2017〕47号），其中规定："信托机构开展信托业务，应当办理信托登记，但法律、行政法规或者国务院银行业监督管理机构另有规定的除外。"《信托登记管理办法》看似是对信托财产登记的规定，事实上却是对信托产品登记的规定。

三、信托财产登记的困境有望破局

目前，我国尚未建立信托财产登记制度，该制度的缺失对资金类信托并没有明显的不利影响，但给非资金类信托带来了很多不便。比如，以不动产或股权设立信托时，委托人需要通过交易性过户的方式将不动产或股权交给信托公司，但交易性过户会涉及较高的税费，所以很多委托人不愿意承担这笔多出来的费用。因此，目前国内家族信托的资产仅包含现金和一些特定的金融资产，而没有涵盖大部分高净值家族占比更高的资产——不动产和股权。

2020年10月，中国信登向各信托公司印发通知，正式启动不动产、未上市公司股权两类信托财产的信息报送工作，在信托财产登记的制度建设和机制方面努力探索。信托财产登记制度一旦实施，不动产信托和未上市公司股权信托或将成为国内常见的家族信托类型，家族信托在国内也将得到进一步的发展。

2021年全国"两会"期间，全国政协委员、中国证监会原主席肖钢围绕尽快修订《信托法》，完善信托的基本法律制度提交了提案。2021年12月初，该提案得到了中国人民银行的详尽答复。

关于肖钢提出的建立与家族信托相配套的非交易性过户、登记、税收等制度的建议，中国人民银行的回复函显示，现行《信托法》第二条对信托的定义采取了"委托给"而非"转移给"的表述，相对模糊了信托财产所有权转移的问题。在实践中，信托财产所有权配套登记制度的缺失，导致了大量信托财产无法登记，制约了信托业务的发展。未来，在修订《信托法》时，有必要充分考虑我国特有的经济文化背景和法律传统，以适当的方式明确信托财产所有权归属；有必要完善配套登记制度，促进行业发展。目前，中国银保监会正在起草的《信托公司条例》对信托财产登记相关内容进行了规定，未来修订《信托法》时，可对此予以统筹研究，为信托功能的发挥提供制度保障。

▶▶▶ 延伸阅读

在信托业务较发达的国家如日本、韩国，通常采取信托财产登记对抗主义。虽然英美法系只要求公益信托的财产登记，不强制私益信托的财产登记，但受托人在运用信托财产进行交易时若不主动披露自己的身份，就有可能对第三人承担责任。

1. 日本

日本的信托财产登记是信托公示制度的一项规定，意在向公众表明信托财产独立于受托人的财产。日本的信托法第十四条规定，信托涉及应登记或注册的财产，若未进行登记或注册，则不得以设立信托为由对抗第三人。

2. 韩国

与日本相同,韩国的信托财产登记制度将物权登记同信托登记的法律效力保持一致。韩国的信托财产登记制度在承认信托登记对抗主义的同时,也对一些特殊的财产承认物权登记对抗主义。也就是说,若物权登记上存在信托的相关记载,则法律上承认其在信托关系中有对抗第三人的法律效力。

Chapter

第三章

一

家族信托的功能

40　家族信托有哪些主要功能？

金总跟客户经理说："通过你的讲解，我确实相信，家族信托有着强大的资产隔离和财富传承功能，这也是我想设立家族信托最主要的原因。"客户经理对他说："金总，除了具备资产隔离和财富传承功能，家族信托还有一些其他功能。"金总顿时好奇：家族信托到底有哪些主要功能呢？

▶▶▶ 专业解析

基于特殊的法律架构，家族信托实现了财产的控制权、所有权、管理权和受益权等多种权利的分离与统一，这也是它拥有多种功能的原因所在。财富管理功能，是家族信托作为金融工具的基础功能；资产隔离和财富传承功能，是家族信托区别于其他金融工具的核心功能；其他诸如婚姻财富规划、税务筹划、隐私保护等功能，也是高净值人士十分关注的。

一、资产隔离

资产隔离功能，是家族信托的核心功能之一，也是家族信托与其他金融工具的根本区别所在。

我们知道，在家族信托成立时，财产会从委托人名下转移到信托公司名下，成为信托财产，而信托财产独立于委托人未设立信托的财产。除非委托人在设立信托前已经负债，否则，债权人无权处分信托财产。正因信托财产具有这样的独立性，家族信托才可以很好地将信托财产从委托人的其他财产中隔离出来，给信托财产套上坚固的"金钟罩",让信托财产能够跨越经济周期和生命周期,甚至跨越几代人。

二、财富传承

实现家族财富的有序传承,是家族信托的另一个核心功能。

家族信托的受益人范围很广,委托人通过信托文件可以极其个性化地安排财富传承事项,让受益人按委托人的意愿合理使用信托财产。家族信托像一个财富的"指挥棒",指引受益人让财富发挥更大的价值;家族信托又像一个财富的"水龙头",可以实现定人、定时、定事、定额的传承安排。

三、婚姻财富规划

婚姻关系是最重要的家庭关系之一。如果委托人没有提前进行规划,那么婚姻一旦出现问题,可能就会给家庭财富带来诸多影响:婚前个人财产与婚后共同财产的混同、婚内财产的转移、离婚分割股权导致企业失去控制权、债务牵连等。

对已婚的委托人来说,设立家族信托时,必须经过配偶同意,之后即使离婚,配偶也不能主张分割信托财产。如果经过合理设计,将企业股权装入家族信托,那么即使离婚也不会造成企业治理结构发生重大变化。

对作为信托受益人的子女来说,委托人可以在信托文件中约定"信托受益权仅为受益人个人所有,与其配偶无关",以此避免因子女离婚而造成家庭财富损失。

四、税务筹划

在共同富裕时代,遗产税和赠与税始终是高悬在我国高净值人士头顶的"达摩克利斯之剑"。就家族信托来说，委托人不可能是唯一受益人，当委托人去世后，家族信托存续，信托财产不作为委托人的遗产。因此，一旦我国开征遗产税，家族信托就可以作为遗产税筹划的工具。

五、隐私保护

《信托法》第三十三条第三款规定："受托人对委托人、受益人以及处理信托事务的情况和资料负有依法保密的义务。"这是家族信托具有隐私保护功能的法理基础。此外，信托公司也有完善的保密机制。

总之，除了信托合同的当事人和关系人，即委托人、受托人、受益人等，其他人无从知晓也无权查询信托文件的内容，甚至不同受益人之间的受益分配方案也都可以做到相对保密。

六、公益慈善

高净值人士在获得巨大的财富之后，也会思考财富对于家族和社会的价值，因此，越来越多的人愿意主动承担社会责任，希望能够多做一些社会公益和慈善工作，引领家族文化和家族精神健康发展。特别是在共同富裕时代的背景下，国家鼓励高收入人群在自愿的基础上，以募集、自愿捐赠和资助等方式对社会资源和社会财富进行第三次分配。

在公益和慈善事业方面，家族信托也可以发挥重要的作用。比如，委托人可以将一部分信托利益分配给慈善机构，甚至单独设立慈善信托来回馈社会，承担社会责任。

当然，家族信托还有其他的功能，比如家族治理和家族精神传承、家族企业治理等。我们会在后面的章节中详细讲解，此处不再赘述。

> ▶▶▶ **延伸阅读**

作为财富管理行业"皇冠上的明珠"，家族信托发展迅速。在国内 68 家信托公司中，2013 年，仅有 6 家信托公司开展家族信托业务；2019 年，开展家族信托业务的信托公司的数量超过了 35 家；截至 2021 年 6 月底，开展家族信托业务的信托公司已有 59 家。

根据中国信登的数据，截至 2021 年年末，家族信托的存量规模达 3494.81 亿元，同比增长近 30%。2022 年，家族信托的表现更加抢眼，仅 1 月份的新增规模就达 128.99 亿元，环比增长 33.54%，创近几年新高。

41 家族信托可以避债吗?

金总经营企业多年,虽然经验丰富,但他还是担心哪天自己如果欠债了,自己和家人的生活难免会受到重大影响。为了解决后顾之忧,金总想要设立家族信托,因为他听说家族信托有着强大的资产隔离功能,可以避债。那么,家族信托真的可以避债吗?

▶▶▶ **专业解析**

"欠债还钱,天经地义"这句俗语,虽然从法律角度来看并非完全正确,却包含了极为朴素的伦理道德或道德标准。除非是非法债务,合法有效的债务债权关系当然受法律保护,但一切以合法形式掩盖非法目的的民事行为都是无效的。

家族信托经常被认为是可以避债的工具,但是前提是信托财产和信托目的本身是合法的,并且没有损害第三人的合法权益。

一、家族信托如何隔离委托人的债务?

如果委托人在设立家族信托时,信托财产和信托目的均合法,信托的所有安排都符合法律规定、不违背公序良俗,并通过了信托公司的尽职调查,没有损害债权人的利益,没有恶意避债的意图,那么,该信托便是合法有效的。

在委托人将信托财产交给信托公司之后,该财产即从委托人自身的财产中分离出去。如果委托人的债务产生于设立信托之后,那么债权人无权要求委托人用信托财产偿还。这就实现了家族信托隔离委托人债务的功能。

《信托法》第十二条规定:"委托人设立信托损害其债权人利益的,债权人有权申请人民法院撤销该信托。人民法院依照前款规定撤销信托的,不影响善意受益人已经取得的信托利益。本条第一款规定的申请权,自债权人知道或者应当知道撤销原因之日起一年内不行使的,归于消灭。"那么,如果债权人想要申请撤销信托,必须满足哪些条件呢?

(1)从时间来看,具有争议的债权必须是在信托设立之前发生的。也就是说,"债权在前,信托在后"时,信托的设立才有可能对债权造成损害。

根据《信托法》第十七条的规定,如果"设立信托前债权人已对该信托财产享有优先受偿的权利,并依法行使该权利的",那么法院就可以对信托财产强制执行。因此,如果设立家族信托前,委托人已经存在大额债务,那么,该信托是起不到债务隔离作用的。

(2)从结果来看,设立信托确实损害了债权人的利益。即使"债权在前,信托在后",如果委托人的净资产仍然有能力偿还全部债务,那么信托的设立就没有损害债权人的利益,债权人也就无权申请撤销信托。只要委托人能证明在信托设立后其个人财产能够偿还债务,就可以对撤销权进行抗辩。

(3)从方式来看,债权人须向法院起诉请求撤销。如果根据"谁主张,谁举证"的原则,那么债权人需要承担举证责任,来证明信托设立后"委托人的净资产不足以偿债"。但由于信息的不对称,债权人取证的难度较大,因此,适用"举证责任倒置"的原则更合理,即债务人(委托人)须证明在信托设立后仍有可用于偿还债务的资产,若无法证明,债权人便可行使撤销权。

(4)从期限来看,债权人在知道或应当知道撤销原因之日起一年内,必须提出撤销信托的申请,否则这一权利将归于消灭。

（5）从财产金额来看，如果信托财产的价值对信托目的而言是合理的，信托财产仅占委托人全部财产很小的一部分，并且设立信托后对委托人的财务状况不会产生重大负面影响，那么即使之后委托人出现破产情况，也不能因此认定该信托是为恶意逃避债务而设立的。

由此看来，债权人若想成功行使信托撤销权，难度是非常大的。在信托实务中，信托公司为了避免相关纠纷，且从合规的角度考虑，常常会要求委托人承诺在设立信托时并未损害第三人的合法债权，信托财产不存在债务问题。

二、家族信托如何隔离受益人的债务？

《信托法》第四十七条规定："受益人不能清偿到期债务的，其信托受益权可以用于清偿债务，但法律、行政法规以及信托文件有限制性规定的除外。"但这里规定的是信托受益权"可以"用于清偿受益人的债务，而不是"应当"。也就是说，即使受益人有不能清偿的到期债务，只要受益人不同意，其信托受益权就可以不被用于清偿债务，也无法被强制执行。

在获得信托利益后，资金会进入受益人的个人账户，转变为其个人财产。这部分财产和受益人的其他财产没有任何区别，如果受益人有债务在身，该财产当然可以也应当被用于偿还受益人的债务。

如果委托人本人也是信托受益人之一，并且对信托保留了如随时修改条款这样极大的控制权，那么该信托对委托人的债务隔离功能就很容易被挑战。如果委托人本人是信托的唯一受益人，则该信托为自益信托，不具备债务隔离功能，信托受益权应当被用于偿还委托人（受益人）的债务。

总之，信托受益权是可以被用于清偿债务的。如果委托人不希望受益人用信托受益权偿还债务，想避免此类纠纷，可以在信托文件中约定"本信托受益权不得用于清偿债务"。如果委托人希望隔离自己的债务风险，最好不要将自己列为受益人。

综上可知，家族信托具有债务隔离功能，特别是在委托人发生企业经营风险和个人债务风险时，能起到"防火墙"的作用。但这是以信托财产合法和信托目的合法为前提的，毕竟，正常的社会行为规范除了要合法合规，还要合情。如果委托人具有恶意避债的企图，或者洗钱、逃税等目的，则家族信托很可能会被撤销，从而丧失资产隔离功能。

▶▶▶ 延伸阅读

2014年，王某以北宋著名画家郭熙的代表作《秋山行旅图》设立家族信托，受益人是王某的妻子及两个孩子。2017年，王某经营的企业向某银行贷款800万元，王某提供个人连带担保。其后，企业因资不抵债而进入破产清算程序，某银行的贷款未获得清偿。获知王某设立家族信托的事宜后，某银行诉至法院，请求撤销信托，拍卖名画来偿还借款。

本案中，王某早在2014年就设立了家族信托，三年后才对外负债，所以，根据家族信托设立在前、某银行取得债权在后的事实，无法得出王某具有恶意避债的主观意图，也不能认为信托的设立对当时尚未发生的债权有所影响。

王某以自己合法所有的名画设立家族信托，信托生效后，王某就已经丧失了对该画的所有权。这意味着，当王某对外提供担保时，个人资产部分并不包括该画，某银行作为债权人，并没有对王某以名画来偿还债务取得合理期待。因此，某银行要求以名画来偿还贷款的主张，无法得到法院的支持。

42　企业主如何用家族信托实现家企资产隔离?

金总听说,如果企业账户和个人账户之间经常有不合理的账目往来,那么企业的"有限责任"可能就会被击穿,由企业主承担"无限责任"。这样的话,一旦企业发生债务,可能会牵连到企业主个人,甚至家庭。金总想知道,家族信托可以实现家企资产隔离吗?

▶▶▶ **专业解析**

就有限责任公司来说,如果经营亏损,公司以其全部资产对公司的债务承担责任,而股东只需以其出资额为限承担有限责任,股东的家庭和个人财产不会受到影响。

有限责任公司的这种制度性安排,解决了股东的后顾之忧,大大提高了社会生产效率,既能促进人们创业,也能促进经济发展。但是,家企资产的混同却让很多股东的家庭财富受到了不小的威胁。

一、企业资产与家庭资产混同

在企业的实际经营过程中,一些民营企业主经常会把企业当成家庭资产。企业缺钱了,他们就用家庭资产无偿贴补,企业赚钱了,他们又随意将企业资产用于家庭消费支出,从而造成企业资产与家庭资产混同。这样的话,一旦企业产生大额债务,债权人就有权向企业主及其家庭主张权利,此时,企业主对企业实际承担的便是无限责任。

二、债务担保及连带责任

民营企业在银行、信托公司、担保公司进行贷款时,这些机构除了要求企业主用企业资产作为抵押,还会要求企业主本人及配偶承担无限连带责任担保。这样的话,一旦企业无法偿还债务,企业主就要用家庭资产进行偿债。这也是企业主很难做到将企业资产和家庭资产真正分开的重要原因。

三、家族信托的隔离安排

由于信托财产的独立性,信托财产的控制权、所有权与受益权是分离的,所以,一旦企业主作为家族信托的委托人把自己的财产交给信托公司,这笔财产的所有权就不再属于企业主本人了,但企业主本人及其家庭仍然可以通过信托文件的安排来享受信托利益。

具体来说,企业主可以提前设立家族信托,并且在企业经营状况良好的时候,逐渐向信托账户追加财产。在家族信托成立后,信托财产与企业主的固有财产是完全隔离的,即使企业主破产、离婚或被人追债,甚至死亡,这笔信托财产也不会受到影响,信托公司会一直按照信托文件的约定,实现企业主的财富传承心愿。

▶▶▶ 延伸阅读

《中华人民共和国公司法》(以下简称《公司法》)

第三条 公司是企业法人,有独立的法人财产,享有法人财产权。公司以其全部财产对公司的债务承担责任。

有限责任公司的股东以其认缴的出资额为限对公司承担责任;股份有限公司的股东以其认购的股份为限对公司承担责任。

第二十条 公司股东应当遵守法律、行政法规和公司章程，依法行使股东权利，不得滥用股东权利损害公司或者其他股东的利益；不得滥用公司法人独立地位和股东有限责任损害公司债权人的利益。

公司股东滥用股东权利给公司或者其他股东造成损失的，应当依法承担赔偿责任。

公司股东滥用公司法人独立地位和股东有限责任，逃避债务，严重损害公司债权人利益的，应当对公司债务承担连带责任。

43　如何用家族信托实现婚姻财产隔离？

金总知道，夫妻离婚后，夫妻共同财产就要被分割。虽然金总跟妻子的感情一直很好，但他还是担心，在家族信托设立后，万一哪天他和妻子离婚了，妻子是否有权主张分割信托财产呢？

▶▶▶ **专业解析**

可以防范因离婚而带来的财产分割风险，是家族信托的重要功能之一。原则上，在合法有效的家族信托中，信托财产是独立的，不再属于委托人及（或）其配偶，所以在委托人离婚时，信托财产不应被分割。但具体情况需要具体分析。

一、结婚前设立的家族信托

如果家族信托是委托人在结婚前设立的，毫无疑问，信托财产来源于委托人的婚前个人财产。除非委托人修改信托条款，让配偶成为信托受益人之一，否则在委托人结婚后，信托财产及其收益都不会与夫妻共同财产混同。因此，即使委托人离婚，也不存在信托财产被分割的风险。

二、结婚后设立的家族信托

如果家族信托是委托人在结婚后设立的，那就需要先确认该信托财产的权属。如果委托人没有确切的证据证明用于设立信托的财产是个人财产，那么该财产就会被认定为夫妻共同财产。《民法典》第一千零六十二条规定："夫妻对共同财产，有平等的处理权。"所以，设立家族信托时需要夫妻二人"双录"（录音和录像），且委托人的配偶需要签订配偶同意函。配偶之所以这样做，是为了声明自己作为委托人的配偶和财产共有人知悉委托人以夫妻共同财产设立家族信托，并同意所有信托条款，同时承诺任何时候都不会对家族信托的设立提出异议、诉讼或仲裁。

根据《民法典》第一千零六十五条的规定，"夫妻对婚姻关系存续期间所得的财产以及婚前财产的约定，对双方具有法律约束力"。信托文件中的配偶同意函就是夫妻双方对于共同财产的约定。

所以，如果委托人用夫妻共同财产设立家族信托，但配偶已签字称放弃该财产的处分权，那么离婚后，信托财产就不会被分割。但在现实生活中，除非受益人是委托人与配偶的子女或委托人给配偶其他补偿，否则配偶不会轻易放弃夫妻共同财产的处分权。

三、保险金信托

对于委托人用保单作为信托财产而设立的信托，如果配偶不是保险合同的当事人，那么，有的信托公司不要求配偶签字确认。假如委托人离婚，配偶要求分割信托财产，又该如何处理呢？

（1）如果保险金还没有进入信托，经过调解或诉讼，一种情况是，保单被退保并被分割现金价值，信托失效；另一种情况是，如果投保人愿意付给配偶保单现金价值的一半作为对价[①]，保险合同和保险金信托就仍然有效。在这种情况下，被分割的是保单的现金价值，而不是信托财产。

（2）如果保险金已经全部或部分进入信托，它就会成为独立的财产，委托人的配偶是无权要求分割的。当然，假如没有信托账户，

---

① 对价，是指当事人一方在获得某种利益时，必须付给对方相应的代价。

保险金由保险公司付给了受益人,投保人的配偶也无权要求分割受益人获得的保险金。

可见,家族信托是保护个人财产在离婚时不被分割的好工具。当然,要想完全避免离婚时的信托财产纠纷,委托人最好在婚前就设立家族信托。

▶▶▶ 延伸阅读

2013年11月,默多克与邓文迪在纽约达成了"友好"的离婚协议。根据英国《每日邮报》的报道,在法庭上,双方只用了6分钟进行友好的离婚谈判,就结束了14年的婚姻。这一离婚安排干脆利落,不拖泥带水,对默多克的新闻集团的股价和运作没有造成影响。离婚后的邓文迪仅获两套房产,这与默多克的139亿美元财产相比,实在是九牛一毛。

默多克在与第二任妻子安娜·托芙离婚时支付了17亿美元,损失惨重,因此在与第三任妻子邓文迪结婚前,他把名下的主要资产,特别是新闻集团股权都装进了家族信托,进行隔离保护。

根据美国《华尔街日报》的报道,默多克至少设立了三个信托:

第一,默多克家族信托(Murdoch Family Trust)持有新闻集团B类股票中的38.4%,B类股票拥有表决权。这个信托的受益人为默多克的六个子女,其中包括他同邓文迪生育的两个女儿,但只有他同前妻生育的四个子女拥有选任该信托受托人的权利。默多克放弃了该信托的受益权,但他通过在该信托中持有拥有表决权的股票,牢牢控制着新闻集团和21世纪福克斯公司。如此一来,新闻集团的控制权,实际上掌握在默多克及其同前妻生育的四个子女手中。

第二,默多克通过另一个信托 K.R.Murdoch 2004 Revocable Trust

持有大约 1% 的 B 类股票。

第三，默多克设立了信托 GCM Trust，该信托仅持有部分 A 类股票，而 A 类股票是不具有表决权的。该信托的受益人为默多克和邓文迪生育的两个女儿。

第三个信托帮助默多克达到了两个重要的目的：把财产分到两个年幼的女儿手中，但限制她们介入公司运营，只能享受部分收益；同时，为防止邓文迪插手新闻集团业务设置了"防火墙"。因此，他们的离婚不会直接导致股权之争，也不会影响新闻集团的运作。

据英国《每日邮报》2022 年 8 月 11 日报道，91 岁的默多克与 66 岁的前超模瑞莉·霍尔正式办完离婚手续，这是默多克第四次离婚。由于信托基金的存在，此次离婚同样不太可能改变他所持股份企业的所有权结构。

44 如何用家族信托实现有序传承？

金总辛苦创业多年，积攒了大量财富，其目标就是把财富有序传承给自己的后代，打破"富不过三代"的魔咒。可是，到底应该如何用家族信托实现财富的有序传承呢？在此过程中又需要注意什么呢？

▶▶▶ 专业解析

随着"创一代"年龄的增长，未来 10~20 年，家族财富传承将成为他们要面临的重要课题。借助家族信托这种金融工具，"创一代"可以通过个性化的传承，实现财富在家族内代代相传。

一、设计受益人和受益条件

家族信托的受益人由委托人指定，范围十分广泛，一般来说，只要和委托人具有亲属关系，均有资格成为受益人。最常见的信托受益人有委托人的配偶、第二代子女和第三代子女，委托人甚至可以为未出生的后代保留受益份额。

委托人也可以提前设计受益条件，既可以每年为受益人提供基本生活费，也可以在某些条件达到时进行分配，比如在受益人本科/硕士/博士毕业、结婚、生育、创业等人生重要时刻提供受益礼金，从而实现定人、定时、定事、定额的分配。

二、设置受益人顺序

为了防止因受益人去世而导致其受益份额流失，委托人可以为每个受益人设置第二顺序受益人。这样的话，受益人在世时，第二顺序受益人无权参与信托利益的分配；受益人去世后，第二顺序受益人承接其受益份额。

如果委托人没有设置第二顺序受益人，同时信托文件又没有进行特别的约定，那么在受益人去世后，一般的处理方法是停止该受益人的信托受益权分配，由其他受益人均分原信托受益份额。

三、设定其他条件

如果委托人有其他个性化的需求，只要不违反法律法规、不违背公序良俗，同时又具有可操作性，也可以在信托文件中定制相应的条款。比如，有的委托人认为"多子多福"，于是在信托条款中设置，儿子生第一个孙辈时给予20万元的祝福金，生第二个孙辈时给予100万元的祝福金。

▶▶▶ 延伸阅读

一项调研发现，64.95%的受访创始人在50岁之后开始规划家庭财富的传承，他们已经使用或可能使用的工具多为人寿保险、家族信托、遗嘱和家族办公室，比例分别为72.78%、71.52%、68.99%和54.43%。近年来，家族信托的占比明显升高。[1]

---

[1] 张漫游.再战中国高净值财富管理市场[N].中国经营报，2022-06-13（4）.

45 如何用家族信托照顾特殊的家庭成员？

金总的哥哥几年前因病去世，留下一个患有自闭症的儿子，这个孩子成年后仍然无法独立生活，常年需要人照顾。十多年来，金总一直在雇人照顾侄子，不忙的时候，自己也经常陪伴侄子。金总非常担心，如果哪天自己不在了，谁来照顾侄子呢？家族信托可以发挥作用吗？

▶▶▶ **专业解析**

在现实生活中，除了自闭症患者，还有脑瘫患者、脑膜炎后遗症患者、唐氏综合征患者等特殊人群，他们可能永远无法成为完全民事行为能力人，无法像正常人一样独立生活。当监护人健在并且经济条件良好时，这些特殊的家庭成员可能会得到较好的照顾，一旦监护人离世、失智或身患重大疾病，失去了照顾他人的能力，这些特殊的家庭成员往往会陷入比较悲惨的境地。因此，如何长久地保障特殊家庭成员的基本生活，是监护人要面临的一个难题。

相对于将照顾特殊家庭成员的责任托付给亲友，设立家族信托则更为可靠。

具体来说，金总可以选择一家有实力、有能力照顾自己侄子的机构，与其签订协议，确定好服务内容和相关费用，并约定服务费由家族信托支付。同时，金总与信托公司签订协议，设立家族信托，将照顾侄子的机构设定为信托受益人，并约定在金总去世后，由信托公司定期向该机构支付侄子的生活费和照顾费用，直至侄子去世；侄子去世后，剩余的信托财产捐赠给指定的儿童自闭症研究机构。

当然，金总还可以授权信托公司，在该机构解散或者服务质量严重下降时，重新选定新的服务机构。

总之，通过制度的设计和合同的约束，家族信托可以克服人性的弱点，实现对特殊家庭成员长久的关爱和照顾。

▶▶▶ 延伸阅读

2022年8月，外贸信托成功落地首单特殊需要服务信托。该信托的受益人是一位已成年的心智障碍者，委托人为该受益人的父母，信托期限超过百年。

委托人临近退休，尽管财产足以支付孩子未来生活的费用，但如何保证这些财产在委托人及其配偶身故后仍能够合理地被运用到他们唯一的孩子身上，使其生活和尊严得到可持续的保障，是悬在委托人心中的难题。

外贸信托通过发挥信托灵活的制度优势和更人性化的架构设计，为特殊需要人群家庭提供跨界资源整合方案，为其提供专业的定制化解决方案。

此外，中航信托、光大信托在特殊需要服务领域也都做了大量的研究和推动工作。

特殊需要服务信托具有适用对象广泛、可实现特定需求、资产安全隔离及保护机制完善等优势，与特殊需要人群的长期照护需求不谋而合，在我国特殊需要人群的长期服务领域具有较大的发展空间。

46 如何用家族信托激励和约束后代？

随着年龄渐长，金总想把企业交给大儿子接手的念头越来越强烈。但是，大儿子不愿接手家族企业，不仅如此，由于家庭条件优渥，大儿子也缺乏上进心，基本上处于"躺平"状态。这不得不让金总担心，自己辛苦创造的财富会被儿子挥霍掉。金总心想，该如何用家族信托激励和约束后代呢？

▶▶▶ **专业解析**

我们常听说"富不过三代"，而导致"富不过三代"的常见原因，除了"创一代"本人没有守住财富，还有后代的挥霍和不思进取。

金总可以设立家族信托，用几年时间将企业变现的资金逐渐装入家族信托，并在信托文件中约定如下的分配方案：

（1）每年为儿子提供基本生活费12万元；

（2）儿子结婚时，可以获得结婚祝福金100万元，结婚满10周年，可再获得100万元祝福金，每出生一个子女，可获得50万元礼金；

（3）儿子必须有一份在企事业单位里的全职工作，凭工资单或银行工资流水，可以从家族信托中领取两倍于工资的资金；

（4）儿子如果创业，并且企业股权份额不低于50%，可以从家族信托中申领200万元的资金作为创业启动资金；

（5）信托受益权为儿子个人所有，与其配偶无关，不可转让，不可用于偿还债务；

（6）一旦儿子有吸毒、赌博等行为，仅提供基本生活费每年12万元，不再享受其他分配利益。

通过上述家族信托分配方案，金总可以很好地实现个性化的财富传承，解决自己的担忧，使用信托条款对儿子进行激励和引导，防止其大肆挥霍，迅速败光家产。当然，在适当的时候，金总也可以调整分配方案，使家族财富可以长久地福泽后人。

▶▶▶ **延伸阅读**

晚清政治家、思想家林则徐曾经说过一段发人深省的教子名言："子孙若如我，留钱做什么，贤而多财，则损其志；子孙不如我，留钱做什么，愚而多财，益增其过。"意思是说，如果子孙没有管理财产的能力，过多的财产可能会给他们带来负面影响，甚至是灾难。要想让物质财富为后代的成长发挥积极作用，就要引导后代树立正确的财富观和价值观。委托人可以通过家族信托中的条款实现对受益人（后人）价值观的引导和家族精神的传承。

47 如何用家族信托实现隔代传承？

金总对客户经理说:"尽管家族信托可以激励和约束儿子,但我还是不太放心。假如我儿子结婚没多久就生下一个男孩,这个孩子的学习成绩非常好,我非常疼爱他,希望把财富传给他。那么,家族信托可以做到吗?"

▶▶▶ **专业解析**

一般来说,有了孙辈后,祖辈会特别疼爱孙辈。特别是当子女不够优秀,而孙辈特别优秀时,祖辈希望能够将财富隔代传给孙辈,以此实现财富的多代传承。

隔代传承有四个问题需要考虑:一是防止给第三代的财产被第二代占有;二是防止第二代通过法定继承得到第一代的大部分财产,导致第三代无法得到;三是防止第二代和第三代争夺家产;四是激励和约束第三代。

要想通过家族信托实现隔代传承,金总可以将之前的信托分配方案调整为以下内容:

(1) 每年给儿子的基本生活费增加到 24 万元;

(2) 儿子结婚满 10 周年,可获得 100 万元祝福金,每出生一个子女,可获得 50 万元礼金;

(3) 儿子必须有一份在企事业单位里的全职工作,凭工资单或银行工资流水,可以从家族信托中领取两倍于工资的资金;

(4) 每年给孙子 30 万元教育基金,直至 18 周岁;

(5) 若孙子本科考取了国内重点大学,可获得 100 万元教育金,或本科去全球排名前 100 位（以《美国新闻与世界报道》杂志的排名为准）的学校就读，可获得 300 万元教育金，考取硕士和博士均可分别再获得 100 万元教育金；

（6）孙子结婚时，可以获得结婚祝福金 100 万元；

（7）信托受益权为受益人本人所有，与其配偶无关，不可转让，不可用于偿还债务；

（8）任何受益人一旦有吸毒、赌博等行为，仅提供基本生活费每年 12 万元，不再享受其他分配利益。

通过对原来家族信托分配方案的调整，金总既可以保证第二代的基本生活，也可以实现财富的隔代传承，同时还对第三代进行了引导和激励，鼓励后代继续努力奋斗，传承家族精神。

▶▶▶ 延伸阅读

2012 年，家住北京市昌平区的张先生和老伴儿在年逾古稀之际，遭遇了人生中最大的不幸——一场车祸让他们失去了唯一的儿子。张先生的独生子已经结婚，并育有两子，儿子死后，这两个孙子成了老两口唯一的生活寄托。张先生的儿媳年仅 28 岁，两个孙子分别只有 1 岁和 3 岁。

张先生早年经商，事业顺风顺水，因此老两口积累了数亿资产。由于儿媳改嫁、孙子改姓，或者孙子长大后不成才等风险的存在，家业如何传承成为张先生夫妇面临的巨大挑战。

经多方考察，夫妇二人决定出资 5000 万元设立家族信托，并约定受益人为两个孙子及"直系血亲后代非配偶继承人"。这份家族信托投资于稳健的金融资产，涉及受益人的内容主要有以下五个方面：

（1）除非患有重大疾病，受益人在未成年之前对信托本金和收益没有支配权，只能运用信托收益来支付必要的学习支出。

（2）在18～25岁期间，受益人可以支配信托收益，但不能支配信托本金；25岁以后，信托本金和收益均可由受益人自由支配，但须兄弟二人和睦、一致决定。

（3）若受益人改姓，或在张先生夫妇去世后的清明节不祭扫，或未按社会公序良俗标准尽孝道，受益人就会丧失对信托本金和收益的支配权。

（4）一旦受益人死亡，则受托资产捐给慈善机构。

（5）受益人成家立业后，信托本金和收益根据两人所生育的继承人数量按比例分配。

48 家族信托如何实现信托财产的保值增值?

客户经理对金总说:"虽然家族信托不是一种理财产品,但它确实可以实现信托财产的保值增值。"金总问:"那么,放进家族信托中的财产如何实现保值增值呢?"

▶▶▶ **专业解析**

在家族信托成立生效后,信托财产会被放进"保险箱",因此家族信托就具备了资产隔离功能,同时,通过信托文件的设计,家族信托也能解决有序传承的问题。接下来,委托人最关心的问题就是信托财产的投资管理了,他们希望信托财产能够在风险可控的前提下实现保值增值。

一、信托公司的投资经验丰富

信托是唯一可以横跨货币市场、资本市场、实业投资三大领域的金融工具。而信托公司作为具备专业投资能力的资产管理机构,拥有丰富的资产管理经验和专业人才,可以发挥全市场投资优势,遵循诚实、信用、谨慎、有效的原则管理信托财产。在实务中,信托公司会根据委托人的要求与实际情况,结合委托人的风险偏好和信托目的,科学合理地制订切实可行的投资方案,为委托人搭配符合其风险承受能力的投资组合,并实现持续的动态管理。总之,信托公司会依据法律法规和有关政策,最大限度地保护委托人的财产与收益安全,实现信托财产的保值增值。

家族信托在配置信托公司的理财产品时,信托公司会优先满足家族信托投资组合的需求,大大提高投资的便利程度。同时,信托公司作为机构投资者,相比委托人作为自然人进行投资,具有更强的议价能力、获取产品额度的能力,可以涉及一些自然人无法参与的投资领域,增加信托财产的投资领域。

二、委托人可参与投资策略的制定

在前面的章节中,我们已经讲过,不管投资管理模式是全权委托模式还是指令模式,委托人都可以参与投资决策过程。对于全权委托模式,委托人既可以决定投资风格,比如投资安全大于收益的稳健型产品,也可以决定不得投资哪些类型的产品。就指令模式来说,其投资风险更加可控,因为每一个投资指令都需要委托人或委托人指定的人进行确定,之后信托公司才会执行。也就是说,委托人对投资风险的管理可以更加主动。

三、利用资产配置获得稳健收益

资产配置理念在国际金融市场已有六七十年的历史,通过资产配置分散风险、"不要把鸡蛋放在同一个篮子里",已经成为普通大众公认的投资逻辑。同时,资产配置是决定资金长期收益的最重要的因素,这一观点也得到了机构投资者的认可。

家族信托项下的资产配置,是在以现代资产组合理论(Modern Portfolio Theory,简称MPT)为代表的资产配置理念下,根据既定的投资目标,确定资金在不同市场、不同资产类别、不同投资风格以及不同投资期限等方面的投资比例,争取在一定收益目标下寻求最低风险,或在一定风险预算目标下寻求最高收益。在我国经济由高速增长向高质量增长转变的大背景下,这一点显得更加重要。

当然,在当前资本市场波动加大、各类资产收益率普遍下降的大环境下,家族信托项下的资产配置也面临不小的挑战。

▶▶▶ **延伸阅读**

2021 财年,耶鲁大学捐赠基金的年度投资回报率达到了 40.2%。拉长时间来看,过去 10 年,耶鲁大学捐赠基金的平均年化收益率为 12.4%;过去 20 年,其平均年化收益率为 11.3%。在大学捐赠基金中,无论是 10 年期的还是 20 年期的年度投资回报率,耶鲁大学捐赠基金都属于佼佼者。

耶鲁大学捐赠基金用实际行动证明了资产配置这一现代金融理论的有效性。耶鲁大学捐赠基金的投资模式有两个核心:一是以资产配置为出发点,多元化配置,进行分散性投资;二是大比例超配[①]长期投资、另类资产[②]等能够穿越市场牛熊周期的配置方式。

[①] 超配,是指在资产配置中更多地配置某一种产品。
[②] 另类资产是相对于传统资产(如股票、债券、现金)而言的,如黄金、量化对冲基金、商品等。

49　家族信托可以保本吗？

金总听完客户经理的讲解后说："照你这么说，放进家族信托中的财产大概率还是能够实现保值增值的。那么，家族信托的收益如何？信托公司在信托文件中会有保本的承诺吗？"

▶▶▶ **专业解析**

通过前面的章节我们知道，家族信托是以实现资产隔离保护和财富传承为主要目的的金融工具，保值增值不是其主要目的。针对金融市场上以盲目夸大金融产品收益的方式来招揽客户的乱象，国家监管部门做出了明确的规定。下面我们来了解一下相关情况。

一、《资管新规》实施，刚性兑付成为历史

2018年4月27日，中国人民银行、中国银保监会、中国证监会、国家外汇管理局等四部门联合发布了《资管新规》。规定要求，金融机构应当加强投资者教育，不断提高投资者的金融知识水平和风险意识，向投资者传递"卖者尽责、买者自负"的理念，打破资产管理产品的刚性兑付。金融机构的资产管理业务，是指银行、信托公司、证券公司、基金公司、期货公司、保险资产管理公司、金融资产投资公司等金融机构接受投资者委托，对受托的投资者的财产进行投资和管理的金融服务。经认定存在刚性兑付行为的金融机构，将会受到惩处。

2019年11月，最高人民法院发布了《九民纪要》，其中指出，资产管理产品的刚性兑付条款、"抽屉协议"①无效。

2022年1月1日起，长达三年多的《资管新规》过渡期结束，金融市场上再也没有保本保收益的资产管理产品。

二、监管部门提示，"保本高收益"就是金融诈骗

2020年9月18日，中国银保监会在官网发文指出：引导消费者树立理性投资、价值投资观念。消费者应厘清自身需求和可用资金，尽量长期投资，不宜一味追求赚"快钱"。此外，还要懂得"不要把鸡蛋放在一个篮子里"，适度分散风险。在实践中，承诺保证本金的金融产品收益率超过6%就要打问号，超过8%就很危险，10%以上就要准备损失全部本金。②

三、金融理财产品分类

按收益是否保本和保收益来区分，所有的金融理财产品基本上都可以分为三类：

第一类是保本保收益型产品——不仅保本还保收益，即稳赚不赔。此类产品，基本上只有存款、国债和一部分收益确定类的保险。需要注意的是，就保险产品来说，如果投保人提前退保，拿到的保单现金价值可能会低于其所交的保费，无法实现保本。

第二类是保本浮动收益型产品——只保本，不保收益，最坏的

---

① 抽屉协议，是指银行与企业签订的私下协议，通常放在抽屉里，除了协议双方，外人都不知道。
② 中国银行保险监督管理委员会. 银保监会消费者权益保护局、人民银行金融消费者权益保护局主要负责人就金融消费者权益保护及存款保险等问题答记者问[EB/OL].（2020-09-18）[2022-09-10]. http://www.cbirc.gov.cn/cn/view/pages/ItemDetail.html?docId=929981&itemId=915.

情况是到期收益率可能为零。结构性存款基本上属于此类产品，但此类产品也会逐渐退出市场。分红型、万能型保险，在持有一定时间后，也符合保本不保收益的特点。

第三类是非保本浮动收益型产品——不保本，也不保收益，到期实际收益率可能是负的，也可能很高。目前，绝大部分的银行理财、集合资金信托计划、股票和基金都是典型的非保本浮动收益型产品。

四、信托产品不得承诺保本

根据监管部门的要求，机构和自然人投资资金信托，应当自担投资风险，获得信托利益或者承担损失，信托公司不得以任何方式向信托投资者承诺本金不受损失或者承诺最低收益。因此，投资者不能相信部分信托公司口头做出的任何保本承诺或者最低收益承诺。

▶▶▶ **延伸阅读**

《信托公司管理办法》

第三十四条　信托公司开展信托业务，不得有下列行为：

（一）利用受托人地位谋取不当利益；

（二）将信托财产挪用于非信托目的的用途；

（三）承诺信托财产不受损失或者保证最低收益；

（四）以信托财产提供担保；

（五）法律法规和中国银行业监督管理委员会禁止的其他行为。

《九民纪要》

92.【保底或者刚兑条款无效】信托公司、商业银行等金融机构作为资产管理产品的受托人与受益人订立的含有保证本息固定回报、保证本金不受损失等保底或者刚兑条款的合同，人民法院应当认定该条款无效。受益人请求受托人对其损失承担与其过错相适应的赔偿责任的，人民法院依法予以支持。

实践中，保底或者刚兑条款通常不在资产管理产品合同中明确约定，而是以"抽屉协议"或者其他方式约定，不管形式如何，均应认定无效。

50 家族信托可以"避税"吗？

金总创业多年，所以对税务问题比较敏感。他知道，在家族信托成立时、家族信托存续期间，以及信托利益分配时，都会发生资产的流动。那么，家族信托中的资产流动需要缴税吗？家族信托可以"避税"吗？

▶▶▶ 专业解析

"避税"这个词是偏负面的，一般是指纳税人利用税法规则的漏洞或不足，采取不违法的方式减少应缴税款的行为。虽然"避税"表面上没有违反税收的法律法规，但实质上与税法的立法意图是相悖的。所以，"避税"一词已经被税务筹划所替代。

税务筹划，一般是指纳税人（以企业为主）在现有法律法规、相关政策的框架下，通过对经营模式、投资行为、理财活动的事先筹划和安排，尽可能减轻税负，实现利益最大化。

家族信托是否有税务筹划的空间呢？这和装入家族信托的财产类型有关。以下我们以受益人仅为中国税收居民身份为例，从家族信托成立时、家族信托存续期间和信托利益分配时三个环节，对家族信托的相关税务问题进行分析。

一、家族信托成立时

家族信托成立时，委托人需要将信托财产转入信托账户，该过程是否涉及税务问题，与信托财产类型有关。

（1）委托人将现金转入信托账户时，不需要缴税，但资金必须是委托人的合法且完税后的财产。一般来说，信托公司会要求委托人提供完税证明。

（2）将公司股权或者上市公司股票转入信托账户，属于股权过户，会产生增值税、企业所得税、印花税等。

（3）如果委托人将房产作为信托财产，那么在交付信托财产时，需要将房产过户到信托公司名下，此时，委托人应当缴纳相应的增值税、个人所得税、契税、印花税等。

二、家族信托存续期间

由于家族信托本身不具备纳税主体资格，所以信托项下的投资，不管是投资于同业存款、债券、基金等标准化产品，还是投资于私募股权基金、非标信托产品，在投资和收回收益两个阶段都不需要缴纳企业所得税。

如果信托财产为不动产，家族信托事实上是以信托公司的名义持有不动产的，所以在信托存续期间，不动产所有人需要缴纳房产税（在征收房产税的国家或地区）、城市维护建设税、教育费附加等税费，对于房屋租金收入也需要缴税。

如果信托财产为股权，那么在企业经营过程中，需要按企业经营正常缴纳企业所得税等相关税费。

三、信托利益分配时

对于受益人领取信托本金及收益时是否需要缴纳个人所得税，我国税法没有明确规定。在实务中，信托公司不会代扣代缴，所以，受益人在获得信托利益时，事实上不用缴税。

家族信托所持有的公司股权向信托分红，或者信托向受益人分配信托利益（包括信托本金及收益）的过程可能涉税，但没有明确的税务规定。

如果信托财产是上市公司原始股,那么委托人在信托层面进行减持和套现,需要缴纳20%的个人所得税。

综上,用资金或保单作为信托财产设立家族信托,在信托设立和利益分配阶段都不需要缴纳相关税费。在实务中,信托公司不对投资者的所得税进行代扣代缴。但是,由于信托财产登记制度的不完善,用不动产和股权作为信托财产设立家族信托时,在向信托公司交付财产和信托运作过程的相关税费都不可避免。不过,随着信托财产登记制度的完善,相应的税费或将有大幅度的减免。

▶▶▶ 延伸阅读

《中华人民共和国税收征收管理法》

第六十三条 纳税人伪造、变造、隐匿、擅自销毁账簿、记账凭证,或者在账簿上多列支出或者不列、少列收入,或者经税务机关通知申报而拒不申报或者进行虚假的纳税申报,不缴或者少缴应纳税款的,是偷税。对纳税人偷税的,由税务机关追缴其不缴或者少缴的税款、滞纳金,并处不缴或者少缴的税款百分之五十以上五倍以下的罚款;构成犯罪的,依法追究刑事责任。

扣缴义务人采取前款所列手段,不缴或者少缴已扣、已收税款,由税务机关追缴其不缴或者少缴的税款、滞纳金,并处不缴或者少缴的税款百分之五十以上五倍以下的罚款;构成犯罪的,依法追究刑事责任。

《中华人民共和国刑法》

第二百零一条 纳税人采取欺骗、隐瞒手段进行虚假纳税申报或者不申报,逃避缴纳税款数额较大并且占应纳税额百分之十以上的,处三年以下有期徒刑或者拘役,并处罚金;数额巨大并且占应纳税额百分之三十以上的,处三年以上七年以下有期徒刑,并处罚金。

扣缴义务人采取前款所列手段,不缴或者少缴已扣、已收税款,数额较大的,依照前款的规定处罚。

对多次实施前两款行为,未经处理的,按照累计数额计算。

有第一款行为,经税务机关依法下达追缴通知后,补缴应纳税款,缴纳滞纳金,已受行政处罚的,不予追究刑事责任;但是,五年内因逃避缴纳税款受过刑事处罚或者被税务机关给予二次以上行政处罚的除外。

51　家族信托可以作为遗产税的筹划工具吗？

有一次，金总跟朋友聊天时，听对方说，未来中国可能会开征遗产税。关于遗产税，金总倒是有所了解，所以他担心万一中国开征遗产税，自己传给后代的财富会受到影响。那么，家族信托可以作为遗产税的筹划工具吗？

▶▶▶ **专业解析**

遗产税又被称为"继承税"，在英国曾被称为"死亡税"，是以被继承人去世后所遗留的财产为征税对象，向继承人征收的一种财产税。一般来说，继承人在缴纳遗产税后，才可以合法继承遗产。

全球有100多个国家或地区征收遗产税，或对遗产征收其他税费。我国目前没有征收遗产税，暂时也没有开征遗产税的时间表，而且遗产税是否应该开征，在国家税务部门和学术界仍有分歧。但是，从缩小贫富差距、实现共同富裕、增加税收收入的角度来看，国家有推动开征遗产税的动力。

在大部分征收遗产税的国家或地区，相关法律规定，在被继承人死亡前五年内发生的赠与和财产均属于应税财产。所以，在进行财富传承安排时，提前进行遗产税的筹划非常有必要。

那么，自然人在生前设立了家族信托，受益人获得信托财产时，是不是不用缴纳遗产税呢？以私人信托最发达的美国来看，答案是：不确定！

一、美国家族信托与遗产税

委托人将财产装入信托后，相当于把财产赠与别人了。如果委托人对信托保留了修改的权利，比如可以撤销信托或修改信托条款，那么，在美国联邦政府看来，这并非一个有效的赠与，因为委托人并没有放弃自己的财产。这意味着，装入信托中的财产在委托人去世后，仍要缴纳联邦政府的遗产税。所以，可撤销信托无法避免遗产税的缴纳。

就不可撤销信托来说，委托人是永久地放弃了信托财产的所有权，因此在委托人去世后，其生前已经转移的财产自然不属于应税遗产。但是，在设立家族信托时，委托人向信托公司转移财产的行为会被视为赠与，所以委托人需要缴纳赠与税，而赠与税的税率与遗产税的相同。

尽管如此，在遗产税的筹划中，家族信托仍然具有非常重要的作用，主要体现在两点：

（1）虽然家族信托并不能同时规避遗产税和赠与税，但是，基于财富传承目的而设立的家族信托，其存续期间一般会持续三四代人，甚至更长，它可以规避代际传承之间的遗产税。

（2）初始信托财产的金额可能相对较小，在赠与税免税额度内，因此，委托人在设立家族信托时无须缴纳赠与税。然而，信托财产在经过若干年的运作后，会大幅增值，很可能会远远超过赠与税的免税额度（2019年，美国公民赠与税的免税额度为每人1140万美元，2020年为每人1158万美元，2021年为每人1170万美元，2022年为每人1206万美元，而2023年进一步提高到每人1292万美元[①]）。由于信托财产和收益都不是遗产，受益人在获得信托利益时，

[①] 资料来源于美国国家税务局官网。

仍然不用缴纳遗产税。

二、中国家族信托与遗产税

根据《信托法》第十五条的规定，设立信托后，如果委托人死亡，委托人不是唯一受益人的，信托存续，信托财产不作为其遗产。根据这样的法理推测，如果中国未来开征遗产税，对于家族信托向受益人分配的信托财产，大概率不会征收遗产税。

▶▶▶ 延伸阅读

对我国来说，国外遗产税的征收具有一定的借鉴意义。早在1996年，《中华人民共和国国民经济和社会发展"九五"计划和2010年远景目标纲要》就提出，要逐步开征遗产税和赠与税。2013年，中国社会科学院副院长高培勇也指出，征收遗产税是重要的再分配环节。因此，从整体方向来看，我国开征遗产税是必然趋势。

虽然目前我国尚未开征遗产税，但《民法典》第一千一百五十九条规定"分割遗产，应当清偿被继承人依法应当缴纳的税款和债务"。

52　家族信托如何保护隐私？

金总平时做人很低调，深谙"财不外露"的道理。他听别人说，家族信托可以实现隐私保护，外人是查不到相关信息的。家族信托真的有这么神奇吗？它又是如何做到保护隐私的呢？

▶▶▶ **专业解析**

随着个人收入和财产信息系统的建立和完善，以及 CRS 的执行，国家对个人包括股权、不动产和金融账户等在内的全球财产信息了如指掌。可以说，我们正处在一个资产透明化的时代。

对高净值人士来说，在资产透明化时代，对财产隐私的保护尤为重要。财产隐私保护包括对家族外部保密和对家族内部保密，而家族信托可以在法律层面、制度层面和架构层面为高净值人士的财产隐私保护提供三重保障。

一、法律保障

《信托法》第三十三条规定："受托人对委托人、受益人以及处理信托事务的情况和资料负有依法保密的义务。"这是家族信托可以实现隐私保护的法律基础。

二、制度保障

信托公司作为金融机构，除了要承担《信托法》要求的保密义务，在公司层面还会有一套完整、规范的风险控制与合规机制，其中包括对委托人及信托事务的保密制度。此外，严守秘密也是金融机构从业人员必备的职业道德。在委托人和受托人签署的信托文件中，保密条款也是非常重要的组成部分。

三、架构保障

1. 隐藏银行账户金额

如果客户用自己的账户购买理财产品，到期后理财经理会联系客户，推荐新的产品，这让客户不胜其烦，但设立家族信托就不一样了。由于信托财产登记在信托公司名下，所以，信托项下的投资在形式上与客户没有任何关系，客户的银行账户体现不出来这笔资金的存在。

2. 隐名购房

虽然在将已有的房产装入家族信托时，委托人需要承担较高的税费，但如果委托人本来就要购房，那么这笔税费本来也是要缴纳的，因此委托人可以考虑使用家族信托购房。

委托人使用家族信托购房，除了能隔离风险，还可以隐匿房屋的真实所有人。比如，委托人先用资金设立家族信托，并在信托项下成立公司，之后再以公司的名义购房，这样的话，即使他人去不动产登记中心查询，也不会查到房屋的真实所有人。

▶▶▶ **延伸阅读**

家族信托可以设置多个受益人，如果不同受益人的受益份额不一样，受益份额较少的人可能会感到不公平，对委托人有所埋怨。为了避免这种情况，有经验的信托公司会巧妙地通过"母子合同"来解决这个问题。

所谓"母子合同"，就是委托人本人持有"母合同"，受益人持有"子合同"。"母合同"是完整版的合同,包括了所有的受益人和受益分配条款,"子合同"只包含某个受益人的受益分配条款。这样,每个受益人都不会知道其他受益人的受益份额和受益分配条款,甚至不知道有多少个受益人,从而实现了不同受益人之间的信息保密,保证了家庭的和谐。

53 有了信托登记制度，家族信托还能保护隐私吗？

听完客户经理的讲解后，金总对家族信托的隐私保护功能，可谓赞不绝口。随后，他对客户经理说："你讲得挺有道理，但我听朋友说，家族信托成立时需要登记。这个登记制度难道不会影响家族信托的隐私保护功能吗？"

▶▶▶ **专业解析**

为了构建全国统一的信托登记制度，促进信托业的持续健康发展，维护信托当事人的合法权益，2017年8月，原中国银监会发布了《信托登记管理办法》。《信托登记管理办法》规定"信托机构开展信托业务，应当办理信托登记"，信托登记信息包括信托产品名称、信托类别、信托目的、信托期限、信托当事人、信托财产、信托利益分配等信托产品及其受益权的信息和变动情况。

一、信托登记不等于信托财产信息公开

《信托登记管理办法》规定，仅对集合资金信托计划的基本信息进行公示。信托登记信息受法律保护，信托登记公司应当对信托登记信息及相关文件依法保密。除法律、行政法规或者国务院银行业监督管理机构规定可以公开的情形外，任何单位或者个人不得查询或者获取信托登记信息。

二、保障信托受益人的权利

如果家族信托的受益人并不知道家族信托的存在，而且委托人

去世前也并未告知受益人这件事,那么受益人就很难维护自己的合法权益。有了信托登记制度后,受益人可以向信托登记公司查询是否存在自己作为受益人的家族信托,如果存在,他们就可以向信托公司主张自己的权利。

三、家族信托的隐私保护功能仍可实现

《信托登记管理办法》规定,委托人、受益人仅可以查询与其权利和义务直接相关且不违背信托文件约定的信托登记信息。也就是说,当委托人、受益人出现民事行为能力丧失等情形时,信托财产的法定继承人等利害关系人,仅可以凭具有法律效力的证明文件申请查询与其权利和义务直接相关的信托登记信息。除法律明确规定或者授权外,任何单位或者个人不得查询受益人的个人基本信息。所以,家族信托的隐私保护功能仍然可以实现。

▶▶▶ 延伸阅读

《信托登记管理办法》

第三十条 信托登记公司负责管理和维护信托登记信息,确保有关信息的安全、完整和数据的依法、合规使用。

第三十一条 信托登记信息受法律保护,信托登记公司应当对信托登记信息及相关文件依法保密。

除法律、行政法规或者国务院银行业监督管理机构规定可以公开的情形外,任何单位或者个人不得查询或者获取信托登记信息。

第三十二条 除法律、行政法规规定或者国务院银行业监督管理机构同意的情形外,信托登记公司不得将由信托登记信息统计、分析形成的有关信息进行披露或者对外提供。

第三十三条 信托登记公司应当依据有关法律法规，建立保密制度，加强保密教育，采取相应的保密措施。

第三十四条 信托登记公司应当根据法律、行政法规、国务院银行业监督管理机构的规定以及信托文件约定的信托登记信息保密要求，设置不同级别的查询权限：

（一）委托人、受益人仅可以查询与其权利、义务直接相关且不违背信托文件约定的信托登记信息。当委托人、受益人出现民事行为能力丧失等情形时，信托财产法定继承人或者承继人等利害关系人，仅可以凭具有法律效力的证明文件申请查询与其权利、义务直接相关的信托登记信息；

（二）信托机构仅可以查询与其自身业务直接相关的信托登记信息；

（三）银行业监督管理机构和其他有权机关仅可以在法定职责范围内，依法查询相关信托登记信息。

向信托登记公司申请信托登记信息查询的，应当提交有效身份证明文件、授权文件和相关证明材料，并书面说明查询目的。

除法律明确规定或者授权外，任何单位或者个人不得查询受益人的个人基本信息。

54 家族信托如何传承家族精神？

金总知道，在家族财富传承中，物质财富固然重要，精神财富则更为重要。毕竟，没有家族精神的支撑，仅凭物质财富的传承是无法让一个家族长久走下去的。金总听说，家族信托也可以传承家族精神。那么，家族信托是如何做到这一点的呢？

▶▶▶ 专业解析

纵观近现代国内外家族传承的成功案例，除了物质财富的传承，家族精神的传承也至关重要。如果一个家族没有良好的家风，没有正确的价值观，没有严格的家规，即使物质财富能暂时传承下去，家族也不可能走得很远。

家族精神传承，就是要在家族内部塑造共同的价值观，传承统一的家族文化，实现家族的永续传承。

但是，如何传承家族精神呢？这确实是一个难题。高净值人士需要先将家族精神具象化、标准化或者量化，再将其写进信托文件中，以此实现家族精神的传承。

一、提炼家族精神

从文化层面来说，在中国传统文化中，有一些公认的道德标准和人文精神，值得我们永续传承，比如勤俭节约、正直善良、尊老爱幼等。

但是，对一个成功的家族来说，除了传统文化中公认的道德标准，家族内部往往还会有自己特别崇尚的家族精神。只有家族精神才能让家族跨越生命周期，生生不息、代代相传。所以，传承家族精神的第一步，是提炼家族精神。

提炼家族精神，就是将家族核心成员最看重的道德品质、价值观、伦理观、思维观念、生活方式等内容，总结成家训、家风、家规，并在家族内部推行。

中国历史上有很多著名的家训，后来成为中华文化的宝贵财富，并流传至今。比如，包拯晚年为子孙制定了一条37字的家训："后世子孙仕宦，有犯赃滥者，不得放归本家；亡殁之后，不得葬于大茔之中。不从吾志，非吾子孙。"意思是说，在后代子孙做官的人中，如有犯贪污罪而被撤职的人，不允许回老家；死了以后，也不允许葬在祖坟上。不顺从我的志愿的，就不是我的子孙后代。

二、设计家族精神传承条款

在提炼完家族精神后，更关键的一步是设计传承家族精神的信托条款。需要注意的是，家族精神传承条款要体现可执行性。比如，"如果子女特别优秀，可从信托中领取一定金额的奖励"就不是一条可执行的条款，因为"特别优秀"的标准没有明确。总之，信托条款需要量化，需要制定一个标准，这样才具有可执行性。

常见的家族精神传承条款，主要体现在正向激励和负向约束两方面。下面，我们举例说明：

（1）鼓励子女努力学习。在获得本科、硕士、博士学历或学位时，给予教育奖励金，还可以设计考取重点高校奖励加倍等条款。

（2）鼓励技能提升。在获得国家人力资源和社会保障部认可的技能证明或其他技能资格证书后，给予技能提升奖励金。

（3）鼓励家庭和谐。结婚10周年时，可一次性领取家庭和谐祝福金。

（4）鼓励家族聚会。鼓励家族每年至少聚会一次，由家族委员会提前一个月确定聚会主题、时间和地点，每一位参加聚会的家族成员都可以领取5万~10万元的聚会津贴。

（5）禁止赌博、吸毒、犯罪等行为。一旦某位受益人被家族委员会认定有赌博或吸毒行为，或者涉及刑事犯罪，就取消该受益人除基本生活费外的所有受益权。

三、为特殊情况留出处理空间

在设计家族精神传承条款时，即使委托人深思熟虑，受托人精心设计，信托条款也还是无法穷尽所有的可能性。那么，假如出现一些未能预见的重大特殊情况，该怎么办呢？比如，如果委托人的某个子女本来非常优秀，但是在某次和他人的争执中因冲动而过失伤人入狱，那么他出狱后，希望重新开始做一番事业，信托要不要给予支持呢？此时，就需要一个协调纠偏机制，比如设立家族委员会。这样的话，在遇到类似的在信托中没有明示的分配情形时，一旦受益人提出书面请求，就可以由家族委员会来决定是否实行特殊分配。

总之，家业长青不仅取决于家族信托本身的设计有多完美，还取决于整个家族的和谐、团结和远见，取决于积极向上的家族精神能否得到很好的延续。

▶▶▶ 延伸阅读

提炼家族精神、设计家族精神传承条款还算相对容易，难的是如何执行，如何保证家族精神生生不息。在此过程中，家族委员会的作用很关键。

家族委员会的成员可以由委托人提名，从家族成员中产生。家族委员会是家族事务决策的最高权力机构，对家族事务进行决策，对家族纠纷进行调解，对家族信托未能预见的重大特殊情况进行协调。因为家族委员会的责任重大，所以需要制定章程对成员资格的获取及退出做出规定。

家族规模扩大后，家族委员会下还可以再设立多个专门委员会或办公室，负责某些家族事务的具体执行工作，而家族委员会仅负责决策工作即可。

55 如何用家族信托优化公司治理结构？

金总创业多年，最大的心愿之一，就是希望公司可以正常运转，并能让家族掌握公司的控制权。但是，他也知道，难免会有一些风险影响公司的经营，比如离婚、身故等。金总听说家族信托可以优化公司治理结构。真的是这样吗？

▶▶▶ **专业解析**

根据《21世纪经济报道》的消息，马云、刘强东、孙宏斌、雷军、王兴等国内知名企业家均已在离岸地设立了家族信托。从他们的家族信托架构来看，基本上都是使用离岸家族信托在顶层进行企业股权的控制，即以离岸家族信托控股离岸公司，用离岸公司控股用于上市的主体公司，再用上市公司直接或间接控制国内及境外资产。通过这样较为复杂的架构设计，家族信托实现了资产隔离、税务筹划和公司治理等功能。

所谓公司治理，简单来说就是公司股权分配以及管理权和控制权的平衡。小型的家族企业，比较突出的特点是"人治"，机制灵活，在管理上随意性较大，但是当企业发展壮大后，"人治"的弊端就会制约企业的进一步发展。此时，企业主就需要对公司管理进行改制，完善公司治理结构。

一、保证家族企业控制权

家族企业的公司治理，既有一般公司治理的普遍性，又有一定的特殊性。利用家族信托控制家族企业，就是在利用机制降低人性弱点带来的风险，避免因为创始人离婚、身故等风险而导致失去家族企业的控制权，进而造成企业经营的重大损失。

2021年5月20日，贝壳公司创始人左晖因病去世，年仅50岁，令人惋惜。但是，在贝壳公司上市之前，左晖就对企业股权结构进行了改制。他将在英属维尔京群岛设置的家族信托作为控股平台控制双层BVI公司①，再利用双层BVI公司持有上市主体公司的股份。公司上市之前，左晖通过家族信托持有上市公司28.9%的股权，上市公司的经营收益最终也会回流至家族信托中。这样的多层架构，除了有税务筹划方面的安排，还有企业控制权方面的设计。因此，左晖去世后，相关股权的继承和转让都只需要在信托层面进行，不会对上市公司的控制权造成任何影响，实现了公司治理的平稳过渡。

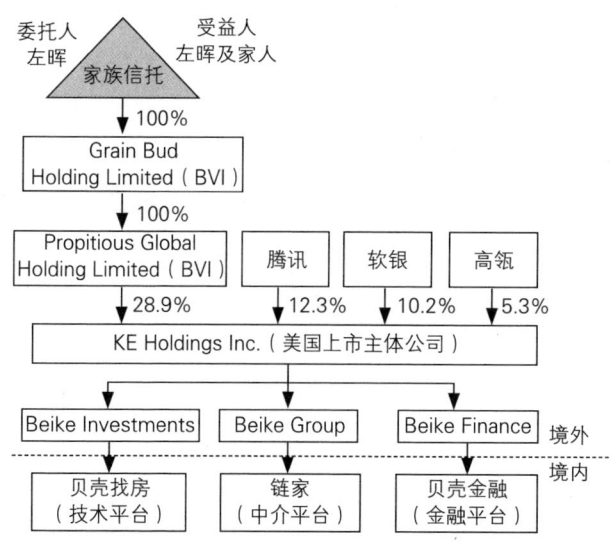

贝壳公司上市前的股权架构示意图②

---

① BVI公司就是在英属维尔京群岛注册的公司。
② 资料来源于美国证券交易委员会官网。

二、隔离不同商业板块间的风险

根据上面的股权架构图,我们还可以发现,家族信托控制的上市公司为控股平台,境外和境内各个商业板块都以子公司的形式独立存在,但由上市公司控股,并最终由家族信托控制。这样的架构,除了能牢牢地掌握企业控制权,也可以相对隔离不同商业板块之间的经营风险。此外,不同商业板块也将家族企业的不同业务进行了细分,经过一定的设计,还可以起到税务筹划的作用。

▶▶▶ 延伸阅读

很多境外上市公司都会采用双层 BVI 公司架构,将家族信托控制的第一层 BVI 公司作为持股平台,因为 BVI 公司的"有限责任",从而避免了自然人股东承担无限责任的投资风险。

BVI 公司的隐私保护功能非常好,股权结构和股东身份无须公开,但正因如此,如果上市前上市主体不对公司信息做详尽的披露,是无法在交易所挂牌上市的。虽然开曼群岛的审查条件相对宽松,但相比 BVI 公司还是要严格得多,也能被交易所接受。因此,离岸公司多使用开曼公司作为上市主体。

夹在底层 BVI 公司和作为上市主体的开曼公司之间的第二层 BVI 公司,则是为了引入投资者和交易的便捷性而设置的。比如,实际控制人想转让一部分股权,就可以在第二层 BVI 公司内进行,不仅交易方便,还能节省税费。

56　家族信托可以实现代持还原吗？

金总为人非常低调，不想让别人知道自己名下有太多财产，于是就将很多财产放在了母亲名下。随着母亲年事渐高，金总开始担心，万一哪天母亲去世了，她名下的财产就会变成遗产，那可就麻烦了。金总该如何把母亲名下本属于自己的财产转移到自己名下呢？家族信托可以帮他吗？

▶▶▶ 专业解析

所谓资产代持，就是资产实际所有人因为不方便或者不愿意自己持有资产，而将自己的资产登记在他人或其他机构名下，由其代为持有。常见的代持资产类型有资金、股权和不动产。

资产代持看似隔离了资产实际所有人的风险，却无法隔离代持人也就是名义所有人的风险，这些风险包括道德风险、婚变风险、债务风险、人身风险等。还有一个问题也需要引起资产实际所有人的重视，那就是被代持的资产将来如何还原，比如还原过程是否会有法律问题或者税务问题。所以，大家在选择资产代持时，一定要慎之又慎。

家族信托是委托人将财产交给信托公司，由信托公司按照信托文件的约定，对信托财产进行管理和处分。也就是说，从本质上来看，家族信托也可以被看作金融机构代持委托人财产的行为，不过它是代持更高级的表现形式。

家族信托可以解决资产代持的还原问题吗？答案是"可以"。

我们以金总为例。让金总的母亲作为委托人设立家族信托，金总作为信托受益人和信托监察人，其他受益人及信托分配条款由金总本人拟定；金总的母亲在信托条款中约定，信托成立生效后，其作为委托人放弃所有权利，并将诸如更改信托条款、投资决策、变更受益人和受益条件等关于信托的所有权利全部赋予金总。这样的话，虽然金总不是信托的委托人，实际上却拥有了信托的控制权，从而实现了资产代持的还原。

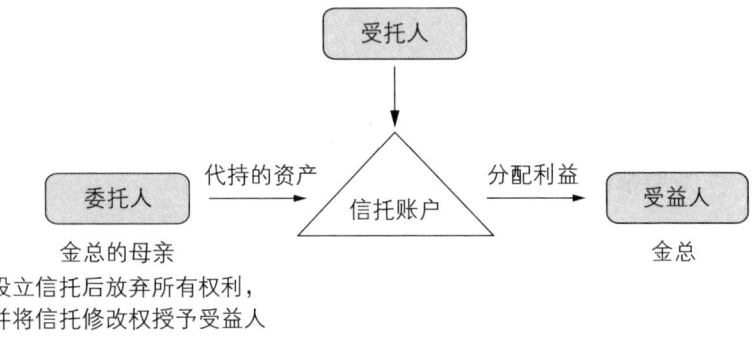

家族信托实现代持还原结构示意图

▶▶▶ **延伸阅读**

代持人因债务问题被执行，被代持人无权主张权利

【案件概述】

A 公司实际出资，收购 B 公司的股权后，由 C 公司、D 公司代持。B 公司工商档案上载明的股东是 C 公司和 D 公司，分别占 70% 和 30% 的股权。C 公司和 D 公司的债权人 E 银行支行，于 2009 年向法院申请执行 B 公司的股权。A 公司提起案外人执行异议之诉，请求确认其为实际出资人和 B 公司的股东，请求停止对 B 公司股权的执行。

【法院判决】

《公司法》第三十二条第三款规定："公司应当将股东的姓名或者名称向公司登记机关登记；登记事项发生变更的，应当办理变更登记。未经登记或者变更登记的，不得对抗第三人。"依据该条规定，依法进行登记的股东具有对外公示效力，隐名股东在公司对外关系上不具有公示股东的法律地位，其不能以其与显名股东之间的约定为由对抗外部债权人对显名股东主张的正当权利。

当显名股东因其未能清偿到期债务而成为被执行人时，其债权人依据工商登记中记载的股权归属，有权向人民法院申请对该股权强制执行。

因此，本案中，A公司是否为B公司的实际出资人，不影响E银行支行为实现其请求而对B公司的股权进行强制执行的权利主张。故A公司关于停止对C公司和D公司所持有B公司的股权强制执行的请求，没有事实和法律依据，不予支持。

57 如何用家族信托来进行慈善安排？

在刚开始了解信托时，金总就问过关于慈善信托的问题，因为他一直希望能用自己的力量回报社会。金总听朋友说，要想做慈善事业，既可以设立慈善信托，也可以通过成立家族信托来做慈善。真的是这样吗？具体应该怎么做呢？

▶▶▶ **专业解析**

对很多企业家来说，当他们的财富积累到一定程度时，其财富观和价值观也会改变，最终，做慈善就会成为他们的重要思维方式和行为习惯。

企业家做慈善，一方面可以为社会的发展做贡献，体现其社会责任和价值，另一方面也可以帮助企业扩大影响力，提升企业品牌形象，同时还可以实现家族精神的传承。

2021年8月17日，继中央财经委员会研究在高质量发展中促进共同富裕之后，共同富裕成为宏观政策的鲜明导向，也成为新时代国家治理的重大命题。中央明确，在高质量发展中促进共同富裕，要正确处理效率和公平的关系，构建初次分配、再分配、三次分配协调配套的基础性制度安排。之后，"第三次分配"备受关注。

所谓"第三次分配"，是指高收入人群或企业在自愿的基础上，以募集、捐赠和资助等公益慈善的形式对社会资源和社会财富进行分配，是对初次分配和再分配的有益补充，有利于缩小社会贫富差距，实现更合理的收入分配。

"第三次分配"概念的提出，激发了更多企业家和高净值人群的社会责任感,他们开始主动以公益慈善的形式积极回馈社会。在此过程中,慈善信托和家族信托则可以成为他们进行慈善安排的重要工具。

我们在前面讲过,慈善信托属于公益信托,是指委托人基于慈善目的,依法将其资金或其他财产转移给受托人,由受托人按照委托人的意愿和信托文件进行管理和处分,开展慈善活动的行为。慈善信托的财产及其收益,应当全部用于慈善目的。与慈善基金会相比,慈善信托设立和审批的程序更简单,门槛也更低。此外,在运作机制上,慈善信托也更加灵活高效,委托人只需通过信托文件的约定,就可以更好地实现慈善的目的。

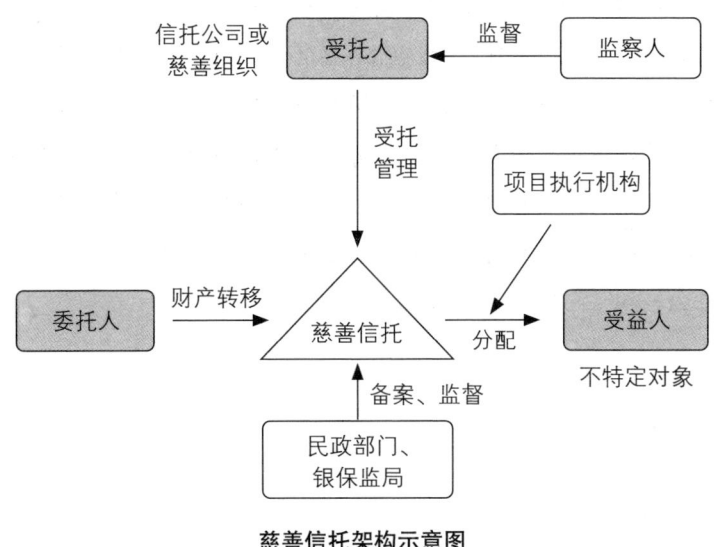

慈善信托架构示意图

当然,慈善事业也可以和家族信托结合起来。具体来说,委托人在设立家族信托时,除了将家族成员列为受益人,也可以指定特定的慈善机构作为受益人。这样，家族信托的现金流可以持续不断地为慈善机构提供资金支持，使慈善项目的运作更加稳健。

▶▶▶ 延伸阅读

美的集团创始人何享健及其家族，在2022年胡润全球富豪榜上，以2250亿元排名中国第6位，全球第35位。

何享健一直热心于慈善事业。2013年12月，何享健家族创立了和的慈善基金会，目前由何享健的两个女儿和一个儿子担任理事，其中小女儿何倩兴任理事长兼法定代表人，何享健本人只以荣誉主席的身份参与。截至2019年年底，该基金会净资产为51亿元左右。

2017年5月，何享健家族设立"中信·何享健和的慈善基金会2017顺德社区慈善信托"。顺德社区慈善信托由中信信托、广东省和的慈善基金会共同作为受托人，初始规模为4.92亿元，期限永续，成为当年资金规模最大的慈善信托。截至2021年5月底，"和美社区计划"共资助538个项目，资助金额共7899万元，覆盖10个镇街199个村居（占全区97%），直接受惠人数超过4.7万人，实际撬动社会、政府资源约3100万元。

58 如何用家族信托对员工实现股权激励？

金总最近发现，有几个业务骨干跳槽去了同业竞争对手那里，原来一起创业的核心员工也有一些懈怠。金总明白做企业不能只讲情怀，还要让核心员工得到实际利益。于是，金总提出了三年上市计划，同时希望用股权激励留住优秀人才。家族信托可以帮他实现这个目的吗？

▶▶▶ **专业解析**

企业的发展离不开优秀员工的付出和奋斗，因此，为了提高企业中高级管理层人员和骨干员工的积极性与主动性，很多企业会在扩张期实行员工激励计划，其中最常见的就是员工持股计划。

员工持股计划，是一种长效激励机制，是指企业将股票或股权按照设定的规则授予企业员工（如高管人员、骨干员工），让那些为企业发展做出过重大贡献的员工与企业一起成长，共享企业发展的红利，共担企业发展的风险，留住优秀人才。

目前，市场上用于股权激励的员工持股计划方案较多，比如工会持股、员工代持股、设立持股平台持股等。对拟在境外上市或者已经上市的企业来说，常见的一种操作模式是，创始人拿出一部分股权，设立员工股权激励信托。

一、离岸员工股权激励信托

离岸员工股权激励信托的委托人是拟在境外上市或者已经上市的企业，受托人是离岸信托公司，受益人是参与股权激励计划的员工。

离岸员工股权激励信托中还会设置一个咨询委员会，其相当于家族信托中的监察人和财务顾问的角色。咨询委员会由委托人委任，承担确定和调整受益人范围、确定员工激励方案、发送信托指令、变更信托条款、处分信托财产等职责。受托人根据咨询委员会的书面指令，执行信托管理事项，比如受益人的调整，以及股权行权、出售、分配、调整等事项。

企业上市后，员工在股权激励计划下行权实际取得股票时，应按照"工资、薪金所得"适用3%～45%的超额累进税率计算个人所得税，并由员工在境内的任职单位履行个人所得税的代扣代缴义务。如果员工希望股权变现后的资金回到境内，可依照《国家外汇管理局关于境内个人参与境外上市公司股权激励计划外汇管理有关问题的通知》（汇发〔2012〕7号）的有关规定，向企业所在地的外汇管理局申请备案，获批后将资金转入境内账户。

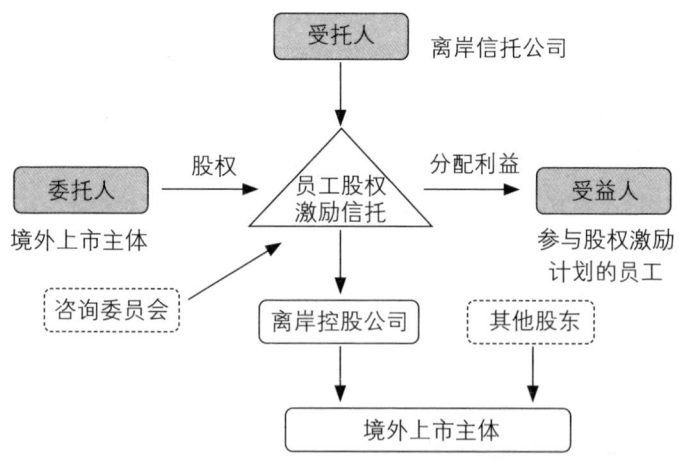

离岸员工股权激励信托架构示意图

二、境内员工股权激励信托

在境内设立员工股权激励信托与境外相似，不同的是，所有的架构都在境内。需要特别注意的是，如果是拟上市的企业，那么在境内设立员工股权激励信托时，需要与保荐人（即对该企业发行证券进行推荐和辅导的券商）充分沟通，确认该信托在企业上市审核时可以被监管部门认可，因为原则上企业在境内上市前要清退"三类股东"（契约型私募基金、资产管理计划、信托计划）。若想了解更多相关内容，大家可参考本书第 73 节。

三、员工股权激励信托的价值

对企业来说，员工股权激励信托可以帮助企业实现激励员工的目的，留住核心员工，增强企业的凝聚力与战斗力，保证企业稳定发展。同时，这类信托又是一个灵活且安全的管理平台，如果激励计划中有员工离职，或者想增加一批股权激励对象，则可以通过增减受益人的方式在信托层面进行调整。

对员工来说，员工作为信托受益人，信托机制可以保证他们充分享受企业发展带来的经济利益，让个人奋斗与企业发展形成利益共同体。此外，这类信托也能为企业节省大量行政成本，提升员工股权激励计划管理的效率。

▶▶▶ **延伸阅读**

《国家外汇管理局关于境内个人参与境外上市公司股权激励计划外汇管理有关问题的通知》

六、境内代理机构应凭股权激励计划外汇登记证明，在银行开立一个境内专用外汇账户。该账户的收入范围是：从个人外汇储蓄账户划入的外汇资金，境内代理机构为个人统一购汇所得的外汇资金，个人出售股权激励计划项下股票或权益后汇回的本金及收益，汇回的分红资金，以及经所在地外汇局核准的其他收入。支出范围是：向境外支付参与股权激励计划所需资金、境外汇回资金结汇或向个人外汇储蓄账户划转的资金，以及经所在地外汇局核准的其他支出。

七、个人参与股权激励计划所得外汇收入调回后，境内代理机构应凭相关书面申请、股权激励计划外汇登记证明、境外交易凭证等材料，由银行将资金从境内代理机构境内专用外汇账户分别划入对应的个人外汇储蓄账户，并按照个人外汇储蓄账户的有关规定管理和使用。

调回资金中与原本金购汇部分对应的资金及所有收益，也可由境内代理机构凭上述材料在银行统一为个人办理结汇，并将结汇所得资金分别划入对应的个人境内人民币账户。

59　如何用家族信托进行养老安排？

近几年，金总渐渐意识到，随着中国人口老龄化的加剧，养老不仅成了一个重大的社会问题，也与每个人息息相关。金总心想，要保证自己老年时的生活品质，仅靠社保显然不够，还需要提前准备补充养老计划。那么，除养老保险外，家族信托也可以进行养老安排吗？

▶▶▶ 专业解析

人口老龄化是全球性人口发展的大趋势，也是我国发展面临的重大挑战。根据国家卫健委的数据，截至 2021 年年底，我国 60 岁及以上老年人口达 2.67 亿人，占总人口的 18.9%；65 岁及以上老年人口达 2 亿人以上，占总人口的 14.2%。预计"十四五"时期，我国 60 岁及以上老年人口的总量将突破 3 亿人，在总人口中的占比将超过 20%，进入中度老龄化阶段。2035 年左右，我国 60 岁及以上老年人口将突破 4 亿人，在总人口中的占比将超过 30%，进入重度老龄化阶段。

根据 1956 年联合国发表的《人口老龄化及其社会经济后果》中确定的划分标准，一个国家或地区的 60 岁及以上老年人口占总人口的比例达到 10% 或者 65 岁及以上老年人口占总人口的比例达到 7%，即标志着该国家或地区进入了老龄化社会。按照这个标准，我国早已进入了老龄化社会。因此，养老已经成了所有人都无法回避的问题。

一、养老问题现状

对于如何解决养老问题,养老三支柱模型正在成为全球主要国家养老体系建设的主流选择。"第一支柱"是指基本养老保险,包括城镇职工基本养老保险和城乡居民基本养老保险,由政府主导;"第二支柱"是指企业年金和职业年金,即与职业关联、由国家政策引导、单位和职工参与、市场运营管理、政府行政监督的补充养老保险;"第三支柱"是指个人储蓄型养老保险和商业养老保险,它是个人利用金融手段增加养老保障供给的有效形式。

我国的现状是"第一支柱"偿付压力大,"第二支柱"覆盖面窄。为了保障老年生活的品质,个人需要加大对"第三支柱"的投入,其中,年金保险是确定性最高的工具之一。此外,信托也可以发挥自身优势,积极参与到"第三支柱"的建设中。利用信托方式管理和处分养老金在国际上已经非常成熟,比如美国的公共养老金、雇主养老金和个人退休账户资金均采用信托型管理模式。

2022年2月21日,国务院印发《"十四五"国家老龄事业发展和养老服务体系规划》,构建了我国"十四五"时期老龄事业及养老服务体系的顶层设计框架,鼓励金融机构开发符合老年人特点的支付、储蓄、理财、信托、保险、公募基金等养老金融产品。

2022年4月,国务院办公厅印发了《关于推动个人养老金发展的意见》(国办发〔2022〕7号),其中指出,个人可自愿缴纳个人养老金,建立个人养老金账户,每年缴纳上限为1.2万元,但必须达到一定年龄或相关条件后才可领取个人养老金。

2022年10月,党的二十大报告指出,实施积极应对人口老龄化国家战略,发展养老事业和养老产业,优化孤寡老人服务,推动实现全体老年人享有基本养老服务。完善基本养老保险全国统筹制度,发展多层次、多支柱养老保险体系。

二、传统家族信托模式

委托人设立家族信托时,除了可以将子女设置为受益人,还可以将自己和配偶设置为受益人,约定每年从信托中申领基本生活费,直至去世;在委托人和配偶去世后,其对应的受益份额指定由其他受益人承接。这样,委托人就可以利用家族信托实现自己与配偶的养老安排。

这种安排的好处是,放在家族信托账户内的资产在架构上绝对安全,不会被骗或被侵占,能够做到专款专用,生前可以保证委托人及其配偶的老年生活品质,身后可以实现财富的无争议传承。

三、养老服务信托模式

目前国内从事养老服务的房地产企业,大多采用会员卡销售方式,希望入住养老机构的客户需要购买会员卡,交纳高额的会员费,才有资格享受养老机构提供的居住、餐饮、娱乐、医疗、养老等服务。对客户来说,这种运作模式存在较大风险,因为一旦房地产企业倒闭或者实际控制人"跑路",后续服务就无法保证,这不仅会给客户带来巨大损失,也会给社会增加不稳定因素。

养老服务信托模式,是对机构养老服务的一种新探索。采用养老服务信托模式后,客户购买养老信托计划,养老信托计划出资作为有限合伙人持有有限合伙企业,信托公司从市场上优选管理人和房地产企业共同组建运营公司,作为有限合伙企业的普通合伙人管理养老地产项目。客户也可以通过转让受益份额实现退出,充分保障自身的权益。[1]

---

[1] 王中旺.养老信托的两种模式[N].中国银行保险报,2022-01-18(7).

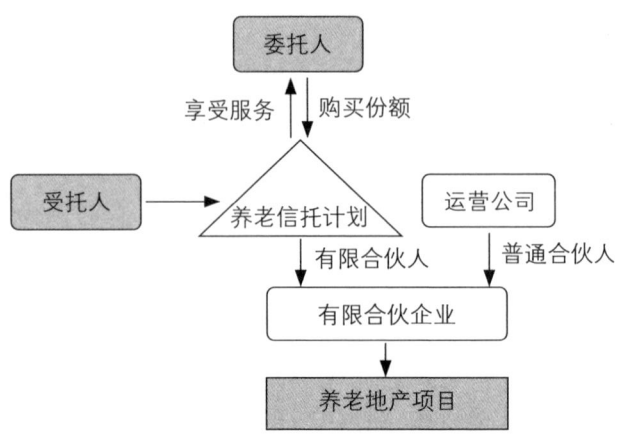

养老信托计划结构示意图

▶▶▶ **延伸阅读**

什么是有限合伙企业？

有限合伙企业由普通合伙人和有限合伙人组成。有限合伙企业至少应当有一个普通合伙人，所有普通合伙人和有限合伙人不得超过50个。合伙人既可以是自然人，也可以是有限公司和合伙企业。

普通合伙人（General Partner，简称 GP）对有限合伙企业的债务承担无限连带责任。即使有限合伙企业被注销，原普通合伙人对其存续期间的债务仍应承担无限连带责任。

有限合伙人（Limited Partner，简称 LP）以其认缴的出资额为限对有限合伙企业的债务承担责任。

对于普通合伙人和有限合伙人，我们可以做这样通俗的理解：普通合伙人出力不出钱（或只出很少的钱），有限合伙人出钱不出力。

国内养老服务信托发展简介

近年来，国内多家信托公司纷纷开展养老信托业务。

2020年，中航信托与保险公司合作发布"鲲瓴养老信托"，该信托可提供一站式账户管理，帮助委托人实现投资、养老及传承三大目标。截至2022年9月，中航信托的养老信托规模已超30亿元，成交近200单。

2021年7月，中航信托推出"航殊恒爱·特殊需要信托"，主要针对失智老人等特殊群体，围绕特殊群体进行服务生态的共建。

2021年9月，五矿信托创新推出"颐享世家养老信托"产品系列，并且成功签约首单养老信托。

2021年年末，国投泰康信托推出其首款养老信托产品——"赫奕·祈年一号养老信托"，该产品除了注重养老资金的保值增值，也聚焦养老资金保值增值后"去哪儿养老"等关键问题，打通"金融+养老"服务的"最后一公里"。[①]

根据《21世纪经济报道》的消息，2022年6月，招商银行联合五矿信托、中航信托、外贸信托等信托公司推出"养老保障特殊目的家族信托"，旨在为老龄客户提供更好的养老金融服务。[②]

[①] 樊融杰. 信托公司试水养老业务[N]. 中国银行保险报，2022-03-01（7）.
[②] 朱英子. 银信合作探路养老信托 招行联合多家信托公司强势入局[N]. 21世纪经济报道，2022-06-09（8）.

60　急需用钱时可以从家族信托中"取钱"吗？

金总经营着自己的企业，难免会有需要拿个人资金用于企业周转的时候。金总听朋友说，家族信托的流动性较差，所以他担心，在自己设立家族信托后，万一个人或企业急需用钱，应该怎么办？他可以从家族信托中"取钱"吗？

▶▶▶ 专业解析

通常来说，委托人转入信托账户的资金，是其为家族成员做出的长期安排，应该是在短期内不会使用的钱。但是，计划赶不上变化，很有可能出现家族信托成立没多长时间，委托人就碰上了特别紧急的情况，急需一笔资金解决困难。这时候，委托人可以从家族信托中"取钱"吗？

一、启用临时分配条款

资金从信托账户流向受益人，我们一般称为"分配"或"申领"。家族信托不是存款，委托人不能随意从中"取钱"。

但是，在设立家族信托时，委托人可以设计临时分配条款，允许自己在急需用钱时，可以向受托人下达临时分配指令，给自己分配资金，以渡过难关。

二、调整信托分配方案

对于特别看重家族信托的资产隔离功能的委托人，笔者一般不建议他们将自己设置为受益人。这时，如果委托人想要从家族信托中"取钱",则需要和信托公司协商,修改分配条款,将自己列为受益人,并设置给自己分配信托利益的时间和条件。

三、终止信托

如果委托人需要大笔资金,也可以与信托公司协商终止信托,或者修改分配条款,将信托财产的余额一次性分配给自己,从而实现从家族信托中"取钱"的目的。

需要注意的是,不管采用以上哪种方式从家族信托中"取钱",如果信托财产已经配置成了其他金融产品或者股权、房产,委托人就只能等待这些财产变现,之后才能通过信托分配拿到资金。

▶▶▶ **延伸阅读**

为了满足委托人临时的紧急需求,很多信托文件对委托人保留了申请临时分配的权利。以下为某信托文件中的《委托人临时分配申请书》样本:

委托人临时分配申请书

本人作为××号家族信托项下的委托人,根据信托文件的约定,申请对以下受益人进行临时分配,在信托财产可以完成分配或经过投资管理后可以完成分配的前提下,请受托人在××个工作日内进行分配。

受益人姓名:

分配金额:

说明:

委托人:(签字)

日期: 年 月 日

61　理财型信托和家族信托有什么不同？

金总对客户经理说："我有一个朋友，他买了两年期的理财型信托，听说还不错。这种理财型信托和家族信托有什么不同呢？理财型信托有资产隔离功能吗？"

▶▶▶ **专业解析**

人们常说的"理财型信托"，其实就是"集合资金信托计划"，它是一种以投资理财为目的的金融产品。

集合资金信托计划最常见的投向是一个具体的项目，比如房地产贷款、工商企业融资、市政工程建设等。随着《资管新规》的实施，监管部门明确要求信托业持续压降融资类信托的规模，金融通道业务和非标资金池都要清零，因此，市场上的融资类集合资金信托计划的规模大幅度下降。集合资金信托计划大多已经转为投资类信托，比如投向一级市场、二级市场、债券、基金，或者组合投资。

家族信托则是一种法律架构，一种财产管理和转移的制度安排，"以家庭财富的保护、传承和管理为主要信托目的，提供财产规划、风险隔离、资产配置、子女教育、家族治理、公益（慈善）事业等定制化事务管理和金融服务的信托业务"。因相关法律赋予了信托财产独立性，所以家族信托可以实现信托财产的控制权、所有权、管理权和受益权的分离，可以实现委托人风险隔离、财富保护和传承等目的。更重要的是，家族信托通过信托文件，以契约的形式使委托人的财富管理和传承心愿得以最大化的实现。

因此，理财型信托（集合资金信托计划）和家族信托在信托目的、信托期限、信托条款和隔离保护功能等方面有着很大的不同。

集合资金信托计划和家族信托的对比

内容	集合资金信托计划	家族信托
信托目的	为项目融资，为委托人实现盈利	按委托人意愿实现资产隔离、财富传承等目的
委托人	多人	单个人
受益人	属于自益信托，受益人必须是委托人	属于他益信托，受益人一般是家族成员
投资标的	有具体的项目或明确的投向	按委托人意愿进行多种资产的组合配置
信托期限	最短1年，2~5年的最常见	一般无固定期限，也有约定10~50年的，甚至可以永续
信托条款	制式合同	可定制，每个家族都不相同
隔离保护功能	无隔离保护功能	可实现资产的有效隔离保护

▶▶▶ 延伸阅读

证券投资的一级市场与二级市场

一级市场，也称发行市场、初级市场，是拟上市的公司将股票首次公开出售给投资者时的市场。其实，股票在公开上市前的多轮私募股权融资，也是在一级市场进行的。

二级市场，也称证券流通市场、次级市场，就是我们常说的证券交易市场，是指对已经发行的证券进行买卖、转让和流通的市场。

62　人寿保险和家族信托有什么区别？

金总了解到，人寿保险也是一种特别重要的金融工具。它不仅可以为家人提供保障，在某种程度上，也可以实现财富的保护和传承。所以，他身边的很多朋友都配置了人寿保险。金总想知道，人寿保险和家族信托之间到底有什么区别？

▶▶▶ **专业解析**

在解决财富的保护和传承问题时，人寿保险和家族信托是被用得最多的两种金融工具。那么，这两种工具有什么异同呢？下面，我们来做一个简单的对比。

一、人寿保险的特点

人身保险的本质是提供保障，是一种与人的生命或身体有关的风险管理的重要工具。按照保障范围的不同，人身保险可以分为人寿保险、意外伤害保险和健康保险。

随着高净值人群财富的增长，以及对财富保护和传承需求的增加，除了风险管理和提供基础保障，人寿保险在财富传承方面的作用也越来越被重视。那么，人寿保险有哪些特点呢？

1. 独有的杠杆功能

保险的杠杆功能，是指被保险人身故后，保险公司给付的身故保险金往往是投保人累计所交保费的数倍。杠杆功能是保险独有的，也是保险和其他金融产品最大的区别。

2. 确定的给付功能

对终身寿险来说，只要投保人不提前终止保险合同，那么在被保险人去世后，保单受益人是一定能拿到身故保险金的。

3. 转变资产属性

（1）隐性资产。和股权、房产、银行存款等资产相比，保单是一份相对私密的隐性资产，只要投保人不主动披露，无关人员很难得知也很难查询到保单的存在。

（2）专属资产。除非签订赠与合同，并在赠与合同中明确约定，否则父母给已婚子女的财产都会被视作夫妻共同财产。但是，父母作为投保人可以通过保险合同指定子女为身故受益人，子女获得的身故保险金属于个人财产。如果父母直接给子女资金，由子女作为投保人自己投保，那么为防止保单变为夫妻共同财产，从而影响后面保险金的归属，父母需要与子女签订赠与合同，声明资金是只赠与子女个人的。

（3）免税资产。《个人所得税法》明确规定，受益人取得的身故保险金免征个人所得税。此外，指定了受益人的身故保险金不是被保险人的遗产，因此，即便中国未来开征遗产税，身故保险金也不会被征收遗产税。

（4）灵活资产。很多人认为人寿保险是"死钱"，只有被保险人去世后，受益人才能拿到钱。其实不然。现在有很多终身寿险，虽然保险期限是终身，但是现金价值很高，投保人在交完保费后，可以随时通过减少保额或保单贷款的方式从保单中"取钱"。所以，对于这样的终身寿险，投保人可以先保证自己对资金的使用，自己用不完的钱，再由保费转化为身故保险金，毫无争议地传承给指定的受益人。

4. 控制财富流向

就赠与来说，一旦父母完成对子女的赠与，父母就会失去财富的控制权。而人寿保险有着特殊的架构设计，可以控制财富的流向。

人寿保险可以通过投保人和受益人的变换，改变保单的所有权和受益权，以达到隔离风险和控制财富流向的目的。具体来说，投保人享有保单的所有权，受益人享有保单的受益权，所以只要变更了投保人和受益人，就完成了保单所有权和受益权的转移。此外，由于受益人是由投保人和被保险人指定的，所以，如果投保人希望自己拥有保单的控制权，在设计保单架构时就应该安排自己做投保人和被保险人。

二、家族信托的特点

基于信托财产的独立性，家族信托具有隔离资产、传承财富、激励和约束后代等功能。关于家族信托的特点，我们在前文已经介绍过很多，这里只做简单说明。

1. 隔离资产

委托人将自己的财产交给信托公司后，财产的所有权就发生了转移，这是信托财产独立性的法律基础。信托财产独立于委托人、受托人、受益人。家族信托可以实现财产所有权、控制权、管理权和受益权的分离，起到隔离资产的作用。

2. 传承财富

家族信托是非常好的财富传承工具，可以实现个性化的有序传承。比如，委托人可以设置多位受益人，受益人只要与委托人有亲属关系即可，甚至未出生的后代也可以做受益人；委托人既可以为每个受益人指定金额或份额，也可以按事件或时间设置分配条款。简单来说，家族信托能根据委托人的意愿，实现定人、定时、定事、定额的个性化的财富传承。此外，委托人在世时，也可以随时修改信托条款。

3. 激励和约束后代

在信托文件中，委托人可以设置正向激励和禁止条款。比如，在子女完成本科、硕士、博士等不同阶段的学习任务时给予奖励；在子女创业时给予支持；若子女有如吸毒、赌博等不良行为，则仅提供最基本的生活保障。

4. 其他

家族信托还可以在家族治理、家族精神财富的传承等方面起到重要作用。

三、人寿保险与家族信托的对比

在财富传承功能上，人寿保险和家族信托各有优势，也各有不足。

在资产隔离功能上，家族信托比人寿保险更彻底、更安全。

在投资收益上，人寿保险的相关利益的确定性更大，保单现金价值和身故保险金都会体现在保险合同里；家族信托项下的投资空间大，也有获得较高收益的可能，但收益的不确定性也较大。

在流动性上，人寿保险通过贷款或减保，可快速提供流动性现金，而家族信托的流动性一般较差。

在受益人范围上，家族信托的受益人范围更广，只要和委托人有亲属关系，一般都可以作为信托受益人。

在控制性上，人寿保险和家族信托都可以随时增减受益人、调整受益金额。

在门槛上，人寿保险起点低，基本上没有最低保费要求，而家族信托起点较高，最低通常要 1000 万元。

在办理流程上，人寿保险的投保过程简单快捷，而家族信托则需要对委托人、信托财产、信托目的进行充分的尽职调查。

我们可以用一个不太准确但很形象的比方，来描述人寿保险和家族信托的关系：人寿保险是低配版的家族信托，家族信托是升级版的人寿保险。

▶▶▶ 延伸阅读

《第八次全国法院民事商事审判工作会议（民事部分）纪要》

（二）关于夫妻共同财产认定问题

4.婚姻关系存续期间以夫妻共同财产投保，投保人和被保险人同为夫妻一方，离婚时处于保险期内，投保人不愿意继续投保的，保险人退还的保险单现金价值部分应按照夫妻共同财产处理；离婚时投保人选择继续投保的，投保人应当支付保险单现金价值的一半给另一方。

5.婚姻关系存续期间，夫妻一方作为被保险人依据意外伤害保险合同、健康保险合同获得的具有人身性质的保险金，或者夫妻一方作为受益人依据以死亡为给付条件的人寿保险合同获得的保险金，宜认定为个人财产，但双方另有约定的除外。

婚姻关系存续期间，夫妻一方依据以生存到一定年龄为给付条件的具有现金价值的保险合同获得的保险金，宜认定为夫妻共同财产，但双方另有约定的除外。

63 资产代持和家族信托有什么区别?

金总对客户经理说:"我身边有很多有钱的朋友,他们除了正常的资产配置,还会将资产交由自己的亲友代持,用这种方法来实现隐匿资产的目的。我记得你讲过,家族信托可以解决资产代持的还原问题。那么,这两种工具到底有什么区别呢?"

▶▶▶ **专业解析**

目前,在我国的高净值人群中,资产代持的情况非常普遍。他们或者出于对自身隐私保护的考虑,或者由于自己身份的限制,或者因为法律法规的限制(如房产限购),从而选择将自己的现金、股权或房产等资产登记在或者放在其他可信任的人名下。

从表面上看,资产代持是一种隐匿资产的非常便利的方法,但从财富保护和传承的角度来看,它其实隐藏了巨大的风险,因为被代持资产的未来权属存在着非常大的不确定性。

一、资产代持的风险

关于资产代持的风险,我们在本书第56节已经简单讲过。这里,我们再来详细分析一下。

1. 道德风险

就资产代持来说,资产所有者一定会选择一位绝对信得过的人来为自己代持资产。这看起来好像不会发生道德风险,但是人性是非常复杂的。一旦代持人本人的经济状况、家庭情况或者大环境发生了变化,代持人很可能会侵占被代持人的资产。

2. 婚变风险

《民法典》第一千零六十二条规定，夫妻在婚姻关系存续期间所得的继承或受赠的财产，除非遗嘱或者赠与合同中确定只归一方，否则为夫妻共同财产，归夫妻共同所有。

这意味着，如果代持人离婚，且代持行为没有证据，那么代持资产很可能会被认定为代持人的夫妻共同财产，面临离婚分割的法律风险。

3. 债务风险

如果代持人有逾期未还的债务，最终导致诉讼，那么法院可以依法查封代持人的资产，代持人名下的所有资产都可能会被法院冻结，甚至拍卖，其中也包括代持的资产。在此情形下，隐名股东也无法以代持协议要求法院解封这部分资产。

4. 人身风险

如果代持人发生人身风险，比如意外身故，则其代持的资产很可能会成为遗产，面临被继承的风险。

比如，金总为了规避自己的财务风险，将1000万元放在用母亲的名字开户的银行卡里；不久，母亲因意外去世，在清理遗产时，金总的弟弟发现了母亲名下那1000万元，并主张其属于母亲的遗产，应当由兄弟两人共同继承；最终，因为无法证明代持行为，金总的资产减少了一半。

5. 还原风险

选择代持的资产实际所有者，在将来条件具备时，还是希望能够将资产还原登记到自己名下的。在股权代持的还原过程中，实际出资人可能会面临财权转让的所得税问题；如果其他股东不知晓代持行为，那么在没有取得半数以上其他股东同意的情况下，实际出资人也无法获得股东资格。房产代持的还原，其实就是一次房屋买卖交易，它不仅涉及税费问题，还会涉及购房资格问题。

对资产所有者来说，最好避免代持，如果必须代持，那么要优先选择机构作为代持人。在选择自然人作为代持人时，要优先选择信用好、身体健康、家庭和社会关系简单的人，并且在代持行为发生前聘请专业律师拟定代持协议，约定资产实际所有者和代持人各自的权利和义务，保存好详细的转账证明和相关文件。代持人及其配偶、子女和资产实际所有者及其配偶、子女作为当事人，全部都要签字认可，避免未来代持人因为婚变、意外可能带来的资产分割风险。同时，万一资产实际所有者本人意外身故，代持协议可作为其继承人主张权利的证明。

二、家族信托可视作更高级别的代持机制

在家族信托成立后，依照信托法律关系，资产会转移至信托公司名下，成为信托财产，但信托公司并非资产的代持人，而是法律意义上的资产所有权人。所以，虽然家族信托并不是代持机制，但是其所呈现的效果和代持的效果非常相似，因此它可以被看作更高级别的代持机制。

家族信托的受托人是持牌的信托公司，具有更好的信托制度保障和法律保障。《信托法》第二十五条明确规定："受托人应当遵守信托文件的规定，为受益人的最大利益处理信托事务。受托人管理信托财产，必须恪尽职守，履行诚实、信用、谨慎、有效管理的义务。"因此，相对于个人代持，家族信托更加安全可靠。

此外，通过架构的设计，家族信托还可以很好地实现代持还原。关于这个问题，我们已经在本书第56节中详细讲解过了，这里不再赘述。总之，家族信托不是代持，却胜似代持。

▶▶▶ **延伸阅读**

股权代持的税务风险

股权代持的效力主要依据代持协议来判断。《最高人民法院关于适用〈中华人民共和国公司法〉若干问题的规定（三）》第二十四条规定，只要双方协商一致并且不违背法律的禁止性规定，法律一般不会限制代持协议的适用。

由于税法及有关政策没有对股权代持做出明确规定，所以股权代持的所得税问题一直未能得到解决，实务中的税务处理也存在较大争议。

64 遗嘱继承与家族信托传承有什么区别？

每当在媒体上看到"遗产争夺大战"的新闻后，金总都感叹，富商名流去世之后，子女争产的狗血剧情真是屡见不鲜。可见，对于财富传承，如果没有提前做出完整的规划，那么留给子女的财富，就可能成为一枚"定时炸弹"。那么，设立家族信托能避免子女争产的闹剧吗？遗嘱继承与家族信托传承有什么区别？

▶▶▶ 专业解析

为了避免给后代继承财产带来麻烦或纠纷，越来越多的人开始提前考虑身后事，除保险外，人们也开始重视遗嘱和家族信托在财富传承中的作用。那么，遗嘱继承与家族信托传承有什么区别？

一、遗嘱继承

1. 遗嘱继承的优点

生前使用遗嘱对身后事做出安排，可以直接传达遗嘱人的意愿。遗嘱不仅设立形式简便，而且没有财产类型的限制，特别是对非现金类财产的传承，基本上没有其他工具可以替代遗嘱。对家庭成员关系简单、和睦的家庭来说，遗嘱是不错的传承工具。

2. 遗嘱继承的不足

遗嘱继承主要有三大不足：一是遗嘱内容可能不符合规定，比如，遗嘱人擅自处分夫妻共同财产的部分内容是无效的；二是遗嘱形式可能不规范，比如，打印遗嘱应当有两个以上见证人在场见证，且对于见证人的资格也有一定的要求，遗嘱人常常会忽略这些要求而导致遗嘱无效；三是遗嘱继承的执行程序烦琐，即使遗嘱有效，也避免不了执行过程中复杂的程序问题。

对复杂家庭如再婚家庭、多子女家庭、有非婚生子女家庭等来说，即使有遗嘱，潜在的争产风险也会比较大。继承人主要的争议常常发生在对遗嘱真实性、有效性的认定上。

在继承行为完成前，财产所有权仍归遗嘱人所有，不能起到隔离遗嘱人个人债务的作用。《民法典》第一千一百六十一条规定："继承人以所得遗产实际价值为限清偿被继承人依法应当缴纳的税款和债务。"如果未来我国开征遗产税，遗嘱大概率不具备规避遗产税的功能。再有，遗嘱不具有持续性，一旦继承程序完成，继承人获得财产之后，就可以任意处置财产，不能延续遗嘱人的生前财富传承心愿。

此外，即使有遗嘱，且遗嘱被认定有效，在办理遗产过户之前，继承人仍需要办理继承权公证。继承权公证要求所有继承人（包括遗嘱继承人和法定继承人）共同前往公证处，只有所有继承人均对遗产分配方案表示认同，公证机关才会出具继承权公证书，之后，继承人才可以持该公证书办理相关继承财产的手续。

办理继承权公证最大的难点是其他继承人不配合。只要有一位继承人对遗产分配方案不认可，或由于种种原因联系不上，不能亲自到公证处，就都会导致继承程序的中断。这不仅会造成遗产长期被冻结，不利于资产的有效利用，甚至可能导致亲人之间产生诉讼纠纷，让亲人反目成仇。

二、家族信托传承

1.家族信托传承的优点

家族信托成立后就会生效，且只要信托存续，它就一直有效。

因此，即使委托人去世，家族信托仍然可以按照委托人生前的意愿持续运行。

委托人可以充分利用家族信托私人定制的特点，制订个性化的传承方案，且在设定的时间或条件达到时，由受托人负责执行。

家族信托成立后，信托财产会成为独立财产，因此，家族信托可以隔离委托人的债务风险。

根据《信托法》的规定，设立家族信托后，只要委托人不是唯一的受益人，即使委托人死亡，信托也会存续，信托财产不作为遗产。因此，如果我国未来开征遗产税，家族信托便具备规避遗产税的功能。

2. 家族信托传承的不足

家族信托传承的不足主要有四点：一是设立门槛较高；二是设立流程较为烦琐，信托公司对信托目的和信托财产的尽职调查比较严格；三是信托设立后，信托财产的流动性较差；四是虽然理论上信托财产可以是任何类型的财产，但在信托实务中，目前还基本局限于资金和保险，将房产和股权置入家族信托的税费成本比较高。

正因如此，一些有意向设立家族信托的人仍在观望。其实，随着法律制度的不断完善，未来家族信托的设立流程只会越来越复杂，所以高净值人士应当及早设立家族信托，不要追求一步到位，可以先搭建架构，再不断调整优化。

三、遗嘱继承与家族信托传承的区别

遗嘱继承，是指定继承人在遗嘱生效时获得被继承人的遗产，这个过程是一次性的。家族信托传承，是委托人将部分或全部财产委托给受托人，由受托人对信托财产进行管理，再根据信托文件的

约定分配给受益人。

本质上,这两种方式都是有指定性的财产转移的过程,但它们的法律关系不一样:遗嘱受《民法典》约束,家族信托主要受《信托法》约束。再有,受益人取得财产的时间和形式也不一样:继承人通过遗嘱取得财产,且只能在被继承人去世后一次性取得;而信托受益人取得信托利益则是根据信托文件的约定,既可以在委托人生前取得,也可以在委托人去世后取得,既可以一次性取得,也可以分期或按事件取得。

总之,在实现财富传承的功能上,家族信托传承比遗嘱继承更可控、更灵活、更便捷。

四、遗嘱继承与家族信托传承的结合

实际上,遗嘱继承的缺陷是由其本身缺乏执行功能造成的。尽管遗嘱继承有不少缺陷,但是它能覆盖所有的财产类型,这是其他传承工具不可替代的。此外,遗嘱继承还能将其他传承工具包含其中,所以在财富传承规划中,遗嘱是必不可少的。我们需要做的就是让遗嘱更有效、更合理,免受挑战或质疑,发挥其应该发挥的功能。

家族信托功能强大,且自带执行功能,它不仅可以实现财富的有序传承,还可以提供财产规划、风险隔离、资产配置、子女教育、家族治理、公益(慈善)事业等定制化事务管理和金融服务。

遗嘱继承和家族信托传承各有优势,而将两者结合起来就是遗嘱信托,它可以更好地实现人们的财富传承心愿。关于遗嘱信托,前面已经讲过,此处不再赘述。

▶▶▶▶ 延伸阅读

《民法典》

第一千一百三十四条 自书遗嘱由遗嘱人亲笔书写，签名，注明年、月、日。

第一千一百三十五条 代书遗嘱应当有两个以上见证人在场见证，由其中一人代书，并由遗嘱人、代书人和其他见证人签名，注明年、月、日。

第一千一百三十六条 打印遗嘱应当有两个以上见证人在场见证。遗嘱人和见证人应当在遗嘱每一页签名，注明年、月、日。

第一千一百三十七条 以录音录像形式立的遗嘱，应当有两个以上见证人在场见证。遗嘱人和见证人应当在录音录像中记录其姓名或者肖像，以及年、月、日。

第一千一百三十八条 遗嘱人在危急情况下，可以立口头遗嘱。口头遗嘱应当有两个以上见证人在场见证。危急情况消除后，遗嘱人能够以书面或者录音录像形式立遗嘱的，所立的口头遗嘱无效。

第一千一百三十九条 公证遗嘱由遗嘱人经公证机构办理。

第一千一百四十条 下列人员不能作为遗嘱见证人：

（一）无民事行为能力人、限制民事行为能力人以及其他不具有见证能力的人；

（二）继承人、受遗赠人；

（三）与继承人、受遗赠人有利害关系的人。

65 家族信托投资和个人投资有什么区别？

金总对客户经理说："我知道，家族信托项下的资产也是要进行投资的。对于投资，虽然我不太擅长，但是我身边有很多朋友深谙此道。那么，家族信托投资和我自己投资有什么区别呢？"

▶▶▶ **专业解析**

为了信托财产的保值和增值，家族信托项下的财产，特别是资金，必须进行组合投资和资产配置。那么，家族信托项下的投资和个人投资有什么区别呢？

一、法律属性不同

家族信托成立后，信托财产会被登记在信托公司名下，信托公司既是信托财产名义上的所有人，也是法律意义上的所有人。此时，在对信托项下的资产进行投资时，信托公司是以自己的名义进行的。而委托人在对没有进入家族信托的财产进行投资时，是以个人的名义进行的。

有的委托人特别看重投资风险，希望信托财产的投资必须绝对安全。对他们来说，信托财产的收益低一点没有关系，但一定要保本，比如像三年期的存款和大额存单，但这对家族信托来说很难做到。人们常说的"一年定期存款""三年定期存款"是针对"城乡居民"的，而信托公司作为金融机构无法办理城乡居民存款业务，只能办理同业存款业务，但它和个人储蓄存款业务是两个体系。

二、投资策略不同

对个人投资来说，很少会提前制订投资策略和计划。对信托财产的投资来说，不管是由信托公司直接担任财务顾问，还是由第三方担任财务顾问，都会提前制订明确的投资策略和计划，然后在取得委托人同意的情况下，按计划执行；如果执行过程中出现偏差或者市场发生重大变化，再适时进行适当调整。

三、隐私保护功能不同

目前，有些财产信息查询起来非常方便，比如，任何人都可以随意查询企业股权登记信息，相关利益关系人可以查询房产登记信息。也就是说，对特别注重隐私的人来说，如果以个人名义成为企业股东或合伙人，或者购买房产，那么这些信息都是公开或半公开的。如果利用家族信托项下的资产进行股权或房产投资，那么信息对外披露时，则只能披露到信托层面，而不会再向信托项下进行披露，所以家族信托的委托人和受益人的信息，公众很难知晓。

四、产品资源不同

不管是银行还是信托公司，都会有一些"特供"产品，比如一些稀缺的融资类集合资金信托计划产品。这些产品的交易对手实力强、信誉好、底层资产优质，甚至企业本身就是银行的授信客户，所以它们往往会作为维护超高端客户的资源性产品，被优先配置给家族信托客户，剩余额度才会释放给超高端的非家族信托客户。普通的客户不仅无从知晓这类产品的存在，更是无法配置这类产品。

▶▶▶ **延伸阅读**

同业存款，是指针对各类金融机构开展的约定期限、约定利率的大额资金融入业务。通俗来说，同业存款就是金融机构之间开展的同业资金存入与存出业务。

同业存款的期限较为灵活，存款标准期限有隔夜、7天、14天、1个月、2个月、3个月、6个月、1年等，按照协议规定，通常都可以提前支取。同业存款最长期限为一年，到期不得展期。

同业存款的利率，由市场报价机制决定，可参考上海银行间同业拆放利率[①]。

---

① 上海银行间同业拆放利率（Shanghai Interbank Offered Rate，简称Shibor），以位于上海的全国银行间同业拆借中心为技术平台计算、发布并命名，是由信用等级较高的银行组成报价团自主报出的人民币同业拆出利率计算确定的算术平均利率，是单利、无担保、批发性利率。

Chapter

第四章

—

家族信托的设立与运营

66　哪些人适合设立家族信托？

金总跟客户经理说:"我有一个朋友,他也经营着一家企业,且个人和企业都没有负债。同时,他的家庭也很和谐,夫妻恩爱,儿子已经结婚,女儿也即将出嫁。这样和谐幸福的家庭有必要设立家族信托吗?哪些人适合设立家族信托呢?"

▶▶▶ 专业解析

我们知道,家族信托有着强大的资产隔离功能,还可以通过个性化的设计让财富实现有序传承。正因为家族信托有着诸多强大功能,所以笔者认为,家族信托应当成为高净值人士的标配。

一、有资产隔离需求的人

关于资产隔离,最常见的情形是隔离两个风险:企业经营风险和离婚分产风险。

1. 隔离企业经营风险

对大部分民营企业来说,企业的抗风险能力相对较差,在合规经营方面也多有瑕疵,这样的话,一旦企业发生经营风险,很可能就会牵连企业主个人。因此,民营企业主非常有必要提前设立家族信托,做好家业和企业资产的隔离,保证即使未来企业的经营出现重大风险,个人和家庭的生活品质也不会受到影响。

2. 隔离离婚分产风险

近些年,人们的婚姻观与以往相比有了较大的变化,导致离婚率大幅攀升。因此,不少父母对子女婚姻的稳定性表示担忧。离婚不仅意味着一个家庭的破碎,还会带来财产的分割。对高净值家庭来说,离婚涉及巨额财产甚至企业的控制权,所以父母对子女婚姻的变动更加敏感。

就家族信托来说,信托财产独立于委托人未设立信托的财产,委托人在信托文件中可以约定信托利益或受益权仅归受益人本人所有,与其配偶无关。因此,无论是委托人离婚还是受益人离婚,信托财产一般都不会因为离婚而被分割。

二、有财富传承需求的人

家族信托的财富传承功能非常强大,应当成为高净值人士解决财富传承问题的首选金融工具。

虽然提前用遗嘱安排好财富传承,也可以避免后代因争产而反目成仇,实现财富的有序传承,但是,对家庭成员众多、关系复杂的家庭来说,未来的继承权公证会是一件非常麻烦的事。利用家族信托提前做出传承安排,则可以跳过继承权公证的难关,省心省时又省力。

此外,对于诸如中老年得子、希望给年幼子女确定性的成长支持、担心子女挥霍、希望给第三代更多关爱和照顾等特殊情形,家族信托也可以满足传承人的需求。

三、有跨境税务筹划需求的人

对于有移民计划或者家庭成员中已经有境外身份,特别是有高税负国家身份的高净值人士,在移民前后,他们都需要有针对性地做一些税务筹划。他们可以通过设立家族信托,以达到合理降低财富传承中的税务负担的目的。

四、有其他特殊需求的人

除了以上三类人群需要重点考虑设立家族信托，有传承家族精神、做慈善、养老、照顾特殊家庭成员等需要的人，也都可以选择设立家族信托。

▶▶▶ **延伸阅读**

根据招商银行发布的《2020中国家族信托报告》，2020年，我国家族信托意向人群数量约24万人；预计到2023年年底，我国家族信托意向人群数量将突破60万人。在沿海发达地区，尤其是一线城市，家族信托正在逐渐从新鲜事物转变成为较普遍的需求。全国家族信托意向人群数量排在前几位的省份分别为广东、北京、上海、江苏、浙江、山东与湖北。

67　哪些人适合设立离岸信托？

金总对客户经理说："听完你说的这些，我觉得挺有道理。可是，我的朋友还是建议我设立离岸信托，他们觉得离岸信托更好，也比较适合我。"客户经理回应道："金总，并非所有人都适合设立离岸信托。就您的情况而言，您不一定非要设立离岸信托。"金总有些疑惑：到底哪些人适合设立离岸信托呢？

▶▶▶ **专业解析**

由于离岸地稳定的法律保障、明确有效的司法隔离功能、较好的保密性，以及强大的税务筹划功能，离岸信托让国内很多希望设立家族信托的委托人心驰神往。但是，并非所有人都适合设立离岸信托。

那么，什么样的人适合设立离岸信托呢？

一、在境外有资产

委托人是否适合设立离岸信托，首先要考虑的问题是在境外有没有资产，如果没有，是否可以通过合法且便捷的方式将境内资产转移至境外。如果这两个问题的答案都是"否"，那么委托人显然就不适合设立离岸信托。毕竟，目前境内和境外的资产暂时还无法自由流动。

2017年前后，不少内地客户没有经过仔细考虑，就盲目去香港购买投资型和储蓄型保险。因为这些保单在内地现行的法律体系下不合规，所以其"后遗症"后来也逐渐出现，比如，投保人因为资金无法出境造成交纳续期保费不方便；发生保险事故后，保险金也很难汇入境内结汇。

就家族信托来说，除有序传承功能外，很多委托人也特别看重风险隔离功能。如果委托人在境外没有资产，为了设立离岸信托，通过一些不合规甚至违法的手段将境内资产转移到境外，那么这些行为本身就有巨大的风险，也完全违背了为了隔离风险而设立家族信托的初衷。

二、自己或家人有境外身份

如果委托人自己或家人有境外身份，则可以利用离岸信托做一些税务筹划。

很多离岸地和中国境内属于不同的法域，适用的法律不同，日常约定俗成的行为规范也不同。只有经常在离岸地居住，或者经常去离岸地，委托人才能对那些在离岸地看起来再自然不过的行为有正确的认知，也才能更好地理解离岸地的信托文件。否则，委托人可能会因为语言或生活习惯的问题而对信托文件的内容产生误解，甚至为日后发生纠纷埋下隐患，到时即使委托人和受益人想要维权，也会付出巨大的成本。

因此，一般来说，如果委托人的家族内有除中国国籍外的其他国籍人士或具有港澳台居民身份，则适合考虑设立离岸信托，否则，还是在国内设立家族信托更合适。

三、已经或计划在境外上市的公司创始人

对于主要市场和企业仍在境内，但计划或已经在境外上市的公司创始人，或者拥有股权激励的高管，通过设立离岸信托来保持企业控制权和进行税务筹划，是非常有必要的。

值得注意的是，随着 CRS 的执行、受益所有人登记和经济实质法案的实施等一系列举措的推进和实施，全球资产信息和税务信息透明化时代已经到来，打击高净值人群跨地区境外避税行为已经成为全球共识，所以离岸信托的保密性会大打折扣。因此，对于家族信托设立地的选择，我们建议，高净值人士应根据自己的信托目的和资产所在地来决定。

▶▶▶▶ 延伸阅读

在经合组织反有害税收竞争和执行 CRS 的大背景下，"避税天堂"如开曼群岛、英属维尔京群岛、百慕大群岛、根西岛、泽西岛和马恩岛等地迫于压力于 2018 年出台了经济实质法案。

经济实质法案主要是针对公司合规性进行审查，要求公司必须开展相关活动，以满足经济实质。拒绝审查或未能通过审查的公司，将会受到重罚甚至会被注销，相关人员可能会被判处 5 年监禁，而相关实体的信息也会被交换给最终受益人所在国家或地区的税务主管机关。

实施经济实质法案的主要目的，是配合经合组织和欧盟打击利用离岸架构进行避税操作的行为。

68 无子女的人有必要设立家族信托吗?

金总跟客户经理说:"我有一个朋友姓张,她今年65岁,已经退休,和先生一起相濡以沫,老年生活幸福安逸,但因为身体原因,他们没有生育子女。她的父母和公婆都已经去世多年,随着年龄的增长,她开始考虑在自己和先生去世以后,他们的财产该如何处理?她有必要设立家族信托吗?"

▶▶▶ **专业解析**

张女士和先生无子女,各自的父母也都已经过世,所以按照法定继承的规定,他们两人互为第一顺序继承人;当两人全部去世后,在没有第二顺序继承人和遗嘱的情况下,两人的财产将归国家所有。因此,张女士非常有必要提前进行安排。

对张女士这样的无子女的富裕人士来说,他们最关心的是自己老年生活的品质。同时,他们也一定有特别关心和感谢的人,可能是亲戚,也可能是朋友。家族信托则可以满足这类人群的特殊需求。

一、信托架构

具体来说,张女士作为委托人,张女士及其先生、指定的亲友、指定的公益基金会作为受益人。

考虑到张女士夫妻两人暂时没有大额支出,她既可以将大部分金融资产分批装入信托中,也可以购买一部分终身寿险,约定未来的身故保险金也装入信托。甚至,在与信托公司充分协商的前提下,张女士还可以和先生共同设立遗嘱,约定两人都去世后,指定某位亲友或信托公司作为遗产管理人，将两人名下所有的财产转换为资金，全部装入信托。

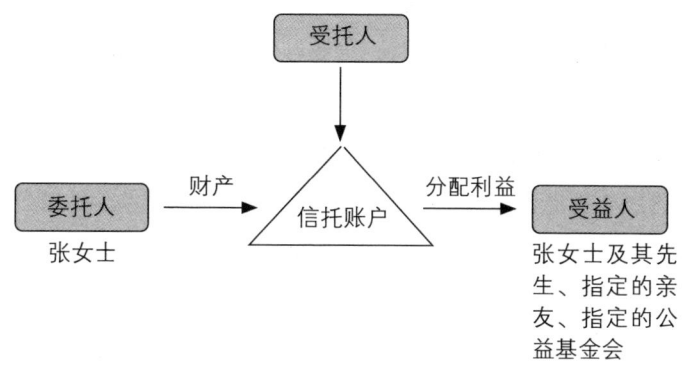

张女士的家族信托架构示意图

二、信托分配条款

1. 退休生活金

在信托文件中约定，由信托账户每月向张女士及其先生分配一定金额的资金，作为日常生活开销。如果临时有大额支出，张女士及其先生都有权申请临时分配，以应对一些特殊事件。

如果张女士及其先生入住专业养老机构，也可以在信托文件中约定，养老费用由信托账户直接支付。

考虑到未来可能发生的失智风险，张女士可以提前选定愿意担任监护人的个人或组织，办理意定监护公证，待自己丧失民事行为能力时，由事先确定的监护人承担监护责任。

2. 亲友支持金

张女士指定的亲友作为受益人，在张女士及其先生都去世后，可以领取一定份额的信托利益。如果这些亲友中有需要特别照顾的未成年人或特殊人群，张女士也可以设置按年领取生活费的条款。

需要注意的是，鉴于亲友都不是张女士的直系亲属，她需要和信托公司充分沟通，以保证受益人符合监管部门的要求。考虑到张女士无子女的情况，只要合情合理，在张女士做出书面承诺后，信托公司一般都会同意。

3.公益基金

张女士可以提前考察一些公益基金会，选择自己最关注的某个领域的公益基金会作为受益人，并在信托文件中约定，在自己及先生都去世，并完成亲友支持金的分配后，将剩余的所有信托财产一次性分配给公益基金，用于公益事业。

▶▶▶ 延伸阅读

"意定监护"是由2015年4月修正的《中华人民共和国老年人权益保障法》首次提出，后又被写入2017年10月施行的《中华人民共和国民法总则》（如今已被《民法典》替代），旨在保障成年人，特别是老年人在丧失民事行为能力时的民事权利。

2017年，司法部发布了"老年人意定监护协议公证"指导性案例，该案例明确了老年人意定监护协议公证的申请主体和公证审查的内容，对意定监护协议的主要内容以及程序等都做了详细的规定。

《民法典》第三十三条规定："具有完全民事行为能力的成年人，可以与其近亲属、其他愿意担任监护人的个人或者组织事先协商，以书面形式确定自己的监护人，在自己丧失或者部分丧失民事行为能力时，由该监护人履行监护职责。"

申请人可以和意定监护人一起，持身份证明、户口簿及意定监护协议至公证机关办理。

69 如何用股权设立家族信托？

通过客户经理的讲解，金总知道股权也可以被放进家族信托。股权被放进家族信托后，除了可以隔离风险，还可以保证股权的稳定性。这样的话，即使将来孩子不接自己的班，也可以让职业经理人来管理企业，让孩子享受企业的收益。因此，金总希望能进一步了解股权家族信托的相关内容。

▶▶▶ **专业解析**

其实，股权信托在融资类集合资金信托计划的结构中很常见。比如，在一些房地产类集合资金信托计划中，信托公司往往会将信托资金以增资扩股或收购股权的形式实现对房地产项目公司的控制，在项目完成后，信托公司减资或者由融资人溢价回购股权，实现信托资金的变现。当然，为了控制风险，信托公司也会在和实际融资人签订协议时，附加股权回购条款，约定如果项目运作不顺利，实际融资人有义务回购信托公司投入的股权，这就是业内常说的"明股实债"。对信托公司来说，这种信托融资方式可以有效降低投资风险，最不济也能获得固定收益。

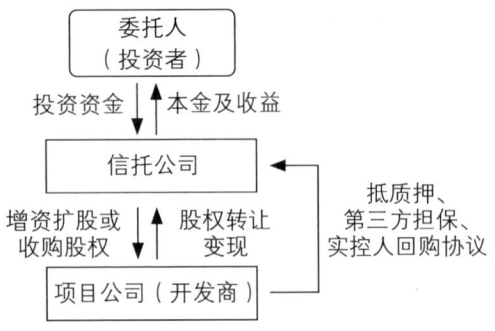

融资类股权信托架构示意图

但是,股权家族信托和融资类股权信托是完全不一样的。

就股权家族信托来说,理论上应该由信托公司作为受托人,直接受让委托人持有的家族企业的股权,信托公司在名义上持有公司股权,委托人通过信托文件的约定,指定信托受益人为股权收益的实际受益人。但在实务中,信托公司出于自身的风险控制、资产隔离和经营管理的考虑,往往会要求委托人先用资金成立家族信托,之后,在该信托项下搭建特殊目的公司(Special Purpose Vehicle,简称SPV)[①],由SPV来持有家族企业的股权。该SPV既可以是有限公司,也可以是有限合伙企业(关于有限合伙企业的内容,可参见本书第59节的"延伸阅读"部分),通常以有限合伙企业最为常见。委托人一般会担任有限合伙企业的普通合伙人,对有限合伙企业承担管理职责,而家族信托则担任有限合伙人,对有限合伙企业并不承担管理职责。

[①] 特殊目的公司,通常是指仅为特定目的而设立的法律实体,以有限公司和有限合伙企业最为常见。和普通公司相比,SPV仅仅为完成特定目的而设立,除了该特定目的,没有独立的经营或业务等职能。比如,此处所说的SPV仅为持有家族企业股权的目的而设立,并不实际经营。

下面，我们以利用有限合伙企业作为 SPV 为例来介绍如何设立股权家族信托。

一、设立资金家族信托

委托人先按正常程序设立资金家族信托，该资金家族信托未来将用于受让家族企业的股权。

二、设立有限合伙企业作为 SPV

委托人和资金家族信托共同出资设立一个有限合伙企业作为 SPV，其中，由委托人少量出资（即使出资 1 元也可以）担任普通合伙人，资金家族信托担任有限合伙人。

三、将家族企业的股权转让给有限合伙企业

委托人将原家族企业中自己的股权转让给有限合伙企业，将股权装入家族信托，实现股权家族信托的设立。因为委托人为普通合伙人，所以有限合伙企业事实上由委托人控制并管理，信托公司并不参与管理。

按以上方式设立股权家族信托后，家族企业的控股股东为家族信托项下的有限合伙企业，这样的话，委托人大部分的股权由家族信托持有，很少部分的股权由委托人本人持有，但家族企业的实际控制人仍为委托人。委托人既可以实际参与家族企业的经营管理，也可以通过向家族企业委派"董监高"等高级管理人员或聘任专业的职业经理人来经营管理。至于收益，家族企业的收益会回流至家族信托，之后，股权产生的收益可以按委托人的意愿分配给指定的若干受益人。

这样的股权家族信托的安排，不仅从制度上实现了企业的所有

权、控制权、经营权和受益权的分离,同时也将它们统一在家族信托之下,并由委托人掌控。当然,由股权而产生的财富也能实现传承。

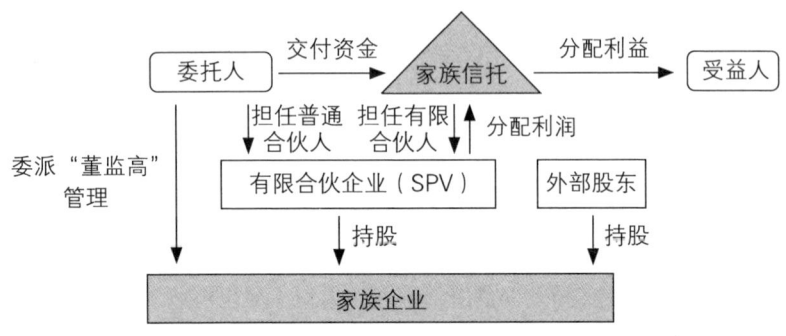

股权家族信托架构示意图

▶▶▶ 延伸阅读

有限合伙企业的税收问题

有限合伙企业的税收问题较为复杂,包括纳税人的确定、所得的分配、优惠的享受、亏损的结转等一系列问题,涉及的文件规定较多。简单来说,根据《财政部 国家税务总局关于合伙企业合伙人所得税问题的通知》(财税〔2008〕159号)的规定:"合伙企业以每一个合伙人为纳税义务人。合伙企业合伙人是自然人的,缴纳个人所得税;合伙人是法人和其他组织的,缴纳企业所得税。"

也就是说,合伙人是自然人的,按照经营所得以 3%~35% 的超额累进税率缴纳个人所得税,无须再缴纳企业所得税。合伙人是法人或其他组织的,需要缴纳企业所得税。

家族信托作为有限合伙企业的有限合伙人,并非企业法人或组织，取得有限合伙企业分红后，按当前税法及相关规定，没有缴纳企业所得税的依据，因此股权家族信托成立后，在企业利润分配环节并不会增加税收成本。

70 股权家族信托有哪些优势?

听完客户经理的讲解后,金总终于弄清楚了股权家族信托是如何设立的。随后,金总又有了新问题:股权家族信托有什么优势呢?对一个企业主来说,设立股权家族信托的必要性是什么呢?

▶▶▶ **专业解析**

对有家业和企业双重管理需求的人来说,如何利用家族信托更好地实现家企分治,并进一步提高企业治理水平,是其关注的焦点。尤其对于股权资产的管理,涉及的问题较复杂,因此越来越多的企业主将目光投向股权家族信托。股权家族信托的具体优势如下。

一、保证股权的稳定性与连续性

对一个志在百年的企业来说,股权的稳定性非常重要。如果企业主采用自然人持股的方式,一旦发生离婚、死亡、内部纷争等事件,就必然会涉及股权分割,进而影响到企业主对企业的控制权,以及股权的稳定性。

比如,2020年,金总和王总成立了"金王百年文化传播有限公司",金总持股67%,王总持股33%,金总为绝对控股股东。半年后,为了吸引业内知名人士赵先生加盟,金总拿出了5%的股份。一年后,金总和太太离婚,太太要求平分金总那62%的股权,每人31%,分割后,王总成了公司的大股东。

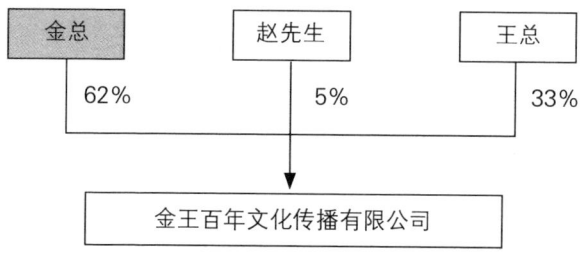

金总离婚前的公司股权架构示意图

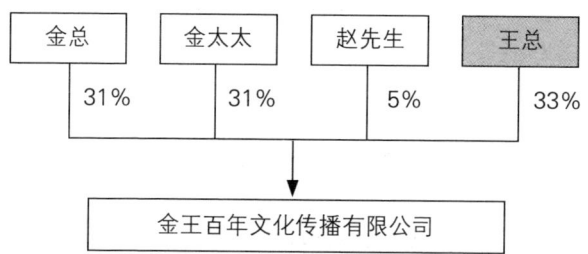

金总离婚后的公司股权架构示意图

如果金总用家族信托控制的有限合伙企业或有限公司作为股东,持有"金王百年文化传播有限公司"62%的股份,那么,即使金总和太太离婚或者发生其他导致股权分割的情形,也只需要在家族信托层面通过信托文件调整即可,不会影响金总绝对控股的股东地位。

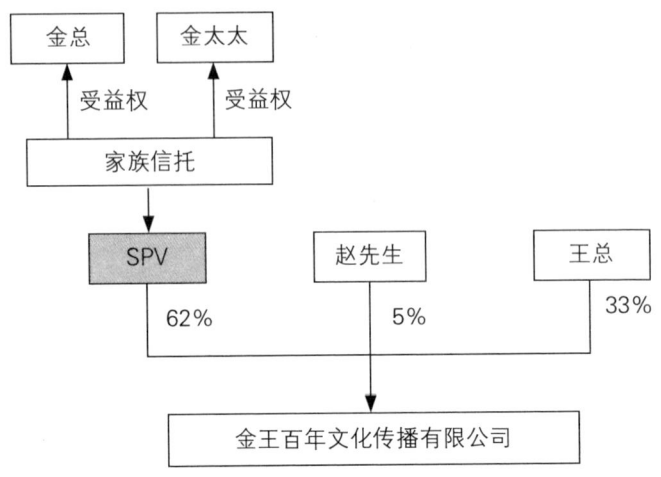

金总的股权家族信托架构示意图

二、实现实际控制人的隐私保护

2014年2月,国家企业信用信息公示系统上线运行,之后,各类企业的基本信息,如股东信息、企业变更信息等都可以随时被公众查询。但是,有很多高净值人士非常低调,不希望自己的姓名出现在公开信息中,所以他们常常会采用股权代持的方式来保护隐私。然而,股权代持的风险比较大,被代持人需要面对代持人"反水"、离婚分割财产、债务、意外去世,以及无法对抗善意第三人和隐名股东股权还原产生税费等风险。

如果企业主利用家族信托代替自己持有公司股权,那么通过公开信息就只能查到公司的股东为信托公司,而信托层面的内容,除了相关当事人,其他人无法知道其中明细,从而较好地保护了企业主的个人隐私。

三、实现企业的所有权、控制权、经营权和受益权的分离

我们在前面讲过,股权家族信托从制度上实现了企业的所有权、控制权、经营权和受益权的分离。一旦将股权装入家族信托,该股权的所有权原则上就不再归委托人所有,实现了风险的隔离;信托公司为名义上的股权所有人,但委托人可以通过信托文件来控制股权的利益分配。即委托人掌握控制权,信托公司拥有所有权,委托人指定的受益人享有受益权;委托人还可以聘请职业经理人,由其对企业进行实际的经营。

四、股权家族信托作为持股平台隔离风险

对多元化经营的家族企业来说,企业主一般都会根据经营范围的不同而成立多家有限公司。这些公司往往是由自然人直接持股,且公司之间经常会出现关联交易、担保等情况,这样的话,一旦其中一家公司出现风险,往往就会波及其他公司,造成风险的蔓延和扩大。

家族信托作为持股或控股平台的话,家族业务的不同板块会由家族信托统一控股,从而实现资源协同、业务联动和风险隔离。具体来说,在引入外部投资者时,只需要在子公司层面进行即可,不会影响到公司的控制权;不同业务板块相对独立,起到公司之间风险隔离的作用;如果委托人希望对外进行股权投资,也可以在持股平台上进行。

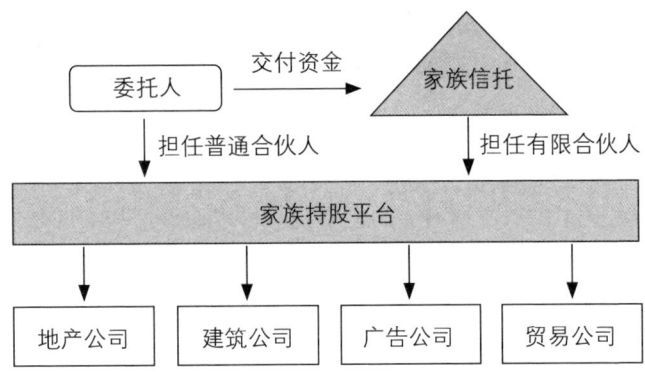

股权家族信托作为持股平台架构示意图

▶▶▶ **延伸阅读**

2021年以来，多家信托公司进行了以股权为受托财产的家族信托的尝试。

2021年，中航信托协助委托人通过家族信托持有近亿元初创型科技企业股权，帮助委托人实现家族企业股权稳定以及财富有序传承的双重需求；五矿信托也深挖家族客户复杂多元的需求，为企业的实际控制人设立股权家族信托，并为企业核心员工设立员工股权激励信托；长安信托设立的股权家族信托间接持股公司在境内A股首发（IPO）上市，实现了股权家族信托历史性的突破。

2022年3月，交银国际信托成功设立首单非上市企业股权家族信托。

71 如何用房产设立家族信托？

关于股权家族信托，金总已经了解得差不多了。金总知道，房产也可以装入家族信托中，考虑到自己名下有不少房产，所以他也特别想知道如何用房产设立家族信托。

▶▶▶ **专业解析**

在法律上，我国的《信托法》并没有禁止将不动产装入家族信托，但在实务中，由于非交易性过户制度的缺失，委托人只能通过交易过户的方式将不动产装入家族信托，且交易过程可能会产生高额的税费成本。因此，在信托实务中，房产类家族信托的案例较少，以下我们只能简单介绍一下相关原理。

将房产装入家族信托，就是将房产产权过户到信托公司名下。目前，委托人只能通过买卖交易的形式来实现，主要有以下两种方式。

一、用家族信托的资金购买委托人名下的房产

这种方式是先设立资金家族信托，再由信托公司与委托人交易，将房产从委托人名下过户到信托公司名下。2014年，北京银行和北京国际信托有限公司合作的国内第一例不动产家族信托，即采用了此方案。尽管其中的各种税费无法避免，但与后代的婚变分产风险相比，这些费用是委托人愿意承受的。

需要特别说明的是，如果委托人已经先行设立家族信托，而房子还没有买，这时直接用信托资金购买房子，会更加方便，交易成本也不会增加。

二、用家族信托下的 SPV 购买委托人名下的房产

这种方式是先成立资金家族信托,在信托下面设立 SPV,再通过 SPV 购买委托人的房产。虽然这样多搭了一层架构,但也相当于将持有房子的 SPV 股权装入家族信托了。

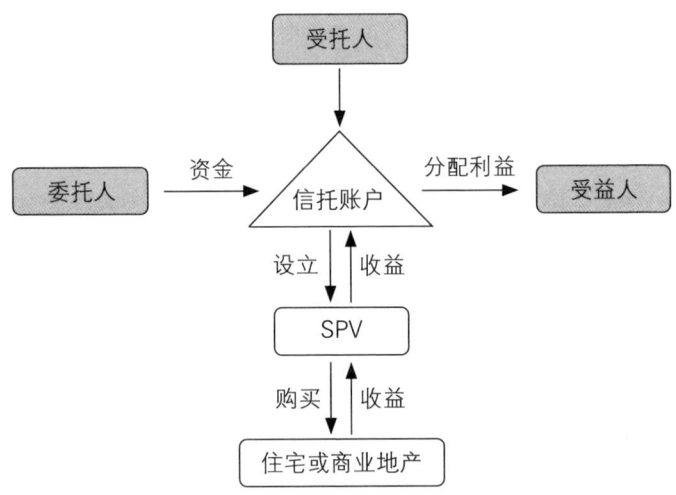

SPV 购买不动产家族信托结构示意图

将房产装入家族信托,除了要承担较高的税费,还要注意三个问题:一是政策风险,比如对自然人或法人房产交易的限制。二是持有成本。法人持有房产可能会比自然人多出一些税费,比如房产税、土地增值税等。三是房产还原问题。当信托终止,需要将信托项下的房产变现或转让给受益人时,会按照房产买卖交易流程再缴纳一次税费。此外,把投资或经营性商业用房装入家族信托,还会带来房屋日常维护、出租经营管理、未来可能出现的拆迁置换等经营性问题。

和房产管理相关的事务性工作，信托公司既不太擅长，也不太愿意去做，需要配套专业人士或第三方服务。或许，这也是大多数信托公司不愿意将个人房产装入家族信托的一个原因。

总之，如果房产未来的升值空间不大，委托人可以考虑将房产变现，使用资金设立家族信托。当然，委托人也可以在设立家族信托后，用信托财产购买新房。

▶▶▶ **延伸阅读**

北京银行家族信托试水房产传承

据《21世纪经济报道》消息，2014年，步入花甲之年的宋女士在北京的多套房产价值已过亿元，老伴儿过世后，房产全部由宋女士自己打理，光是每月的租金收入就已远大于自己和子女的总开销，可谓生活无忧。尽管如此，宋女士却有点烦恼，她既希望把房产留给子女，也希望即使以后子女的婚姻出了问题，他们的财产和生活也不会受到太大影响。

北京银行给出的解决方案是：通过该行合作方北京信托，设立一单资金家族信托，由该信托出资购入宋女士的房产，最后将信托受益人定为"直系血亲后代非配偶继承人"。同时，信托公司解释道："虽然房产在信托名下，但宋女士和子女能自由支配。"最终，除了留下几套房子自住，宋女士将位于北京核心地段的十几套房产全部"卖"给了由她成立的信托。

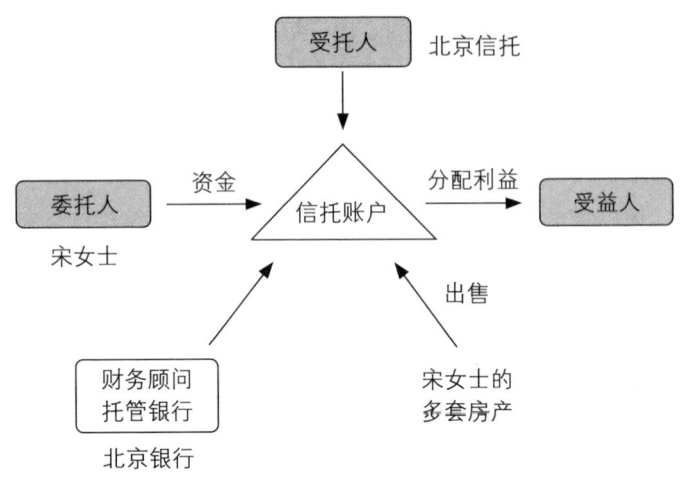

宋女士房产家族信托架构示意图

对于这一方案,信托公司解释道:"虽然这相当于'左兜掏右兜',却通过信托实现了财产的隔离保护,即使未来子女出现婚变风险,这些房产依旧属于'直系血亲后代非配偶继承人'。"

目前,国内的家族信托有单一、资金、他益及不可撤销四大特点。所谓"资金",是指由于信托财产登记制度的不完善,家族信托的信托财产必须是资金,且不得是债务性资金。这也是宋女士需要通过自己出资设立信托购买其房产的方式来实现资产保护的原因。

值得注意的是,在用资金家族信托购买房产时,需要按北京当地的要求缴纳二手房交易费用;在资金家族信托持有房产后,每年还需按照国家和地方政府的规定缴纳房产持有税,因为在用家族信托购买房产后,税费是按照公司持有房产计征的。虽然各项费用的加总并不低,且在目前的法律框架下,这些税费均无法避免,但宋女士认为,与后辈的婚变分产风险相比,这些费用值得付出。

这个案例可以说是国内的第一单不动产家族信托，虽然不完整也不完美，但是在我国现有的法律框架下，它还是实现了委托人的愿望，所以仍然具有非常大的参考价值。

72 用资金和用保险设立家族信托各有哪些优缺点?

听完客户经理的讲解,金总说:"虽然股权和房产都可以用来设立家族信托,但操作起来有点麻烦。"客户经理回答道:"确实是这样的。因此,在实务中,客户基本都会选择用资金和保险来设立家族信托。"金总好奇地问道:"那么,用保险和用资金设立的家族信托,它们各有哪些优缺点呢?"

▶▶▶ **专业解析**

随着高净值人士对家族信托功能的深入了解,越来越多的人希望通过设立家族信托来实现财富的保护和定向传承。中国信登的数据显示,截至 2021 年年末,我国家族信托的存量规模已达 3494.81 亿元,较 2020 年的 2051.55 亿元增长了 70.3%。也就是说,我国的家族信托规模在市场需求的推动下正在快速增长。

原则上来说,只要是个人的合法财产都可以作为信托财产,但由于信托财产登记制度不够完善,股权信托和房产信托在实务中有着很高的税费成本。所以,我国现阶段的信托财产主要以资金和保险两大类为主。下面,我们比较一下用保险和用资金设立的家族信托的优缺点。

一、用资金设立家族信托

用资金设立家族信托,是指在信托合同成立时,委托人将个人资金转入信托账户。其好处是:第一,一旦资金进入信托账户,该资金就会成为独立的财产,非常安全;第二,在收到资金后,信托公司可以立即按照信托文件的约定进行投资,让资金升值;第三,因为信托账户中有资金,所以在信托成立后,信托公司可以立即启动分配方案。

用资金设立家族信托的不足在于,家族信托的门槛较高,所以一旦资金进入信托账户,基本就失去了流动性,委托人无法灵活取用。此外,家族信托设立的流程也较为烦琐,比如,信托公司对资金的审核非常严格,会对资金进行反洗钱调查,要求资金的来源清晰合法,必须是委托人合法完税后的个人财产。

二、用保险设立家族信托

用保险设立家族信托,是指在购买大额保单后,将保单的受益人变更为信托公司,同时签订信托协议,以保单的受益权为信托财产设立家族信托。这种用保险作为信托财产而设立的信托,也就是大家经常说的保险金信托。

用保险做家族信托的好处是:第一,门槛低。用最低100万元保额的保单即可设立家族信托。第二,流动性好。如果投保人急需用钱,那么在保险端,投保人可以随时通过保单贷款或者退保获得资金。第三,比资金家族信托更加灵活。委托人可随时向信托账户中追加保单或资金,若想撤销信托,则只需要把保单的受益人从信托公司变回自然人。第四,从收益上看,保单的收益比较确定,不受资本市场涨跌的影响,可保证长周期的确定性收益。第五,操作流程相对简单。对于没有追加资金的纯保险金信托,不需要对资金进行尽职调查,甚至不需要配偶参与,投保人自己即可完成信托文件的签署。

用保险设立家族信托的不足也是很明显的。首先,对特别注重资产隔离功能的委托人来说,保险金信托在保险端的资产隔离功能不够彻底,会存在一些不确定性。其次,对于使用投保人和被保险人不一致的保单而设立的信托，一旦投保人先于被保险人去世，保单原则上就会被作为投保人的遗产来处理。最后，如果信托财产中没有资金，只有保单，特别是终身寿险，只有当被保险人去世，保险公司理赔后，信托账户中才会有资金。也就是说，在保单有效期间内，信托账户中是没有实际资金的，自然也没有办法进行信托分配。

综上分析，用资金和用保险设立家族信托各有好处，也各有不足，委托人可以根据自己的需求进行选择。当然，委托人也可以同时将保单和资金装入一个信托中，实现更多的可能性。

▶▶▶▶ **延伸阅读**

据媒体公开报道，近几年，国内亿元规模的保险金信托层出不穷。

2019年9月，国内首单总保额超亿元的保险金信托在平安信托落地。

2020年4月，一单1.97亿元的保险金信托在平安银行北京分行落地。

2020年8月，一单2.6亿元的保险金信托在平安银行落地。

2021年8月，平安银行协助客户成功设立国内客户个人最大规模保险金信托3.75亿元。据悉，截至2022年3月底，平安信托超过亿元规模的保险金信托达到15单。

2021年8月，中信信托与中信银行、中信保诚人寿协同落地一单1.2亿元的信托投保保险金信托，这也是国内第一单亿元信托投保模式的保险金信托。

2022年5月20日，中国人民保险集团旗下的人保寿险与中诚信托联手，在山东济南成功签下一单亿元规模的保险金信托。

73 企业上市前适合设立家族信托吗？

金总对客户经理说："我有一个朋友，他的企业正在做 A 股上市的准备，券商已经开始准备进场尽职调查、辅导了。这个时候，他想用企业的股权设立家族信托。请问，我的朋友这样做合适吗？"

▶▶▶ **专业解析**

如今，越来越多的企业主在进行企业治理设计时，开始有意识地使用家族信托作为企业股权架构与财富传承架构的顶层设计，以及使用家族信托作为持股平台控制家族企业。那么，企业设立家族信托会影响上市吗？

一、"三类股东"成上市障碍

以家族信托控股的家族企业在境外上市是非常常见的。但是，如果企业希望在境内 A 股市场上市（IPO），按照我国现行监管政策的要求，契约型基金、资产管理计划和信托计划等"三类股东"的存在，不利于满足现有法规政策对于拟上市企业的审查要求。主要原因有两个：第一，信托计划（集合资金信托计划）中的投资者较多，不利于满足企业股权清晰及股东人数不得超过 200 人的要求。第二，如果实际控制人及股东直接持股，那么相关权利的认定及股权转让要经过工商部门的登记；但若股东是信托计划，监管部门就很难穿透信托计划了解信托背后的实际控制人，也很难了解投资者之间的利益关系，这会进一步影响监管部门对股权稳定性的判断，也不利于对企业上市后限售股转让的监管。①

因此,在实践中,在投行进行尽职调查、辅导及保荐前,准备上市的企业往往会提前清理"三类股东",尤其对于实际控制人通过信托计划进行持股的企业,必须在 IPO 前进行清理或拆除。2018年,三六零(601360.SH)借壳回归 A 股、迈瑞医疗(300760.SZ)从美股回归 A 股,都提前拆除了家族信托架构。

其实,监管部门并没有明文规定家族信托不能作为拟上市公司的股东,只有《首次公开发行股票并上市管理办法》(证监会令〔2006〕第 32 号)第十三条和《首次公开发行股票并在创业板上市管理办法》(证监会令〔2014〕第 99 号)第十五条规定:"发行人的股权清晰,控股股东和受控股股东、实际控制人支配的股东持有的发行人股份不存在重大权属纠纷。"监管部门对信托持股持谨慎态度的根本原因,是担心信托持股容易出现股权不清晰的情况。但是,家族信托和集合资金信托计划有着非常显著的区别。集合资金信托计划层层嵌套和可能超过 100 个委托人的情况,在家族信托中基本不会存在,所以,作为底层持股平台,家族信托的存续期较长,结构长期相对稳定,实际受益人也比较清晰。因此,随着投行、券商等领域的专业人士对家族信托的理解更加深入,家族信托持有股权的企业不能上市的规则开始有所松动。

二、科创板开板后,信托持股上市有突破

2019 年 6 月科创板开板后,"存在'三类股东'的企业不能上市"这一规则正式被突破。根据《科创板首次公开发行股票注册管

---

① 建信信托财富管理事业部. "股权家族信托"成为境内企业IPO持股架构的可行性思考[EB/OL].(2020-11-11)[2022-09-10]. http://mp.weixin.qq.com/s/XjAaFCWOFyk5SPDM_8b7hw.

理办法（试行）》第十二条的规定，在企业申报科创板上市时，对于股权结构仅要求发行人控制权稳定，控股股东和受控股股东、实际控制人支配的股东所持发行人的股份权属清晰，最近 2 年实际控制人没有发生变更，不存在导致控制权可能变更的重大权属纠纷。家族信托持股是完全可以满足这些要求的。

2021 年 6 月 15 日，沪深交易所对各保荐机构发布了《关于进一步规范股东穿透核查的通知》，明确对持股数量少于 10 万股或 0.01% 的股东，在合规原则下可不进行穿透披露。这一政策被认为是向存在家族信托持股的拟上市企业释放了实质性的积极信号。

深圳证券交易所在 2022 年第 1 期《创业板审核动态》中指出，信托持股会对控制权相关股权带来多个不利影响。比如，信托财产具有独立性与特殊性，容易导致股份权属不清晰；各国信托立法及实务一般都会授予受托人很大的信托权限，让其拥有管理、利益分配和投资决定权，因此受托人的权限范围及决策机制关乎信托的控制权，从而可能影响发行人的控制权；如果委托人在设立信托时保留了撤销权，就可以任意撤销、变更信托，从而影响股权稳定；离岸家族信托还存在外汇监管上的要求等。

因此，控制权相关股权中存在信托持股的，原则上应当在申报之前予以清理。发行人、中介机构以某部分控制权相关股权份额较小、不影响控制权稳定或股权清晰为由，主张保留信托持股架构的，理由尚不够充足。对于非控制权相关股权存在信托持股的情形，试点期间有过未拆除信托架构的案例，交易所认为，这并不意味着所有的非控制权的信托持股均可以参照适用。[1]

---

[1] 谭楚丹. 家族信托持股IPO能否破局？监管层明确审核思路[N]. 证券时报，2022-03-03（A8）.

2021年，睿昂基因（688217.SH）、振华新材（688707.SH）、芯原股份（688521.SH）、盛美上海（688082.SH）等多家存在家族信托架构的企业顺利在科创板注册上市。这些企业有一个共同的特点，那就是家族信托间接、少量持股。值得一提的是，凯赛生物（688065.SH）实际控制人及其配偶、子女通过境外信托持有控股股东100%股权，这样的架构目前无法被监管部门接受，所以在上市前拆除了家族信托架构。

由此可见，以目前监管部门的态度来看，家族信托短期内尚无法以控股股东、实际控制人、第一大股东等身份通过上市审核，但是家族信托少量持股已经被接受。

对于拟上市企业的创始人、股东等高净值人士，我们建议根据发行人自身的股权分布，结合届时IPO对家族信托安排接受案例的典型特征，合理搭建家族信托持股架构，以满足IPO规则对股权权属清晰、控制权稳定的要求。

当然，拟上市企业的创始人用个人财产设立家族信托，提前做好个人财富的规划，不仅没有任何问题，而且非常必要。

▶▶▶▶ **延伸阅读**

"三类股东"分别是什么？

1. 契约型基金

契约型基金，是指基金管理人（基金公司或基金子公司）基于信托契约，为了基金投资人的利益，通过投资获取收益而形成的投资管理安排。基金公司（包括公募基金公司和私募基金公司）发行的封闭式或开放式基金都属于契约型基金。契约型基金并非法律实体。

2. 资产管理计划

资产管理计划，是指资产管理人（证券公司及其资产管理子公司、基金公司及其子公司）为了资产委托人的利益，将委托人交付的资金进行管理或处分的资产管理安排。

3. 信托计划

信托计划，是指委托人基于对受托人的信任，将其财产权委托给受托人，由受托人按委托人的意愿、以自己的名义，为受益人的利益或者特定目的进行管理或者处分的行为。

74 家族信托的设立流程是怎样的?

在详细了解了家族信托的功能、优势和不足之后,金总觉得应该现在就搭建家族信托的架构,提前做好一部分财富的隔离保护和传承。那么,家族信托的设立流程复杂吗?应该如何进行呢?

▶▶▶ **专业解析**

家族信托不是标准化的金融产品,客户不能简单、直接地在私人银行或者信托公司"买"到,而是需要与专业人士详细讨论,提出需求和设想,制订个性化的信托方案。

在设立家族信托的过程中,除了信托专家,可能还需要银行、保险、法律、税务、会计、家族事务等领域的专家共同参与,根据不同客户的不同需求提供个性化的方案与服务。

一、需求分析和尽职调查

在委托人向信托公司提出设立家族信托的要求后,信托公司要做的第一步工作是分析委托人的需求和尽职调查。

1. 了解委托人的主要目的

委托人设立家族信托最主要的目的是什么,是财富的隔离保护还是有序传承,是想对分散的股权集中持股还是有其他特定目的,这些都需要委托人与信托公司进行认真且坦诚的沟通。为了提高效率,委托人最好能够提交书面的《信托意向书》,说明设立家族信托的目的和想法。

在了解委托人的需求后,信托公司会根据目前监管框架和公司实际业务范围来进行分析，以此判断自身能否满足委托人的需求。

2. 梳理财产

目前，比较方便设立家族信托的资产是现金和大额保单。现金的来源应当合法，且要提供来源证明和完税证明，比如工资薪金收入、股东分红收入、投资收入、卖房收入、房租收入等。当然，现金也要符合反洗钱的相关规定。

如果委托人已婚，则要提前告知信托公司。除非有非常明确的证据证明信托财产为委托人的个人财产，否则，就需要配偶签订配偶同意函，书面确认同意由委托人用夫妻共同财产设立家族信托。在实务中，信托公司一般都会要求夫妻二人共同面签合同。

3. 尽职调查

在设立家族信托时，信托公司需要了解委托人从事的行业及过往的工作经历，了解家庭成员情况，包括但不限于国籍、税收居民身份、企业经营情况、工作或学习情况、婚姻及子女情况等，了解委托人对外是否有大额负债，此时设立家族信托是否会侵害第三人利益。

对委托人进行尽职调查是信托公司的责任。只有通过尽职调查，家族信托才能被有效保护，从而实现委托人的愿望。

二、设计信托方案

为了实现信托目的，在完成尽职调查后，委托人与信托、法律、税务、家族事务等领域的专家要共同参与信托方案的设计。设计信托方案的核心，是要对财产所有权、控制权、经营权和受益权进行合理的安排。

1. 确定基本要素

委托人填写《信托意愿书》，确定委托人、受益人、信托期限、信托目的、如何实现信托目的等基本要素。

2. 确定投资策略

委托人设立家族信托的主要目的不是高额回报，而是财富的保护与传承。因此，在信托运作初期，应当采取稳健的投资策略，先通过固定收益类的资产积累"安全垫"，再逐步配置少量权益类风险资产，以期在风险可控的前提下提高收益。

3. 约定是否聘请财务顾问

如果需要，委托人可以指定信托公司聘请专业的财务顾问对信托财产进行投资管理。

4. 选择投资标的

委托人根据投资策略来选择投资标的，配置各类金融资产和非金融资产，既可以选择资本市场可投资的各类产品、现金管理类信托基金、集合资金信托计划等，也可以选择保险、房地产基金及股权投资基金等，甚至还可以通过合格境内机构投资者（QDII）配置境外金融资产。

5. 定期检视投资组合

信托公司或财务顾问要定期检视投资组合和投资标的是否符合投资策略，向委托人披露投资结果，并确定后续投资策略。

6. 确定利益分配方案

确定受益人、受益条件或时间等具体的分配方案，包括是否做流动性安排和流动性款项多少等，以应对家庭成员突发的紧急情况。

7. 约定是否可撤销

从财富隔离保护的效果来考虑，不可撤销信托的保护效果更强。若不特别说明，家族信托一般都是不可撤销信托。

8. 其他特别约定

委托人也可以和信托公司协商一些个性化的内容。

三、确定并签订信托文件

信托方案完成后,由律师执笔完成信托合同及其他相关文本的撰写工作,形成信托文件;待信托文件通过信托公司的合规性内审后,信托经理和委托人确认信托文件;如果委托人对信托文件的内容做了调整,信托文件还需要再次经过信托公司的合规性内审。

委托人签订信托文件时,夫妻双方(若委托人已婚)应同时在场。委托人签订信托合同及相关附件,配偶签订配偶同意函。

四、信托财产的交付

在信托文件签订后,信托公司到银行开设信托账户。信托财产为资金的,委托人将信托资金转入信托账户,完成家族信托的设立;信托财产为保单的,委托人将保单的受益人变更为信托公司,完成家族信托的设立。

五、相关费用

设立家族信托的相关费用,包括信托设立费、管理费、保管费等。该部分内容,我们已经在本书第29节详细讲解,这里不再赘述。

六、信托的运作、变更与终止

为方便管理,家族信托的运作多采用模块化管理,包括传承模块、投资模块、分配模块、税务筹划模块、公益基金模块、专项基金模块等。

在信托存续期间,信托公司必须恪尽职守,履行诚实、信用、谨慎、有效管理的义务,为受益人的利益管理信托财产,并将信托财产的管理运用、处分及收支情况,报告委托人和受益人。如有需要,委托人在征得信托公司同意后可以变更信托分配方案。

委托人去世后，信托并不终止。当信托期满，或信托目的已经实现，或信托目的无法实现，或其他触发信托终止的条款发生时，信托终止。信托终止时，信托公司应当做出处理信托事务的清算报告，并按信托文件的约定处理信托财产。

七、信托的登记

为了规范和促进信托行业的健康发展，2017年8月，原中国银监会发布了《信托登记管理办法》。

《信托登记管理办法》第三条规定："信托机构开展信托业务，应当办理信托登记，但法律、行政法规或者国务院银行业监督管理机构另有规定的除外。"没有法律法规规定家族信托属于信托登记除外的信托，因此家族信托也应该办理登记。

信托登记制度实施后，家族信托的私密性会不会受到影响呢？

影响确实会有一些，但对委托人来说，利大于弊，无须多虑。《信托登记管理办法》第二十六条第二款规定："信托登记公司和信托受益权账户代理开户机构应当对所知悉的委托人或者受益人开户信息以及信托受益权账户信息依法保密。"也就是说，信托登记信息并不公开，只有受益人可以依法查询信托受益权账户中记载的信托受益权信息，且受益人无权查询同一信托下他人的信托受益权信息。

关于这方面的内容，我们已经在本书第53节详细讲述，这里不再赘述。

▶▶▶ **延伸阅读**

在实务中，家族信托的分配频率常以固定期限分配与附条件分配相结合。比如，在中建投信托的标准化家族信托的分配模板中，客户可勾选及填写具体选项进行分配规划，其中既包括固定期限分配，如基本生活和养老金，也包括附条件分配，如学业支持、家庭和谐、创业支持、消费引导等。[①]

中建投信托分配模板

分配名目	分配方式及金额
基本生活和养老金	□ 受益人_____周岁前，每年分配信托利益_____万元整，分配日为每年12月20日后20个工作日内 □ 受益人_____周岁后，每年分配信托利益_____万元整，分配日为每年12月20日后20个工作日内
学业支持	□ 小学入学一次性分配_____万元整，初中入学一次性分配_____万元整 □ 高中入学一次性分配_____万元整，大学（含留学）入学一次性分配_____万元整 □ 硕士（含留学）入学一次性分配_____万元整，博士（含留学）入学一次性分配_____万元整
家庭和谐	□ 结婚一次性分配信托利益_____万元整 □ 婚内生育一次性分配信托利益_____万元整
创业支持	□ 创业奖励一次性分配信托利益_____万元整
消费引导	□ 购房一次性分配信托利益_____万元整 □ 购车一次性分配信托利益_____万元整
应急金	□ 根据提交的医疗发票金额进行一次性分配（发票总数不超过5张，总金额不低于10万元，开票日期不得早于受托人收妥之日前30日）

[①] 中国信托业协会. 2021年信托业专题研究报告[R]. 北京：中国财政经济出版社，2022: 250.

75　设立家族信托需要签署哪些文件？

听完客户经理的讲解后，金总说："看来，设立家族信托确实是一个既严谨又复杂的过程。我在听你讲的过程中注意到，在设立家族信托时，委托人除了要签署信托合同，还要签其他的文件。那么，设立一个家族信托，信托当事人到底需要签署哪些文件呢？"

▶▶▶ 专业解析

在设立家族信托时，信托当事人需要签署一系列信托文件，包含信托合同及其他相关的一系列文件。

一、信托合同

信托合同是信托文件中最核心的部分，它至少应当包括以下内容：

（1）信托目的；
（2）委托人、受托人的基本信息；
（3）受益人或者受益人范围；
（4）信托财产的范围、种类及状况；
（5）受益人取得信托利益的形式、方法。

除以上内容外，信托合同还可以载明信托期限、信托财产的管理方法、受托人的报酬、新受托人的选任方式、信托终止的事由等事项。

二、风险申明书

风险申明书一般包括以下几点：

（1）委托人申明信托财产来源合法，并享有完整的处分权，委托人设立信托未侵害第三人利益，未违反法律法规、公序良俗；

（2）受托人向委托人提示信托财产管理、运用可能存在的各种风险；

（3）受托人承诺履行诚实、信用、谨慎、有效管理的义务，但不承诺对信托资金保证本金和最低收益。

三、配偶同意函

我国实行的是夫妻共同财产制，所以在设立家族信托时，已婚的委托人需要和配偶商量信托计划，在签订信托文件时，配偶也需要签订配偶同意函。

配偶同意函的内容大致为："本人作为委托人的配偶，无条件并不可撤销地确认同意委托人签署本信托合同，并同意其向信托账户转入夫妻共同财产。本人现在及将来都不会对此提出异议或主张任何权利。"

四、财务顾问协议

如果委托人和受托人协商一致，聘请第三方作为财务顾问进行信托项下资金的投资管理，那么，委托人需要和财务顾问签署财务顾问协议。

五、受益人及受益分配方案

为方便阅读和日后调整，信托受益人列表和对应的受益分配方案一般都是作为单独文件签署的。其内容包括受益人基本信息、受益比例、受益顺序、受益流转方案、具体受益分配方案等。

六、监察人确认函

如果家族信托中设有监察人,则需要签署监察人确认函,其内容主要为:"本人知晓并接受信托合同项下与监察人相关的全部条款,并承诺以勤勉、谨慎、诚实信用的方式行使相关权利,及时履行职责与义务。"

七、其他相关文件

如果委托人有其他个性化的需求,信托公司可能会要求其签署其他相关的协议文件。

▶▶▶ **延伸阅读**

委托人风险申明书样本

(1)委托人系具备完全民事行为能力的自然人,能以自身的名义签署、履行信托文件约定及交付信托财产,且承诺信托财产来源合法,并未非法汇集他人财产及/或财产权以设立本信托,不存在代他人持有的情形,不存在任何权属纠纷,未涉及且未被委托人预期涉及任何权属争议。

(2)委托人对其信托资金或者其他信托财产享有完整合法的处分权。委托人设立本信托及对信托受益权的安排,未损害其债权人利益,未违反法律规范及公序良俗。

(3)委托人设立本信托不存在通过本信托进行洗钱、恐怖融资、逃税或规避制裁等相关目的或行为,委托人有义务配合受托人履行反洗钱、反恐怖融资、反逃税等监管体制机制中的相关法定义务,采取相关必要措施,并按照有关规定向有权机关进行披露或报告。

(4)委托人对金融风险包括本信托项下各类投资品种的投资风

险、信托风险等有相应的风险识别能力和风险承担能力,并根据其独立的审核以及其认为适当的专业意见,已经知悉:信托业务不得承诺信托财产不受损失或者保证最低收益。本信托具有一定的投资风险,受托人不承诺保证本金兑付和最低收益,适合风险识别、评估、承受能力较强的投资者。

(5)因委托人未如实声明而导致的所有法律后果,都由信托财产承担,信托财产不足承担的,委托人、受益人负有连带赔偿责任。

76　设立家族信托时要注意哪些问题？

经过客户经理的解答，金总对家族信托的设立流程已经非常清楚了。然而，金总明白，在设立家族信托时，肯定还会有一些需要特别注意的事项。他想让客户经理给他详细讲一下。

▶▶▶ **专业解析**

可以说，家族信托是家族财富传承的"剧本"，因此财富能否如愿传承，"剧本"很关键。再有，家族信托的持续时间很长，短则十来年或数十年，长则上百年。所以，为了保证家族信托能在尽可能长的时间内起到我们设想的作用，在设立家族信托时，我们要特别注意一些事项。

一、信托财产及信托目的合法

信托财产及信托目的合法，是对家族信托最基本的要求，但常常会被很多人忽视。

信托财产合法，是指信托财产不仅要来源合法，还要合民法、税法，因为一旦信托财产的来源有瑕疵，家族信托本身就有被挑战的风险。2021年，被业内称为"国内家族信托被强制执行第一案"的家族信托，其被挑战的核心原因就是信托财产的来源有瑕疵，委托人有不当得利之嫌。

信托目的合法，是指信托目的不能违法，也不能违背公序良俗。比如有的委托人将婚外情人设置为信托受益人，这样的信托目的就有违背公序良俗之嫌。

二、信托分配方案具有可操作性

委托人希望用家族信托达成的心愿,不仅要在信托文件中严格、规范地表示出来,还要考虑其可操作性。

比如,委托人希望在自己去世后,受益人每年要亲自到墓前祭扫,并将此作为受益人获得受益分配的条件。委托人的想法没有问题,也符合中国文化的传统,但在可操作性上,有极大的难度。

三、信托分配方案具有前瞻性

对于信托分配方案,除了可操作性,还要有一定的前瞻性。委托人在设计信托分配方案时,要设想一下,未来五年、十年、二十年后,受益人申领信托利益、受托人安排信托分配时,可能会遇到什么情况,会不会有难题出现。

四、定期检视信托的执行情况

在信托存续期间,除了受托人会定期向委托人报告信托财产的运作及事务管理情况,委托人也要主动检视家族信托的执行情况,判断其与设立信托时的意愿是否有偏差。在可能的情况下,委托人要与受托人协商,及时调整信托条款内容,并保留纠偏机制,比如将一定的信托调整权授予受益人或受托人,必要的话,也可以增加监察人。

五、设计受益人流转规则

虽然家族信托具有强大的财富有序传承功能,但仍然需要委托人提前做好设计,比如某位受益人去世,其对应的信托份额如何流转。如果没有设计对应的第二顺序受益人,这部分受益权很可能会成为受益人的遗产,其继承人要取得该财产的话,仍然要走烦琐的法定继承流程。所以,在信托财产的流转上,委托人要保留一些宽容度,尽可能不让信托财产成为某位受益人的遗产,以避免法定继承的流程。

六、适时向受益人告知

如果委托人希望在自己去世后再启动信托分配条款,那么何时向受益人告知、谁来告知,都需要提前设计。比如,委托人可以在信托文件中约定,信托公司每年必须指派信托经理与委托人或紧急联系人联系一次,如果得知委托人去世,信托公司应立即通知受益人,向受益人宣读信托文件,并即时启动信托分配方案。

▶▶▶ **延伸阅读**

国内家族信托被强制执行第一案

2020年12月,中国裁判文书网公开了案号为"(2020)鄂01执异661号"的判例,该案例被信托行业称为"国内家族信托强制执行第一案"。

杨某为胡某的妻子,张某为胡某的婚外情人。2014年2月16日,胡某与张某的非婚生子张小某出生。

2016年1月28日,张某作为委托人与中国WM信托公司签订《WM信托·福字221号财富传承财产信托信托合同》,设立家族信托,信托财产首期总金额为3080万元人民币,受益人为委托人的儿子张小某和其他亲属共五人。信托文件约定,在信托设立后,即使委托人死亡,信托仍将存续直到信托期限届满(50年)或信托终止。2020年5月30日,张某与信托公司协商,签订《信托受益人变更函》,将信托受益人由五人变更为张小某一人。

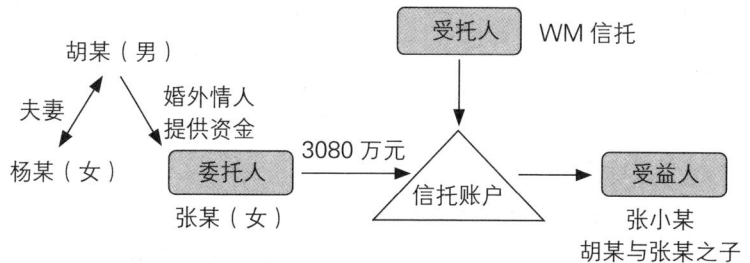

"国内家族信托被强制执行第一案"涉案信托结构示意图

杨某以不当得利向武汉市中级人民法院对胡某、张某提起诉讼,并于 2019 年 11 月向武汉中级人民法院申请财产保全,查封、扣押、冻结了张某名下多处房产、银行存款及车辆,并冻结了"WM 信托·福字 221 号财富传承财产信托"项下的信托资金及收益。

张某向法院提起执行异议,认为信托资金受法律保护,法院不应对其实施财产保全,已保全的应立即解除。根据《九民纪要》第九十五条的规定,除符合《信托法》第十七条的情形外,人民法院不应当准许当事人因其与委托人之间的纠纷申请对信托公司专门账户中的信托资金采取保全措施。武汉中级人民法院于 2020 年 11 月 27 日做出 (2020) 鄂 01 执异 661 号执行裁定书,驳回了张某的异议申请。

法院认为:本院基于杨某与张某之间的不当得利纠纷,依杨某的保全申请,对案涉信托合同项下的所有款项及其收益予以保全,不违反《信托法》相关规定。对信托合同项下款项的冻结,不涉及实体财产权益的处分,不影响信托公司对信托财产进行管理或处分,只是不得擅自将信托财产向委托人作返还处理,不属于对信托财产的强制执行。本案争议的焦点为案外人张某对案涉信托资金及收益是否享有排除执行的权益。根据案涉《WM 信托·福字 221 号财富传承财产信托信托合同》及WM信托公司出具的《关于（2020）鄂01执保230号协助冻结存款的说明》《信托受益人变更函》等证据，可以证实本院保全的信托资金受益人为案外人张小某，可由张小某提出排除执行异议，张某提出异议，主体不适格。

后张某代张小某另案提起执行异议，（2020）鄂01执异784号裁定书支持了张小某（信托受益人）的异议申请，认定张小某对案涉信托合同项下的信托资金及收益享有排除执行的权益，裁定终止对张某在WM信托公司设立的"WM信托·福字221号财富传承财产信托"项下信托利益的执行。

77 如何选择信托公司？

金总知道，在一单家族信托中，信托公司的角色是极为重要的。毕竟，在委托人将财产交给信托公司后，信托公司就要负责管理和处分财产。一家优秀的信托公司能让委托人更放心。那么，委托人应当如何选择信托公司呢？要看哪些方面呢？

▶▶▶ 专业解析

我们都知道，家族信托的存续期间一般很长，短则十来年，长则数十年甚至上百年，因此，选择一家优秀的信托公司是非常重要的。

目前，除已完成破产清算或正在停业整顿的3家信托公司外，国内持有信托牌照的信托公司只有68家，而在这68家信托公司中，还有一部分没有开展家族信托业务（详见本书第25节）。也就是说，要想设立家族信托，委托人的选择余地并不大。尽管如此，各家信托公司在投资管理能力、风险控制系统、历史业绩、业务经验等方面还是有一些差别的，特别是在一些细分领域的投资管理或者服务经验方面，它们的差别可能更大。

以下我们仅从股东背景、业务团队、投资经验、服务系统和收费标准这五个方面，简单介绍一下委托人如何选择信托公司。

一、看股东背景

股东背景在一定程度上代表了公司的实力，一般也与公司的经营水平是正相关的。在68家信托公司中，有24家股东是国务院、财政部或国资委背景，18家股东是省级国资委背景，因此，总体上来看，它们的实力都比较强。

信托公司的股权和高管团队的稳定性会直接关系到业务板块的连续性，进而影响是否能够长期持续提供符合客户预期的服务。

值得一提的是银行系信托公司。银行系信托公司的风险控制往往较好，在安全性上委托人大可放心，但灵活性不足。这类信托公司提供的往往是模块化、套餐式的条款，在定制化方面要么门槛很高，要么能定制的内容不多。如果委托人是与私人银行客户经理洽谈家族信托的设立事宜，因为有多年合作的信任基础，沟通的成本会比较小，设立流程会比较顺畅。当然，如果委托人与信托公司的财富中心有多年的合作，其效果也是一样的。

地方性的信托公司或民营背景的信托公司，其灵活性和创新性相对来说都要好很多，可以接受委托人更多个性化的定制条款。

二、看业务团队

家族信托对业务团队的专业性要求较高。虽然绝大多数的信托公司在开展家族信托业务，但是有的信托公司可能刚刚起步，部门组织架构还没有独立，只是"挂靠"在其他部门下面，人员配备也不够齐整。在专业性和服务水平上，这样的信托公司自然可能会打一些折扣。

在准备设立家族信托时，委托人可以提前了解一下信托公司的家族信托部门有多少人，服务多少客户，业务、合规、投资、事务各板块之间如何协作，过往家族信托业务经验是否丰富，供自己选择决策时参考。

三、看投资经验

家族信托一旦成立，资产隔离的架构就已经搭建完成，确保信托财产投资管理的安全性和收益性开始成为委托人更关心的内容。简单来说，信托财产项下的投资包括两部分：首先是控制风险，尽量保证不亏损；其次是在保证安全的前提下追求较好的收益，这时，信托公司的过往投资经验和投资策略就比较重要了。当然，如果信托架构中存在独立的财务顾问，那就要看财务顾问的投资能力了。

四、看服务系统

对家族信托来说，除了信托财产的投资，信托事务的管理也非常重要。

比如，金总在信托分配条款中约定，在儿子结婚时分配给他300万元的婚嫁金，那么，信托公司如何确保委托人的这个心愿能够实现呢？可能的流程是这样的：首先，受益人要提前半年通知信托公司，预约领取婚嫁金的时间，让信托公司做好流动性管理。其次，受益人在领取结婚证后，需要及时向信托公司提供相关证明，并确认领取婚嫁金的时间。最后，信托公司的财务人员按照指令进行信托分配资金的兑付。这些操作需要一个有效的事务管理系统来支撑，否则必然会影响服务效率，进而影响服务体验，甚至造成违约事件。

五、看收费标准

在公司实力、专业能力、投资经验、服务水平相当的情况下，和信托管理相关的费用，当然是越低越好了。

▶▶▶ **延伸阅读**

信托产品违约，投资人如何维权？

2020年以来，多家信托公司的集合资金信托计划出现大面积"爆雷"，无法如期兑付。面对这种情况，委托人应该如何维护自己的合法权益呢？

一、要求召开受益人大会，协商处理方案

受益人有权利按照信托文件约定，召开全体受益人大会，要求受托人给出解决方案，常见的解决方案有以下两种。

（1）延期兑付：如果信托项目仅仅是现金流出现问题，底层资产真实，只要给一年半载的时间，项目就能正常回款，那么信托资金的兑付只是一个时间问题。

（2）处置抵押物：如果信托项目已经彻底停摆、无法继续，则可以要求受托人履行受托责任，按信托文件约定，处置抵押物，或者要求担保人还款等。

二、向监管部门投诉

委托人可以向受托人所在地的银保监局或者银保监会进行投诉。但是，要合法合理维权，不可采用聚众游行、大闹办公室等过激行为，否则可能触犯法律。

三、通过诉讼维权

如果委托人与受托人无法就信托项目兑付问题达成一致，委托人则可以多方调查，收集受托人未能尽到受托人责任或者违约甚至违法的证据，聘请专业律师，向人民法院提起诉讼。

虽然《资管新规》实施以后，信托产品不再有刚性兑付，但《信托法》和《九民纪要》都明确规定受托人在财产管理过程中应当恪尽职守，履行谨慎、有效管理等法定或者约定义务。如果受托人在工作中存在怠于履行或者瑕疵履行等情况，那么受托人必须就亏损承担部分连带责任。

《九民纪要》还规定，委托人以受托人未履行勤勉尽责、公平对待客户等义务损害其合法权益为由，请求受托人承担损害赔偿责任的，应当由受托人举证证明其已经履行了义务；若受托人不能举证证明，则人民法院会依法支持委托人的主张。在诉讼实务中，有委托人胜诉挽回损失的，也有最终败诉的。关键在于信托公司有没有履行受托义务，以及信托公司能否提供相关证明。

78 信托公司如何进行尽职调查？

在客户经理讲解如何设立家族信托时，金总不断听到"尽职调查"这个词。金总听朋友说，信托公司的尽职调查工作是很复杂的。那么，在设立家族信托时，信托公司到底是如何进行尽职调查的呢？又会调查哪些事项呢？

▶▶▶ **专业解析**

金融机构应当勤勉尽责，遵循"了解你的客户"（Know Your Customer，简称KYC）的原则，在与客户业务存续期间，应当采取持续的尽职调查措施，识别并核实客户及其受益所有人身份。这是监管部门规定的金融机构应该履行的义务。

此外，对客户身份进行识别，对信托财产的来源及合法性进行调查，也是设立家族信托最基本的前置性要求。只有通过尽职调查后设立的家族信托才能有效保护信托财产，实现委托人的心愿。当然，尽职调查也是信托公司履行受托人责任的要求。

信托公司的尽职调查一般按照合法且合理原则进行，其内容包括两个方面：客户身份识别和信托财产调查。客户身份识别，就是要充分了解委托人，包括委托人从事的行业及过往工作经历、家庭成员情况、税收居民身份、工作或学习情况、婚姻及子女情况等。信托财产调查，就是要结合委托人的社会身份和相关信息，完成信托财产的尽职调查。

一、委托人社会身份识别

对委托人的社会身份进行识别和确认,是希望通过社会身份了解委托人的财富是如何积累起来的。

常见的社会身份包括企业主、企业高管、公务员、体育明星、知名演艺人员、专业人士(如律师、教授、医生)等。

二、确认信托财产来源

在完成社会身份的识别后,委托人还需要对资金的来源提供合法性证明,合法性证明既可以是直接的,也可以是间接的。之后,信托公司会结合委托人的社会身份,根据证明材料来推定委托人的信托财产的来源是否合法。

以下是常见的证明信托财产的来源合法的方式:

(1)工资、薪金所得,可由劳动合同、银行流水和个人纳税记录来证明;

(2)企业分红,可由营业执照、分红决议和银行流水来证明;

(3)金融产品投资所得,可由金融账户交易记录、相关合同和银行流水来证明;

(4)出售或出租房屋所得,可由房屋买卖/租赁合同、银行流水、房屋买卖发票和纳税证明来证明;

(5)财产转让所得,可由转让合同、银行流水和纳税证明来证明;

(6)劳务报酬所得,可由劳务合同、银行流水和纳税证明来证明;

(7)稿酬所得,可由相关协议、银行流水和纳税证明来证明;

(8)受赠所得,可由赠与协议、银行流水来证明,也可能需要提供赠与人配偶同意函;

（9）继承所得，可由被继承人死亡证明、亲属关系证明、遗嘱、继承权公证书或法律判决书、银行流水来证明；

（10）偶然所得，如彩票中奖，可由偶然所得凭证、银行流水和纳税证明来证明；

（11）其他财产，按合法且合理原则提供相关证明材料。

▶▶▶ 延伸阅读

《金融机构客户尽职调查和客户身份资料及交易记录保存管理办法》

第三条 金融机构应当勤勉尽责，遵循"了解你的客户"的原则，识别并核实客户及其受益所有人身份，针对具有不同洗钱或者恐怖融资风险特征的客户、业务关系或者交易，采取相应的尽职调查措施。

金融机构在与客户业务存续期间，应当采取持续的尽职调查措施。针对洗钱或者恐怖融资风险较高的情形，金融机构应当采取相应的强化尽职调查措施，必要时应当拒绝建立业务关系或者办理业务，或者终止已经建立的业务关系。

79　如何阅读信托文件？

金总对客户经理说："我听说，信托文件有厚厚的一大本，少则几十页，多则上百页。虽然里面每个字我都认识，但是连在一起我根本不知道它们说的是什么。即使能看明白，我也不知道重点看什么。你跟我讲讲，在成立家族信托时，我该如何阅读信托文件呢？"

▶▶▶ **专业解析**

在与委托人充分沟通之后，信托公司会按照委托人的需求拟定信托文件。但是，往往等到要签订信托文件时，委托人才发现信托文件有厚厚的一大本，甚至超过了一百页。很多委托人要么根本看不懂，要么不知道重点看哪些内容。那么，委托人应该如何看信托文件呢？

一、看目录，了解文件构成

信托文件一般由信托合同和相关附件两大部分构成，最前面有目录，委托人从目录可以看到信托文件的框架。为方便签署及后续调整，前面的信托合同部分一般为固定的格式条款，不能修改，也不需要委托人填写，对于这部分内容委托人只需要仔细阅读即可，需要填写信息和签字的文件都在后面的附件部分。

在信托合同部分，需要委托人重点关注以下内容：

（1）委托人、受托人、受益人、监察人、财务顾问等合同当事人或参与人的权利和义务；

（2）信托财产的转入、追加、管理、估值等操作规范；

（3）信托变更约定，比如哪些条款可以变更、如何变更，以及谁有权变更；

（4）信托终止条款，比如信托期限是多长，可否延期，什么情况下信托终止，委托人是否可以主动终止，终止后信托财产如何清算与分配；

（5）信托受益权的归属、转让、变更、继承、偿债等相关规定；

（6）信托信息披露的时间、周期、形式、相关人；

（7）违约责任与争议处理。

在附件部分，委托人要重点审核信托分配条款是否与自己的意愿相符合。

二、核信息，确认信托要素

仔细审核信托要素，确认委托人、受托人、受益人及其他相关人的基本信息准确无误。

审核相关费用标准及支付方式是否与洽谈时一致。

再次审核分配方案是否与自己的意愿相符，并且可以被简单无异议地执行。

三、审策略，核对投资方案

家族信托成立后，信托公司如何对信托财产进行投资管理，需要委托人与信托公司提前协商，制定投资策略。

如果委托人聘请了专门的财务顾问，则需要与财务顾问协商制定投资策略，由财务顾问出具投资方案，并向信托公司下达投资指令，由信托公司具体实施。

这些关于投资的策略和方案在信托文件中会有专门章节，委托人需要检查其是否与自己的风险承受能力和需求相符。

四、想未来，预留调整空间

委托人在通读信托文件时，可以设想一下：1 年后、5 年后、10 年后、30 年后，这个信托方案是否还可以被无争议地执行；哪些现在能够预料的未来必然发生的事情可以写进信托条款；如果未来发生不可预料的情况，影响到家族信托的运作或分配，应该如何处理，谁来决策，以及是否在信托文件里预留了解决方案。

五、再确认，检查个性条款

模块化的条款，一般都被实践验证过，委托人不必太担心。在签署信托文件时，对于信托公司为自己定制的个性化条款，委托人需要再次检查确认。

▶▶▶ **延伸阅读**

家族信托不仅体现了长辈对晚辈的疼爱、鼓励、期望甚至是补偿，也体现了以家族为核心的长久关系。家族信托是委托人与信托公司共同创作的一部关于家族生活和发展的电影，信托公司是导演，信托文件是剧本，家族成员是主角。

80 委托人可以修改或解除信托合同吗?

金总明白,家族信托成立后,信托公司就会按照信托合同的约定进行运作。然而,在家族信托存续期间,委托人的想法可能会发生变化。金总想知道,如果发生这种情况,委托人可以修改或解除信托合同吗?

▶▶▶ **专业解析**

为了更好地实现家族信托的资产隔离保护的目的,委托人会向受托人让渡更多的权利,在家族信托成立之后,对信托合同中约定的内容较少干涉。不过一般家族信托的存续期较长,时过境迁,委托人的需求也可能会发生变化。如果委托人希望修改信托合同中的若干条款,甚至解除信托合同,那么其意愿可以实现吗?

一、能否修改合同

对于家族信托成立后委托人是否可以修改合同,委托人可以在信托条款中提前约定。

最常见的信托合同变更的情况有两种:一是修改、补充基础信息,比如受益人的电话号码、联系地址、银行卡号变更等;二是变更信托合同的核心内容,比如增减受益人、修改受益条件或份额等。

一般来说,委托人在具有完全民事行为能力时,既可以根据信托合同的约定增减受益人、调整各受益人的受益份额或比例,也可以调整信托财产的投资管理策略。

二、谁有权修改合同

委托人当然享有修改信托合同的权利，但是在修改信托合同之前，委托人需要与受托人达成一致。

委托人还可以授权其他的信托当事人，比如受益人或者监察人，在一定范围内享有修改信托合同的权利。

如果委托人没有在信托文件中授予其他人修改信托合同的权利，一旦委托人去世，信托合同就会进入"无人驾驶"的状态，没有人再可以修改。

值得注意的是，就一些离岸信托来说，比如在新加坡设立的家族信托，委托人除了可以保留投资权利，其他和信托相关的权利都不能再享有。其他像在泽西岛、英属维尔京群岛、开曼群岛等地设立的家族信托，则允许委托人保留较多的权利，但如果委托人真的保留了太多权利，将来家族信托被穿透的可能性就会很大，由此也可能会带来较高的税收风险。

三、能否解除合同

《信托法》第五十条规定："委托人是唯一受益人的，委托人或者其继承人可以解除信托。信托文件另有规定的，从其规定。"对家族信托来说，委托人不能是唯一受益人，所以家族信托不适用此条款。但是，委托人在与受托人和全体受益人协商一致的情况下，也是可以解除信托合同的。

那么，如果受益人不同意，委托人是不是就不能解除信托合同了呢？不是的。委托人可以修改信托分配条款，比如一次性将剩余信托财产全部分配给自己，这样会导致信托目的不能实现而触发法定信托终止情形，从而实现与解除合同一样的效果。

需要注意的是，如果委托人特别看重家族信托的资产隔离保护功能，建议其不要对信托保留太多权利。委托人最好能够在信托合同中明确"信托合同生效后，不得撤销"这样的条款，否则一旦委托人遇到大额债务问题，委托人保留太多控制权的信托就很容易遭遇风险。

▶▶▶ 延伸阅读

在英美信托法中，信托一般是不能撤销的，除非委托人明确地保留了撤销权。关于信托的变更，原则上来说，没有全部信托受益人的同意，不得修改、变更信托条款。[①]也就是说，信托一旦设立，委托人即从中退出，如果委托人没有在信托文件中保留相关权利，则无权再修改信托文件或撤销信托。

英美信托法更加强调法院的作用。如果信托财产的管理方法确实需要变更，而信托文件又没有规定如何变更的，应当由受益人向法院申请变更。除非信托文件另有授权，否则委托人和受益人都无权直接要求受托人变更信托财产的管理方法。

就国内家族信托来说，在法律上和实务上，委托人一般会保留调整信托财产的管理方法、变更受益人，甚至撤销信托等较多的权利。

[①] 何宝玉. 信托法原理研究[M]. 北京：中国政法大学出版社，2005: 130.

81 委托人去世后,家族信托还有效吗?

金总对客户经理说:"大家都说,家族信托可以延续数十年,甚至上百年。但如果委托人去世了,家族信托还有效吗?它的哪些功能会受到影响吗?"

▶▶▶ 专业解析

《信托法》第十五条规定:"设立信托后,委托人死亡或者依法解散、被依法撤销、被宣告破产时,委托人是唯一受益人的,信托终止,信托财产作为其遗产或者清算财产;委托人不是唯一受益人的,信托存续,信托财产不作为其遗产或者清算财产;但作为共同受益人的委托人死亡或者依法解散、被依法撤销、被宣告破产时,其信托受益权作为遗产或者清算财产。"

对家族信托来说,受益人既可以是一个人,也可以是多个人;既可以包含委托人本人,也可以不包含,但是委托人不得是唯一的受益人。所以,在委托人去世后,家族信托继续有效,除非信托文件另有约定。正因如此,家族信托常常被称为"从坟墓中伸出的手"或者"来自天堂的爱"。

实际上,利用家族信托这种严谨的金融工具安排身后财富的有序传承事宜,正是委托人设立家族信托的最重要目的之一。

如果委托人没有在信托文件中授予其他人修改信托条款的权利,那么在委托人去世后,发生了信托文件中没有明确约定的事件,要怎么处理呢?比如,某个受益人的配偶因身患重大疾病需要一大笔治疗费用,受益人申请分配,信托公司要不要给呢?这时候,信托公司可以基于诚实、信用、谨慎、有效管理的原则进行酌情处理。也就是说，为了受益人的利益，信托公司对信托项下的事务拥有自由裁量权。那么，信托公司如何把握好自由裁量权的尺度呢？信托公司可以假设当某个事件发生时，如果委托人仍在世，他会如何处理，然后进行酌情处理。

▶▶▶ **延伸阅读**

中国某女演员A生病去世之前，用其财产设立了家族信托，受益人是她和前夫B的女儿C。

女儿C当时仅20岁，没有任何处理各类资产项目的经验。A希望在自己去世后，女儿不会被人欺骗，将来的生活也能得到保障，所以信托文件约定，C每月可从信托中申请固定金额的费用，这笔费用既可以保证女儿衣食无忧，又可以防止她奢侈浪费。而当C面对资产运用等重大事项时，最终决定由受托人负责审批、协助。

同时，在该家族信托中，A还指定前夫B和信赖的朋友共同担任"信托保护人"（监察人），以此来监督受托人在管理与运用信托财产时有无违反信托义务、侵害受益人利益的行为发生。如果C想要支取大额款项，必须得到包括B在内的5位保护人的共同签名。这样，一来可以避免C因年纪太小、涉世未深而挥霍遗产，二来可以防止有人觊觎其庞大财产，三来可以杜绝受托人"监守自盗"。

据媒体报道，信托文件还约定，在C年满35岁后，她可以继承并支配所有遗产。2022年，C在社交平台官宣自己35岁了，这意味着她可以自由支配母亲留下的全部财产了，相信她也能理解母亲的一番苦心。

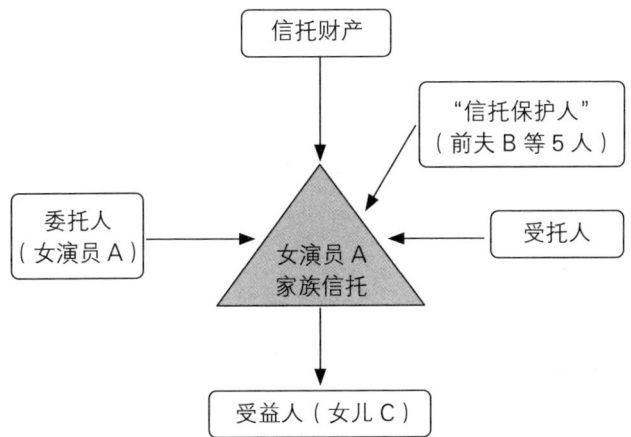

女演员A家族信托结构示意图

82 家族信托可以提前终止吗？

金总对客户经理说："你之前说，在与受托人和全体受益人协商一致的情况下，委托人可以解除信托合同，之后，家族信托终止。那么，除了解除信托合同，家族信托在哪些情况下会终止呢？委托人可以提前终止家族信托吗？"

▶▶▶ **专业解析**

家族信托的期限一般很长，有的会明确一个期限，比如三十年或五十年，有的则不设定期限。我国《信托法》并没有对信托期限做出限制性的规定，因此，从法律上讲，家族信托是可以永续的。家族信托不一定需要设定存续期限，且存续期限的长短取决于委托人自己的意愿。

为了让更多的客户愿意尝试家族信托，有的信托公司的家族信托业务约定了五年解除权，就是在家族信托成立满五年时，委托人可以主动终止家族信托，如果不终止，家族信托就继续运行下去，直至触发信托终止条款时才终止。

一般情况下，家族信托不会因委托人或者受托人的死亡、丧失民事行为能力、依法解散、被依法撤销或者被宣告破产而终止，也不会因受托人的辞任而终止。但是，《信托法》或者信托文件另有规定的除外。

《信托法》第五十三条规定了信托终止的六种情形：

（一）信托文件规定的终止事由发生；

（二）信托的存续违反信托目的；

（三）信托目的已经实现或者不能实现；

（四）信托当事人协商同意；

（五）信托被撤销；

（六）信托被解除。

以上六种信托终止的情形，除第四种外，都可以视作信托的被动终止。

如果委托人在世，希望主动终止家族信托，可以通过协商的方式。如果委托人去世了，受益人希望终止家族信托，可以有两种做法：一是等待信托文件规定的终止事由发生，信托被动终止；二是合理利用规则让家族信托触发终止条款，比如在信托文件允许的情况下，一次性申请领取全部信托财产余额，这样家族信托自然会终止。

▶▶▶ 延伸阅读

信托终止时，受托人需要做什么？

当家族信托发生《信托法》第五十三条规定的终止情形或者信托文件约定的终止情形时，信托即终止。信托终止时，受托人要根据信托文件约定确定剩余信托财产金额（价值）、确认信托财产归属、处分剩余信托财产，并编制信托清算报告等。

83　什么情况下家族信托可能会被击穿？

金总的朋友跟他说，虽然家族信托的功能强大，但如果在设立的过程中，或者在设计方案的时候留下隐患的话，它也可能会被击穿。到那时候，委托人的心愿就无法实现了。金总想知道，到底在哪些情况下，家族信托可能会被击穿呢？

▶▶▶ 专业解析

本质上，家族信托是一个法律架构。一个合法有效的家族信托需要满足三个条件：第一，信托目的合法；第二，信托财产合法；第三，信托主体要适合。

在家族信托设立的过程中，合法合规非常重要，因为即使家族信托已经成立生效，任何一个环节出现问题，都可能会导致家族信托被挑战甚至被击穿。因此，委托人设立家族信托的过程以及对信托受益权的安排，不能违反法律法规和公序良俗；受托人也要尽到充分的尽职调查义务，保障家族信托的合法合规。

家族信托成立生效后，最常见的被挑战或击穿的原因有三个：信托财产有瑕疵、信托损害了债权人利益，以及委托人对信托拥有绝对控制权。

一、用于设立家族信托的财产有瑕疵

一旦用于设立家族信托的财产本身存在瑕疵，家族信托就可能面临被挑战的风险。

委托人用于设立家族信托的财产必须是委托人合法所有的财产，

不能是代持他人的财产，不能是通过募集或借贷而来的资金，不能存在任何权属纠纷，并且委托人要拥有完整合法的处分权。如果委托人用于设立家族信托的财产是通过他人赠与获得的，则应取得赠与人及其财产共有人的书面赠与协议。

如果委托人以夫妻共同财产设立家族信托，则应当取得配偶的同意，否则，配偶有权利以信托财产为夫妻共同财产为由主张信托无效并分割信托财产。

此外，《信托法》第十四条规定："法律、行政法规禁止流通的财产，不得作为信托财产。法律、行政法规限制流通的财产，依法经有关主管部门批准后，可以作为信托财产。"

二、家族信托的设立侵害了债权人利益

委托人设立家族信托时应充分考虑自身所负有的债务，避免损害既有债权人的利益，否则，债权人有权要求强制执行信托财产以偿还委托人的债务。

《信托法》第十二条规定："委托人设立信托损害其债权人利益的，债权人有权申请人民法院撤销该信托。"但同时又对债权人申请撤销信托的时效进行了限制，"本条第一款规定的申请权，自债权人知道或者应当知道撤销原因之日起一年内不行使的，归于消灭。"

也就是说，如果债权人知道家族信托的存在，且能够证明家族信托的设立损害了其利益，则有权在知道家族信托损害其利益之日起一年内向人民法院申请撤销家族信托，否则，就不能撤销家族信托。

三、委托人对家族信托拥有绝对控制权

信托财产的合法性和信托目的的合法性，是家族信托实现资产

隔离保护功能的前提条件。此外,在家族信托成立生效后,委托人放弃对信托的控制权或仅保留极小的调整权,对家族信托实现资产隔离保护功能是非常有帮助的。

如果委托人在信托文件中对信托保留了绝对控制权,比如解除权、任意变更权或终止权等,或者委托人及其配偶为信托的第一顺序受益人,那么,一旦委托人出现大额债务纠纷,家族信托就很可能会被债权人挑战。因为这样的家族信托完全由委托人控制,和其他责任财产几乎没有区别,当然可以被用来偿还委托人的债务。

▶▶▶ **延伸阅读**

离岸地虚假信托经典案例:拉赫曼诉大通银行信托案

1990年,阿卜杜勒·拉赫曼起诉大通银行信托案(Abdel Rahman v Chase Bank Trust Company Limited and five others),被认为是离岸地虚假信托经典案例。因委托人保留权利达到了完全控制信托的程度,该案涉及的信托被泽西皇家法院(Jersey Royal Court)判定无效。

拉赫曼太太向法院起诉,称其丈夫生前所设立的家族信托,违反了泽西岛的"Donner et retenir ne vaut(送人之物勿收回)原则",要求判定该信托为虚假信托。在"Donner et retenir ne vaut 原则"中,"donner"表示转让、让渡,"retenir"表示转让方继续保留权利,所以该原则的字面意思是指不能同时让渡权利和继续保留权利,赠与就是赠与,需要转让所有权,不能名为赠与实为保留权利的代持,否则就是虚假信托。

法院审查了相关信托文件,发现拉赫曼先生作为委托人于1977年根据泽西州法律设立了信托,并在信托文件中保留了非常多的直接和间接的权利。拉赫曼先生在世时，绝对控制着信托，信托财产的管理和分配都需要事先取得他的同意。信托文件甚至还详细约定了在委托人去世之后的若干年内，受托人应当如何对信托财产进行管理和分配，之后受托人才能行使自由裁量权。

法院认定，委托人对信托财产保留了完全的控制权，信托财产与委托人的其他财产几乎没有区别，委托人在主观上缺乏设立信托的意愿，因而判定该信托为虚假信托，自始无效。

84　国内家族信托的业务模式有哪些?

金总对客户经理说:"在我国,能提供家族信托业务服务的机构不只信托公司吧?我听说还有银行。"客户经理回答道:"确实是这样的。除了您刚才提到的,还包括保险公司和其他金融机构。"

▶▶▶ **专业解析**

随着高净值人士对家族信托的认知越来越充分,家族信托业务在国内得到了快速的发展,提供家族信托方案设计的机构也越来越多。参与家族信托业务的机构主要包括信托公司和银行,此外,保险公司、第三方财富管理公司,甚至证券公司也有涉足。目前,国内的家族信托业务主要有四种运作模式。[①]

一、信托公司主导模式

信托公司开展家族信托业务具有天然的优势。在家族信托产品的开发过程中,信托公司能够灵活地应用信托机制,为家族信托业务中客户的多元化需求提供服务。国内第一单家族信托就是信托公司主导模式。

2013年年初,国内第一单家族信托"平安财富·鸿承世家系列单一万全资金信托"在平安信托落地。该信托的委托人是深圳市的一位40岁左右的企业主,信托规模为5000万元,信托期限为50年。根据约定,委托人与平安信托共同管理这笔资产,委托人可通

---

① 刘向东. 中国式家族信托业务模式比较[J]. 当代金融家,2015(5):84-87.

过指定继承人为受益人的方式来实现财产继承，利益分配方案根据委托人的要求来执行。

也有业内人士称，平安信托的这单家族信托本质上还是以投资理财、追求稳健收益为主，财富传承功能较弱。然而，在当时，这单家族信托在产品架构安排、法律审查、监管沟通等方面都取得了重大突破，也由此拉开了中国家族信托本土化发展的序幕，具有非常重要的历史意义。

二、私人银行主导模式

私人银行主导模式，是指私人银行在整个家族信托交易结构中处于主导地位，私人银行充分发挥其客户优势和渠道优势，直接面对客户，提供量身定制的信托方案。在这种模式中，信托公司处于事务管理服务的地位，主动管理的作用并不明显，在一定程度上起着类似于"通道"的作用。

招商银行与外贸信托之间的合作就是这种模式的典型案例。

2013年5月，招商银行联合外贸信托在家族信托领域实现了国内私人银行第一单家族信托的突破。该家族信托的门槛是委托人拥有5000万元的金融资产，信托期限是30~50年，且是不可撤销信托。委托人通过分配条款约定，受益人可在日常生活或者发生重大事项时领取资金，如子女上学、创业、赡养老人等。如果委托人去世，招商银行将按照信托条款继续完成约定事项，实现委托人的心愿。

招商银行发布的《2020中国家族信托报告》显示，78.98%的人群依然会将银行作为家族信托首选的合作机构，而信托公司只占12.5%。据媒体公开报道，截至2022年一季度末，招商银行已累计设立家族信托超6000单，总规模超千亿元，高居目前已披露数据的机构首位。

三、私人银行与信托公司合作模式

私人银行与信托公司合作模式，是指私人银行与信托公司形成战略合作，在客户需求分析、产品结构设计以及具体投资策略上各取所长，共同管理信托资产。一方面，私人银行可以充分发挥其客户资源优势；另一方面，信托公司成熟的资本运作模式和事务管理功能，有利于扩大客户的信托资产配置范围，满足客户多元化的信托目标。

北京银行与北京信托在家族信托业务领域开展的合作就是这种模式的典范。

2013年9月29日，北京银行与北京信托签署了一份战略合作协议，宣布将合作推出面向顶级私人银行客户的家族信托服务。北京银行与北京信托共同组建了由投资顾问、项目经理、执行经理、法律顾问等人员构成的项目团队，为高净值客户提供专属的"家族信托解决方案"。

具体来说，该家族信托的受托人为北京信托，北京银行担任信托财产托管银行及财务顾问角色，受益人可由委托人事先指定。

四、保险公司与信托公司合作模式

保险公司与信托公司合作模式，是指保险公司从服务自身高净值客户出发，以大额保单的保险金请求权为信托财产，与信托公司进行战略合作，以财富保护和传承为目的设立家族信托。

2014年5月4日，中信信托宣布与信诚人寿联手签署战略合作协议，以家族信托业务为基础进行衍生，推出了一系列面向国内高端人群市场的创新型产品，包括信保深度结合的首款高端定制产品信诚"托富未来"终身寿险、兼具资产管理和事务管理功能的保险金信托、"从投资人出发、为投资人服务"的专户资金管理信托等。

其中,作为中信信托在家族信托基础上的延伸,保险金信托是高附加值的"事务管理+资产管理"的单一信托产品,重点是实现委托人在保险理赔后对受益人如何获取财产的管理意志的延续。这也是国内首个保险金信托案例。

据悉,截至2022年9月,与中信信托合作为客户提供保险金信托服务的保险公司已经超过20家。

另外,除了信托公司、私人银行和保险公司,证券公司、第三方财富公司、独立家族办公室也对家族信托这一充满想象力的巨大市场颇感兴趣。据《证券时报》的报道,外资券商瑞银证券于2022年3月30日宣布,正式向中国高净值客户推出国内家族信托信息资讯服务等相关方案,这是国内外资券商首次推出此类服务。此前,包括中信证券、中金公司、招商证券、兴业证券等在内,不少券商尤其是头部券商早已相继发力高净值财富市场,推出家族信托服务。

众多家族信托市场的参与者各显神通,都希望在高净值客户的财富管理与传承中分一杯羹。但不管是谁主导,最终信托方案的落地都必须由信托公司执行。

▶▶▶ 延伸阅读

瑞士银行"掘金"中国家族信托市场

据《中国经营报》的报道,家族信托高度契合了当下中国高净值人士对于财富管理和传承的需求,加上全球监管环境日益透明,税收监管越来越严格,家族信托在中国的发展可期。不仅中资银行,外资金融机构也开始"掘金"国内家族信托业务。

家族信托可以提供的业务支持有很多，比如通过家族信托，家族成员能够更了解家族对于财产分配和应用的理念；除了信托利益、财产分配，家族成员的生活福利、个人投资或创业资金，甚至非血亲家族成员入职家族企业的招聘流程等都可以得到相关支持。

瑞士银行（中国）作为客户的基础顾问，为家族财富传承提供综合性的咨询服务，同时协同作为受托人的第三方合作信托公司，为客户提供一体化财富保护与传承的解决方案，帮助客户实现财务安全、资产保护和财富传承等需求。

85 国内的家族信托够不够成熟?

金总对客户经理说:"我听朋友说,国内的家族信托还不够成熟。毕竟,家族信托在我国发展的时间还不够长,很多制度也还不够完善。我看很多商业大佬是在国外设立的家族信托。我是不是也应该到国外设立家族信托呢?"

▶▶▶ **专业解析**

很多人认为国内的家族信托无法媲美离岸信托,甚至认为国内的家族信托没有资产隔离保护的功能。真的是这样吗?国内的家族信托真的不够成熟吗?

一、从法律体系来看

2001年,我国的《信托法》出台,它充分借鉴了美国、德国、日本的信托法,起点是相当高的。《信托法》对信托行为、信托关系和信托当事人进行了明确规定,也对委托人、受托人、受益人的相关权利和义务进行了明确的规范。也就是说,《信托法》是一部比较先进和具有前瞻性的法律,我国的信托法律关系基本上也已经与国际接轨。

在此之后,原中国银监会又陆续制定了《信托公司管理办法》《信托公司集合资金信托计划管理办法》《信托公司净资本管理办法》(银监会令〔2010〕5号)《信托业保障基金管理办法》等一系列行业规范性文件,为我国信托业务的开展提供了较为完善的法律保障。因此,在法律层面上,国内的家族信托业务是没有任何障碍的。

2018年8月，中国银保监会下发了"37号文"，其中不仅对家族信托进行了明确的定义，也肯定了家族信托在家庭财富管理中的作用和地位。

二、从规模来看

在最近短短的几年时间内，国内的家族信托业务得到了快速发展。根据2018年4月11日《国际金融报》的报道，家族信托当年的业务规模仅500亿元左右，而中国信登的数据显示，截至2021年年末，家族信托存续规模已达3494.81亿元，大约是2018年的7倍。

如此大规模的家族信托业务，显然不能再用"不成熟"来形容。特别是以中信信托、建信信托、山东信托、平安信托和外贸信托等为代表的信托公司，已在家族信托业务领域深耕数年，为行业的发展做出了巨大贡献，也积累了很多的经验。

三、从发展趋势来看

2020年11月招商银行发布的《中国家族信托报告2020》显示，得益于高净值人群规模的增长及其对家族信托认可度的提升，我国家族信托意向人群数量呈快速增长趋势，年复合增长率达到35%。2020年，我国家族信托意向人群数量约24万人，预计到2023年年末将突破60万人。

2022年4月胡润研究院发布的《2021胡润财富报告》指出，中国未来10年将有18万亿元财富传给下一代，未来20年将有49万亿元财富传给下一代，未来30年将有92万亿元财富传给下一代。也就是说，由于财富传承的市场巨大，国内家族信托近几年的快速发展只是一个开始，它在未来10年将会有更快的发展。

与巨大的市场需求相对应的，是家族信托相关配套制度的完善，特别是股权和不动产的信托登记制度，以及与家族信托相关的税务制度。目前，监管部门已经在大力推动相关工作。一旦信托财产登记制度破局，非资金类家族信托必然会爆发式增长，从而带动家族信托业务实现新一轮的快速发展。

四、正确认识国内家族信托和国外家族信托

国内家族信托和国外家族信托各有特点和优势，也各有不足，不能简单地进行比较，也不能简单地说哪一个更好。当然，国外家族信托已经有上百年的历史，其运作经验更加成熟，配套的法律法规也更加完善。因此，国内的信托从业人员需要多向国外家族信托学习。

但是，目前国内和国外资产之间还隔着"一条河"，国内资产很难通过国外家族信托进行管理，国内的事还得国内家族信托来解决。最现实的做法就是国内资产设立国内家族信托，国外资产设立国外家族信托。

▶▶▶ **延伸阅读**

离岸信托的政治风险

2022年2月俄乌冲突爆发以来，俄罗斯的经济领域也进行了另一场战争。继一大波俄罗斯富豪在境外的金融账户、游艇、房地产等财产被欧美制裁冻结后，俄罗斯富豪的离岸信托也未能幸免。

根据英国《金融时报》的报道，2022年4月，泽西岛的法院已经下令冻结与俄罗斯亿万富豪罗曼·阿布拉莫维奇有关的70多亿美元的资产。这意味着阿布拉莫维奇在泽西岛的离岸信托，以及通过复杂的信托架构持有的资产，全部被冻结了。

86 与信托业务有关的法律法规有哪些?

金总对客户经理说:"听你讲了这么多,我终于明白家族信托是怎么回事了。我知道,在设立家族信托前,了解相关的法律法规也是很有必要的。之前你零散提到过一些,能不能再给我系统讲一下啊?"

▶▶▶ **专业解析**

为了规范信托业的发展,调整信托当事人之间内部权利和义务关系,除《信托法》外,各级监管部门也出台了很多行政法规、部门规章、规范性文件,以及各种通知、指引、意见和公告等。以下,我们仅简单介绍信托业适用的法律及重要的行政法规。

一、"一法三规"

"一法三规"是指《信托法》及《信托公司管理办法》《信托公司净资本管理办法》《信托公司集合资金信托计划管理办法》,它们可以被看作信托业的根本大法和规范性文件。

《信托法》由全国人大制定,旨在调整信托关系,规范信托行为,保护信托当事人的合法权益,促进信托事业的健康发展,于2001年4月28日通过,2001年10月1日起施行。

《信托公司管理办法》由原中国银监会制定,旨在加强对信托公司的监督管理,规范信托公司的经营行为,于2007年3月1日起施行。

《信托公司集合资金信托计划管理办法》由原中国银监会制定,

旨在规范信托公司集合资金信托业务的经营行为，保障集合资金信托计划各方当事人的合法权益，于2007年3月1日起施行，后于2009年2月4日修订。

《信托公司净资本管理办法》由原中国银监会制定，旨在加强对信托公司的风险监管，促进信托公司安全、稳健发展，于2010年8月24日起施行。

二、《信托业保障基金管理办法》

为了规范我国信托业保障基金的筹集、管理和使用，建立市场化风险处置机制，保护信托当事人的合法权益，有效防范信托业风险，促进信托业持续健康发展，原中国银监会和财政部共同制定了《信托业保障基金管理办法》，于2014年12月10日起施行。

2022年4月，中国银保监会表示，正在对《保险保障基金管理办法》和《信托业保障基金管理办法》进行修订，其中，对基金募集、使用、管理机制等进行了优化，增强了基金费率的科学性、合理性，提升了基金的可持续能力，为处置高风险机构、维护保单持有人和信托投资人合法权益、推动保险业和信托业高质量发展奠定了基础。中国银保监会在认真研究各方面的反馈意见后，会对这两个办法做进一步修改完善，之后将会适时发布。

根据中国银保监会官网的消息，2022年11月10日，中国银保监会发布了修订后的《保险保障基金管理办法》，经国务院批准，自2022年12月12日起实施。

三、《信托登记管理办法》

《信托登记管理办法》由原中国银监会制定，旨在规范信托登记活动，保护信托当事人的合法权益，促进信托业持续健康发展，于

2017年9月1日起施行。

该办法规定，信托登记一般由信托机构提出申请，信托登记信息包括信托产品名称、信托类别、信托目的、信托期限、信托当事人、信托财产、信托利益分配等信托产品及其受益权信息和变动情况。

四、《资管新规》

为了规范金融机构资产管理业务，统一同类资产管理产品监管标准，有效防控金融风险，更好地服务实体经济，2018年4月，中国人民银行、中国银保监会、中国证监会、国家外汇管理局联合发布了《资管新规》。信托公司作为重要的资产管理机构，在开展信托业务时，当然要受到《资管新规》的约束。

《资管新规》要求金融机构应当加强投资者教育，不断提高投资者的金融知识水平并增强其风险意识，向投资者传递"卖者尽责、买者自负"的理念。其核心内容为"去通道，降杠杆，净值化"，明确资产管理业务要打破刚性兑付，不得承诺保本保收益，严格非标准化债权类资产投资要求，禁止资金池，消除多层嵌套，抑制通道业务，防止监管套利，旨在守住不发生系统性金融风险的底线，减少存量风险，严防增量风险。

《资管新规》明确要求，"资产管理业务是金融机构的表外业务，金融机构开展资产管理业务时不得承诺保本保收益。出现兑付困难时，金融机构不得以任何形式垫资兑付"。经认定存在刚性兑付行为的金融机构，将会受到惩处。

五、《九民纪要》

2019年11月14日，最高人民法院发布了《九民纪要》。《九民纪要》中有专门的一章，旨在指导营业信托纠纷案件的审理。

《九民纪要》第 92 条在《资管新规》的基础上再次强调了"保底或者刚兑条款无效"。

《九民纪要》第 95 条中关于"信托财产的诉讼保全"的处理意见，在《信托法》第十七条的基础上，再次明确了"信托财产在信托存续期间独立于委托人、受托人、受益人各自的固有财产"。"当事人因其与委托人、受托人或者受益人之间的纠纷申请对存管银行或者信托公司专门账户中的信托资金采取保全措施的，除符合《信托法》第 17 条规定的情形外，人民法院不应当准许。已经采取保全措施的，存管银行或者信托公司能够提供证据证明该账户为信托账户的，应当立即解除保全措施。"

虽然《九民纪要》不是司法解释，不能作为裁判依据进行援引，但是法院在裁判文书"本院认为"部分具体分析法律适用的理由时，可以根据《九民纪要》的相关规定进行说理。

六、其他

信托公司在开展信托业务和进行信托活动时，常见的适用法律法规还有《民法典》《银行业监督管理法》《公司法》；开展慈善信托时，还应当遵循《慈善法》《慈善信托管理办法》等法律法规的规定。

▶▶▶ **延伸阅读**

《九民纪要》

95.【信托财产的诉讼保全】信托财产在信托存续期间独立于委托人、受托人、受益人各自的固有财产。委托人将其财产委托给受托人进行管理，在信托依法设立后，该信托财产即独立于委托人未设立信托的其他固有财产。受托人因承诺信托而取得的信托财产，以及通过对信托财产的管理、运用、处分等方式取得的财产，均独立于受托人的固有财产。受益人对信托财产享有的权利表现为信托受益权，信托财产并非受益人的责任财产。因此，当事人因其与委托人、受托人或者受益人之间的纠纷申请对存管银行或者信托公司专门账户中的信托资金采取保全措施的，除符合《信托法》第17条规定的情形外，人民法院不应当准许。已经采取保全措施的，存管银行或者信托公司能够提供证据证明该账户为信托账户的，应当立即解除保全措施。对信托公司管理的其他信托财产的保全，也应当根据前述规则办理。

当事人申请对受益人的受益权采取保全措施的，人民法院应当根据《信托法》第47条的规定进行审查，决定是否采取保全措施。决定采取保全措施的，应当将保全裁定送达受托人和受益人。

Chapter 5

第五章

一

保险金信托

87 保险金信托 1.0 版、2.0 版、3.0 版是什么意思?

金总听朋友说,在国内,保险金信托有 1.0 版、2.0 版、3.0 版三种模式。他想知道,这三种模式的保险金信托有什么区别?又各有哪些特点呢?

▶▶▶ **专业解析**

最近几年,国内的保险金信托发展较快,其运作模式也在不断创新,业内流传有所谓的"1.0 版""2.0 版""3.0 版"。但在整个行业内,既没有就此达成共识,也没有形成公认的标准。在此,为表述方便,我们暂且采用这种说法。

一、保险金信托 1.0 版

国内最早出现的保险金信托模式即 1.0 版。在保险合同成立后,该模式仅将保单的受益人变更为信托公司,目的是解决保险金的再管理、个性化分配及传承的问题。

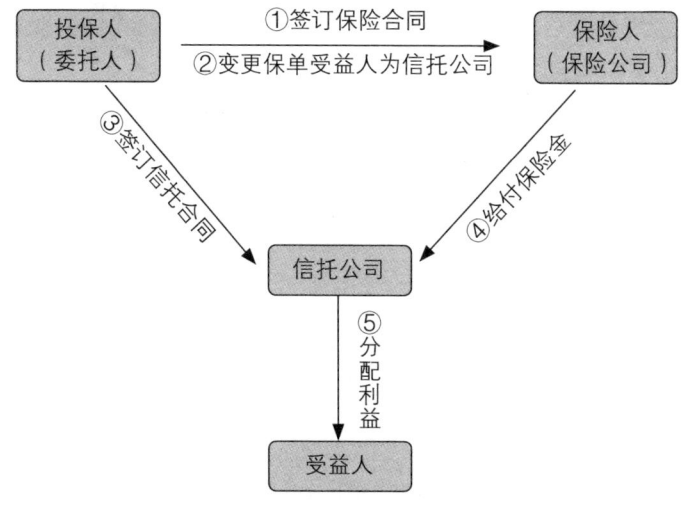

保险金信托 1.0 版

这种模式的弊端在于,如果投保人和被保险人不是同一人[1],那么当投保人先于被保险人身故时,保单可能会作为投保人的遗产而被分割,从而造成信托合同在事实上无法执行。另外,如果投保人退保,也会导致信托因无法获得保险金而终止。

二、保险金信托 2.0 版

保险金信托 2.0 版,是指在保险合同生效后,将保险合同的受益人和投保人都变更为信托公司,同时将续期保费提前装入信托,约定由信托公司按时交纳续期保费。

---

[1] 在信托实务中,有的信托公司将投保人和被保险人不是同一人的保险金信托模式称为保险金信托1.5版。

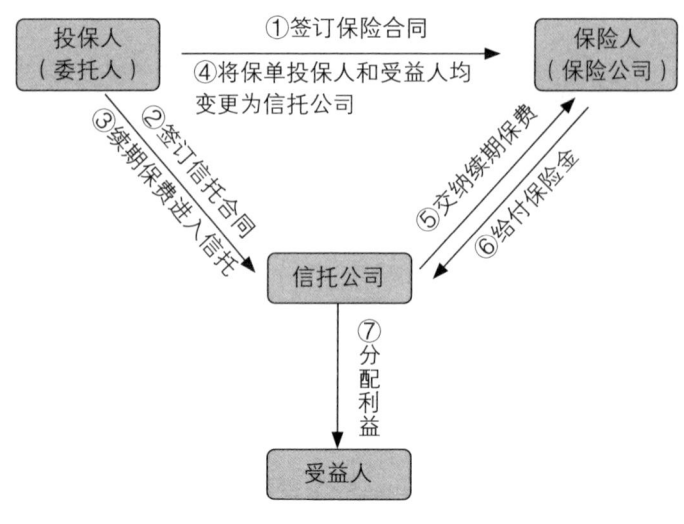

保险金信托 2.0 版

和 1.0 版相比，这种模式的保险金信托规避了投保人先于被保险人身故及投保人退保的风险，并且能隔离自然人作为投保人的债务风险。

需要注意的是，就 2.0 版来说，在保险端，由于投保人已经变更为信托公司，所以原投保人不能再使用保单进行质押贷款。

三、保险金信托 3.0 版

3.0 版具体是指什么模式，有多种说法。常见的一种说法是指先成立资金家族信托，再按信托合同的约定，用信托财产为委托人或其指定的人购买保险，保费由信托财产支付，保险的受益人也是信托公司。

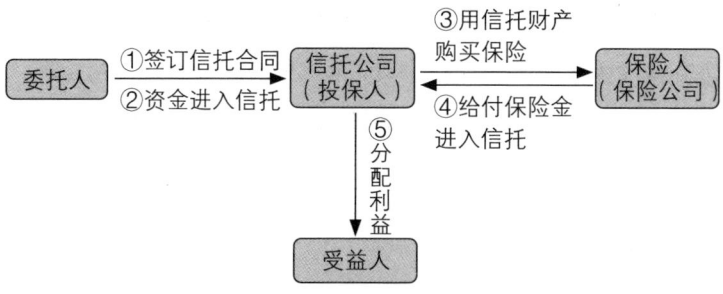

保险金信托 3.0 版

在目前的保险金信托市场上，1.0 版的保险金信托是各家保险公司和信托公司合作的主要模式，而 2.0 版和 3.0 版在实务中则比较少，因为这两种模式无法通过大多数保险公司严格的合规和内控制度。

相对于 1.0 版，2.0 版和 3.0 版的保险金信托对客户的财富保护和规划更全面。因此，我们期待未来监管部门能在这方面做出明确规定，以更好地实现委托人的心愿，维护受益人的利益。

保险金信托模式比较

版本	1.0版	2.0版	3.0版
特点	投保后，仅将保单受益人变更为信托公司	投保后，将保单受益人和投保人均变更为信托公司，并约定由信托公司交纳续期保费	先成立资金家族信托，在信托合同中约定用信托财产为委托人或其指定的人购买保险，保单受益人为信托公司

需要说明的是，能否追加资金不是区分保险金信托模式的标准。不管是 1.0 版的保险金信托，还是 2.0 版、3.0 版的保险金信托，都

不排斥追加资金作为信托财产。一般来说，客户若要向保险金信托中追加资金，保险公司会要求保险价值加上资金总额不能低于1000万元。至于保险价值的计算，不同的信托公司没有统一的标准，有的是按基本保险金额计算，有的是按累计应交保费计算。

▶▶▶▶ **延伸阅读**

中信信托将保险金信托3.0版定义为"家庭保单"模式，即在与中信信托签约合作的保险公司购买保单的客户，可以签署一份保险金信托合同，这些保单均可以归入同一个信托账户进行统一管理与分配。据悉，截至2022年6月底，与中信信托签约合作的保险公司超过了20家。

88 如何设立保险金信托？

听完客户经理的讲解，金总对保险金信托心动了。他打算设立保险金信托，但又不知道具体如何操作。他想知道，保险金信托的设立流程和资金家族信托一样吗？需要注意哪些事项呢？

▶▶▶ **专业解析**

就保险金信托的设立来说，一般是在签订保险合同时，以保险公司为主导；在设计和签订信托合同时，以信托公司为主导。如果是在银行设立保险金信托，整个过程则会由银行进行总协调。

不同的保险公司和信托公司设立保险金信托的流程可能会有一些区别。有的会要求客户分别与保险公司、信托公司签订合同，有的则要求客户与保险公司、信托公司签订三方合同，但大致流程是相似的。我们来具体看一下设立保险金信托的一般流程。

一、提出设立保险金信托的意向

首先，客户需要选择能提供保险金信托方案的保险公司，并与保险公司专业人员接洽，提出设立保险金信托的意向和自己的具体需求。

二、配置大额保单

保险公司人员在分析客户的需求后，为其选择合适的产品，并设计投保人和被保险人架构。为客户配置的大额保单，一般为终身寿险或年金保险，其保费或保额要达到保险公司和信托公司共同制定的标准。

三、细化信托方案

客户在购买保险后,再作为信托的委托人向信托公司提出设立保险金信托的申请,包括沟通信托意向、确定信托目的、制订信托利益分配方案等内容。为提高沟通效率,信托公司一般会要求客户填写一份详细的《信托意向书》。

四、变更保单受益人

信托公司收到客户的申请后,要对申请进行初审。审核通过后,信托公司会通知客户到保险公司将受益人变更为信托公司。

五、交纳信托设立费,提供尽职调查材料

客户交纳信托设立费至信托公司账户,同时按信托公司的要求,提供相关尽职调查材料。所需尽职调查材料可参考本书第74节和第78节,但如果是用纯保单设立保险金信托,所需材料则相对简单。

六、拟定信托合同

信托公司收到信托设立费后,开始根据客户的需求起草信托合同,并与客户确认或修改。

七、签订信托合同

客户和信托公司就合同内容达成一致后签订信托合同,同时进行"双录"。"双录"需要保险的投保人(信托的委托人)、被保险人同时参与,委托人的配偶可能也要参与。如果信托设计了财务顾问和监察人等角色,财务顾问和监察人也需要参与"双录"。

八、完成信托合同

在客户签订信托合同并完成"双录"后,信托合同还需要经过信托公司法律合规部门审核。信托合同盖章之后,信托公司将其报中国信登登记(不公示)。最后,信托公司会将信托合同递送到客户手中,信托合同完成签订。

设立保险金信托流程

步骤	接洽机构	要点
提出需求意向	保险公司	如需求较复杂,需信托公司提前介入
配置大额保单	保险公司	一般为终身寿险或年金保险
细化信托方案	信托公司	确定信托意向
变更保单受益人	保险公司	将保单受益人变更为信托公司
尽职调查	信托公司	交纳信托设立费,提供尽职调查材料
拟定信托合同	信托公司	客户确认信托合同
签订信托合同	信托公司	投保人、被保险人需要"双录"
完成信托合同	信托公司	合同审核,备案登记

▶▶▶ 延伸阅读

《信托意向书》用于了解客户设立信托的真实想法和目的,借助《信托意向书》可以快速帮助客户定制信托条款。某信托公司《信托意向书》要点如下:

1. 概述(包括委托人家庭情况、设立信托的目的等内容)。
2. 信托当事人基本信息。
3. 信托财产类型及金额。

4. 信托相关费用。

5. 信托受益人目录及受益分配安排。

6. 信托受益权的流转和继承。

7. 委托人的其他特别愿望。

89　保险金信托的信托财产是什么？

金总对客户经理说："我知道，资金家族信托的信托财产是资金，股权家族信托的信托财产是股权。那么，保险金信托的信托财产是什么呢？是保单吗？"

▶▶▶ **专业解析**

保险金信托在设立之时，保险合同中约定的赔付事件并未发生，因此也没有保险金进入信托账户。那么，保险金信托的信托财产是什么呢？

一、保险金信托是财产权信托

纯保单的保险金信托属于财产权信托，其信托财产是保单的保险金请求权。保险金包括生存保险金和身故保险金。

当然，保险金信托内也可以装入资金，这样信托财产就是保险金请求权＋资金了。

二、保单退保后的资金可以装入保险金信托吗？

对一份纯终身寿险保单的保险金信托来说，若干年后，保单的现金价值可能已经很可观了，但由于没有追加现金资产，被保险人也没有身故，所以信托账户内的现金资产仍然为零。那么，委托人是否可以退保或减保，取得一部分现金资产，然后装入信托账户，以实现一定的财富计划呢？这要看在这份保单减保或退保后，信托账户内的信托财产规模是否满足最低的维持标准，具体要看信托文件或与信托公司协商。

三、期交保险的续期保费可以装入保险金信托吗？

保险金信托对应的最常见的保险产品类型是终身寿险，为了平衡保障杠杆和流动性，这类保险绝大多数是分期交纳保费的。有些客户会要求，在第一期保费交纳后，将剩余的保费也装入信托账户中，由信托公司进行管理并支付剩下的保费。对于这个需求，1.0版和2.0版的保险金信托都可以实现。如果是1.0版的保险金信托，信托公司需要在每年交纳续期保费的时候将资金分配至投保人的账户，以完成续期保费的交纳。如果是2.0版的保险金信托，因为投保人已经更改为信托公司，续期保费也已经转移至信托账户，所以每年交纳续期保费的时候，信托公司只要保证信托账户内有足额的资金，即可完成续期保费的扣款，不需要再做分配的动作。

▶▶▶ 延伸阅读

保费应该趸交，还是期交？

趸交，就是一次性支付保费；期交，就是分期支付保费。这和买房时一次性付全款和按揭贷款有几分相似。贷款买房需要支付利息，同样，对于相同保额的保险，期交的总保费会多于趸交。

那么，购买保险金信托的"黄金搭档"——终身寿险时，保费应该选择趸交，还是选择期交呢？大家可以从以下两个角度考虑：

（1）从个人现金流考虑。如果个人现金流充裕，则可以优先选择较短的交费期间；如果当下收入较少，而未来收入增长可期，则可以选择较长的交费期间。

（2）从保险产品的性质考虑。对于高现金价值的增额终身寿险，其理财属性较强，因此可以选择较短的交费期间，这样，保费在保险公司留存的时间较长，投资收益也会相对较高。对于高杠杆的终身寿险，其保障属性较强，因此可以选择较长的交费期间，这样，每期只需要交少量的保费，就可以拥有保险合同约定的较高保额的保障。而且，在交费期内的前几年，这种保险产品的保障杠杆会非常高。

90 什么样的保险更适合设立保险金信托?

金总明白,通过保险搭建信托架构,不仅当期投入的资金较少,还能用"小保费"撬动"大保额",对传承规划来说是非常合适的。但是,人身保险产品种类很多,哪些产品对接信托更合适呢?

▶▶▶ **专业解析**

根据保障范围,人身保险可以分为三大类:人寿保险、人身意外伤害保险和健康保险。理论上来说,所有的人身保险都可以对接信托,但是,我们要考虑设立保险金信托的目的是什么。如果委托人设立保险金信托的核心诉求是财富传承,那么要考虑的一个重要问题是:信托是否能得到保险金,从而实现信托目的?

人身意外伤害保险大多是短期保险,即使是长期的或者终身的人身意外伤害保险,保险事故是否会发生,不确定性也非常大。健康保险的保险金是有特定用途的,通常被保险人会用其来支付或补偿医疗费用,或者被保险人因身体原因不能工作而用其作为收入的补偿。所以,人身意外伤害保险和健康保险都不适合用于设立保险金信托。

人寿保险分为定期寿险、终身寿险、两全保险和年金保险。就定期寿险而言,保险期间是否会发生保险事故,具有非常大的不确定性,因此,从确定未来信托能得到保险金这一点来看,定期寿险不适合用于设立保险金信托。

一、终身寿险和年金保险

投保人配置年金保险是为了给被保险人提供长期稳定的现金流。在保险金信托中,如果年金的金额不大,那么在其成为信托财产,再分配给受益人后,实现的基本上还是原年金保险的功能。这样不仅没有发挥信托的功能优势,反而增加了信托管理的费用,所以设立保险金信托的意义不大。

另外,如果进入信托账户的年金金额较小,也会给投资管理带来难度。配置现金管理类产品的收益比较低,很难满足委托人对收益的期待。

配置终身寿险的投保人,大多会将财富传承作为一个重要功能,只要投保人不主动终止保险合同,未来信托账户获得保险金就是一个确定性事件。所以,终身寿险比年金保险更适合用于设立保险金信托。

需要注意的是,市场上大部分的年金保险产品都包含身故责任,从功能上看和两全保险非常相似,这里不再区别讨论。

二、高杠杆终身寿险和高现金价值终身寿险

2016年以来,增额终身寿险深受投保人欢迎。这种增额终身寿险,其保险责任简单,一般只有身故责任(有的产品也会包含全残责任),保险期间是终身。此外,这种增额终身寿险,虽然前期的保障杠杆较低,但是现金价值较高,而且随着时间推移,保险金额会按照约定的比例每年复利递增,现金价值也会稳步增长,兼顾了保障和收益。

还有一种终身寿险,其保障杠杆很高,但现金价值较低,所以灵活性要弱很多。这类终身寿险多设计为固定保额(在保险期间内保险金额固定不变),业内常称其为定额终身寿险。这类产品对财富

传承的定位更加精准。

虽然业内常用增额终身寿险和定额终身寿险来区别以上两类产品，但也只是习惯性的说法，其实并不严谨，因为市场上也有一些终身寿险产品既有高保障杠杆，保险金额也是递增的。

因此，如果更看重财富传承，高杠杆终身寿险对接保险金信托更合适；如果想同时兼顾灵活性，则可以选择高现金价值终身寿险来设立保险金信托。

▶▶▶ **延伸阅读**

年金保险和两全保险的区别

年金保险，是指在保险合同期间内或期满时，被保险人生存才能得到给付的一种人身保险。两全保险，是指在保险合同期间内，当被保险人生存时受益人可以得到生存保险金，被保险人身故时则可以得到身故保险金。

对于只有生存年金保障责任的年金保险，投保人往往会担心在保险期间内被保险人过早死亡，领取的生存保险金远低于保费，所以年金保险往往也会包含身故责任。

这样看来，年金保险和两全保险都有生存保险金和身故保险金，那么两者有什么区别呢？在身故责任上，年金保险的身故保险金基本上相当于累计保费和已领年金的差额，而两全保险则具有比年金保险更多的保障。

91 设立保险金信托需要配偶同意吗？

听过客户经理的讲解，金总明白，在设立资金家族信托时，对已婚的委托人来说，是需要配偶签字同意的。那么，设立保险金信托也是这样吗？没让配偶签字又会有什么后果呢？

▶▶▶ **专业解析**

就资金家族信托的设立来说，如果委托人是已婚状态，那就必须要配偶签字同意，并进行"双录"，因为我国实行夫妻共同财产制度，委托人无权单独处分夫妻共同财产。那么，如果仅以保险金请求权作为信托财产设立保险金信托，并不追加资金，也需要征得配偶同意吗？

我们可以把这个问题分成两个小问题：第一，签署保险合同是否需要征得配偶同意？第二，如果没有征得配偶同意，可能会发生什么纠纷？

一、买保险，是否需要配偶签字同意

买过保险的人都知道，如果配偶不是被保险人，比如投保人以自己作为被保险人购买保险，是不需要配偶签字同意的，即使用来交纳保费的资金是夫妻共同财产。

从法理上来说，既然投保人是用夫妻共同财产购买的保险，那就应该征得配偶同意，但在实务中，并不需要这个程序。不过，为了家庭和谐起见，我们建议投保人在给自己购买大额保险时，尽量提前和配偶商量，取得一致意见。

二、如果没有征得配偶同意，可能有什么纠纷？

既然投保人为自己购买保险不需要配偶签字同意，那么，投保人用这张保单来设立保险金信托原则上也不需要配偶签字同意。但是，有些信托公司在开展保险金信托业务时比较谨慎，即使是用纯保单设立的保险金信托，也需要委托人（投保人）的配偶签字同意。

如果没有征得配偶同意，委托人单独完成了保险金信托的设立，那么会有什么风险呢？大概率就是离婚时配偶会主张分割财产。但此时的保险金信托还是一张保单，因此配偶只能分割保单的现金价值。

综上分析，对于委托人没有征得配偶同意而设立的保险金信托，如果离婚时配偶主张分割财产，实质上是要分割保单的现金价值，与是否已经设立保险金信托没有关系。对信托公司来说，由于尚未实际取得保险金，当然也不存在纠纷一说。所以，就纯保单的保险金信托来说，委托人在设立时不需要配偶签字同意。当然，在实务中，委托人还要遵守信托公司的具体要求。

▶▶▶ 延伸阅读

目前，在保险金信托实务中，如果信托财产仅为保单（即保险金请求权），很多信托公司是不需要委托人的配偶签订配偶同意函的。但对于信托财产为保单＋现金的情况，从风险控制的角度考虑，几乎所有的信托公司都需要委托人的配偶签订配偶同意函，即要求委托人的配偶同意委托人用夫妻共同财产设立信托，并放弃相关权利。

92　保险金信托成立后，能撤销吗？

金总对客户经理说："我知道，家族信托有可撤销和不可撤销之分。保险金信托也是这样的吗？在保险金信托成立后，如果我后悔了，还能撤销吗？又应该如何撤销呢？"

▶▶▶ **专业解析**

在不同的人生阶段，人的想法也可能会有不同。此时委托人觉得保险金信托能满足自己的需求，彼时委托人可能又会觉得还是将保险金一次性支付给受益人比较合适。那么，保险金信托在成立后，还可以撤销吗？

一、协商解除合同

在前文我们已经讲过，信托成立后，委托人在与受托人及全体受益人协商一致的情况下，可以解除信托合同。对保险金信托来说，也是一样的道理：委托人与受托人及全体受益人协商一致后，可以解除保险金信托合同。

二、变更保单受益人

其实，对保险金信托的撤销来说，还有一个非常简单的方法，那就是变更保单受益人。

我们知道，保险金信托包含保险和信托两个法律关系，而这两个法律关系是通过受益人连接在一起的。也就是说，将保单受益人变更为信托公司并签订信托合同后，保险金信托成立并生效；将保单受益人再变回自然人后,保险金信托合同自然也会终止。

需要注意的是,对于 2.0 版的保险金信托,由于保单的投保人已经变更为信托公司,委托人不再具有变更保单受益人的权利。

▶▶▶ 延伸阅读

《保险法》

第四十一条　被保险人或者投保人可以变更受益人并书面通知保险人。保险人收到变更受益人的书面通知后,应当在保险单或者其他保险凭证上批注或者附贴批单。

投保人变更受益人时须经被保险人同意。

93　保险金信托成立后,能变更投保人或委托人吗?

金总对客户经理说:"在设立保险金信托时,我基本要先作为投保人购买一份大额寿险。假如保险金信托成立后,我想变更投保人,是否可以呢?这样会不会对保险金信托造成不利的影响呢?"

▶▶▶ **专业解析**

保险金信托将保险和信托相结合,因此与单一的保险或信托相比,其所涉及的问题也相对复杂,比如保险金信托中主体的变更。下面我们来了解一下关于变更保险金信托中的投保人或委托人的问题。

一、是否可以变更投保人?

对一份保险合同来说,投保人是保单的所有权人。以下是比较常见的需要变更投保人的情形:

(1)投保人和被保险人不同的保单,投保人先于被保险人去世;

(2)投保人和被保险人不同的保单,投保人和被保险人的关系发生了变化,比如离婚;

(3)投保人希望将保单所有权赠与被保险人或受益人。

总之,只要被保险人同意,并且新的投保人和被保险人有保险利益,不管保单有没有设立保险金信托,都可以变更投保人。

二、变更投保人对信托的影响

投保人也是保险金信托的委托人,所以,一旦投保人发生变更,保单的所有权人就发生了改变，原保险金信托合同存在的法律基础也就发生了变化，结果就是，信托能否存续有了不确定性。

在信托实务中，有的信托公司认为，既然投保人改变了，那么信托的委托人对原保单的控制权就不再存在，指定信托为保单受益人的基础也就不再存在，所以信托应当终止；有的信托公司则认为，只要保单有效，信托未来获得保险金作为信托财产的预期不变，保险金信托就可以正常存续。

三、信托委托人可以变更吗？

在信托关系中，委托人不可以变更，保险金信托也不例外。也就是说，一旦保险金信托成立，委托人就不可以再变更。

保险金信托成立后，如果变更保单的投保人，信托很可能会终止，但如果委托人想保留信托，应该怎么办呢？在原保险金信托终止后，新的投保人可以作为委托人，重新签订一份新的保险金信托合同。

▶▶▶ **延伸阅读**

投保人变更后，保单是否会因原投保人债务被强制执行？

长期以来，法院对于人身保险产品是否可以被强制执行，一直存在争议。然而，人身保险的保单现金价值属于投保人的财产，在司法上具有可执行性，这一点是没有争议的。

2015 年，浙江省高级人民法院出台了《关于加强和规范对被执行人拥有的人身保险产品财产利益执行的通知》。2018 年，江苏省高级人民法院出台了《关于加强和规范被执行人所有的人身保险产品财产性权益执行的通知》。2021 年，上海市高级人民法院与 8 家保险公司召开座谈会，并签署了《关于建立被执行人人身保险产品财产利益协助执行机制的会议纪要》。2022年11月，安徽省高级人民法院与10家保险公司就保险机构协助人民法院执行人身保险产品财产利益有关事项达成相关会议纪要。这些通知或会议纪要都明确了人身保险合同属于被执行人的财产性收益，可以被强制执行。

  在投保人变更后，保单是否会因为原投保人的债务纠纷而被强制执行，取决于变更投保人的行为是否损害了债权人的合法权益。比如变更投保人的行为主观上具有逃避债务的恶意，同时也损害了债权人的利益，则该行为本质上属于恶意逃避债务，是可以被撤销的。如果变更投保人的行为主观上没有任何恶意，且没有损害债权人的利益，则该行为合法有效，本质上属于债务隔离规划，不能被撤销。[①]

[①] 朱磊磊. 执行新规下变更投保人的合法性探究[J]. 法制与社会，2018（29）：69-70.

94 保险金信托成立后，还能用保单贷款吗？

金总知道，人寿保险具有保单贷款的功能，可以很好地解决现金流的问题。那么，在保险金信托成立后，人寿保险的保单贷款功能会受影响吗？再有，投保人可以退保或减保吗？信托公司会禁止这些行为吗？

▶▶▶ **专业解析**

保险金信托包含了两个法律关系：在保险存续期间，它是保险，此时信托关系虽然存在，但并未实际发挥功能（指未追加现金的纯保险金信托）；在保险公司理赔后，保险关系结束，信托关系开始实质性运作。

虽然有的信托公司会在信托合同中约定"委托人不得进行保单贷款、减保或退保"的条款，但在实务中，该条款无法实际约束投保人的相关行为。因为质押贷款、减保或退保，是保险合同赋予投保人的权利，如果投保人到保险公司要求办理相关业务，保险公司是不能拒绝的。但是，保险公司在办理完相关业务后，应当将保单的变动情况通知信托公司，之后，信托公司可能会按信托合同规定终止或解除合同。

正如前文所述，如果委托人选择 2.0 版的保险金信托，那么在将保单的受益人变更为信托公司的同时，也要将投保人变更为信托公司，此时，原投保人对该保单当然不再具有保单贷款的权利。

总之，就 1.0 版的保险金信托来说，在信托合同签订后，不管信托合同中有没有禁止保单贷款的条款，投保人都可以使用保单贷款功能来解决资金流动性问题。

就 2.0 版的保险金信托来说，在信托合同签订后，原投保人不能再使用保单贷款功能。如果信托合同中有禁止保单贷款的条款，一旦原投保人利用相关保单进行质押贷款，信托公司就会有解除合同的权利，但也不一定会解除。

因此，到底要选择哪种模式的保险金信托，客户可根据自己的需求酌情决定。但要想实现更加彻底的资产隔离功能，我们建议选择 2.0 版或 3.0 版的保险金信托。

▶▶▶▶ **延伸阅读**

监管限制灵活减保，提示经营风险

2020 年和 2021 年，中国银保监会曾多次以监管函的形式对人身保险产品监管中发现的典型问题进行通报，其中，人身险部函〔2020〕740 号、人身险部函〔2021〕305 号、人身险部函〔2021〕329 号都提到了"长险短做"的问题。该问题具体表现为，一些终身寿险产品现金价值不合理，"可灵活减保，且无比例限制，存在长险短做风险"。此后，很多高现金价值的增额终身寿险类产品的条款里，都会直接规定每次减保不得超过已交保费的 20%。即使有的产品条款里没有减保限制，也会在保险公司内部的营运规则中进行限制。

95 投保人先于被保险人去世,会影响保险金信托吗?

金总知道,对于投保人和被保险人不同的保单,一旦投保人先于被保险人去世,保单就可能成为投保人的遗产。如果用这个保单设立了保险金信托,那么在投保人先于被保险人去世时,保险金信托的存续会受到影响吗?

▶▶▶ **专业解析**

当投保人和被保险人不一致时,如果投保人先于被保险人身故,那么保单可能会作为投保人的遗产而被分割。这是投保人在设计人寿保险架构时需要考虑的问题,也是设立保险金信托时需要考虑的问题。

一、投保人先于被保险人去世,保险公司如何处理?

对于投保人和被保险人不一致的保单,如果投保人先于被保险人去世,那么保险公司一般会如何处理呢?

原则上,需要投保人的继承人持继承权公证书到保险公司变更投保人,由新的投保人取代去世的投保人享有保单的所有权,若保费尚未交完,则还需要继续交费。但是,为了给客户提供方便,避免复杂的继承程序,在实际业务中,有些保险公司会对现金价值较低的保单进行一些简化操作。比如,当保单现金价值小于等于50万元时,被保险人或受益人都可以直接到保险公司变更投保人;当保单现金价值大于50万元时，则要走继承程序。

那么，要如何避免投保人先于被保险人身故的风险呢？

一是在投保时，投保人和被保险人尽量为同一人；二是选择可以设置第二顺序投保人的保险公司投保。所谓第二顺序投保人，是指在第一顺序投保人身故后，第二顺序投保人自动替代第一顺序投保人，避免投保人缺失或者继承程序的麻烦。

二、如果保单设立了保险金信托

对于用投保人和被保险人不一致的保单设立的保险金信托，当投保人先于被保险人身故时，如果保单终止，保险金信托也自然会终止；如果保单继续有效，则又分两种情况。

1. 如果保费未交完

对于期交保险，投保人在交费期间去世，被保险人或受益人愿意担任投保人并继续交费的，此时保单的投保人发生了变化，信托终止。

2. 如果保费已经交完

对于期交保险，投保人在交完所有保费后去世，被保险人或受益人未告知保险公司投保人已经去世，也未要求变更投保人，此时保险合同的相关当事人没有任何变化，信托继续有效。

▶▶▶ **延伸阅读**

就像保险的受益人有第二顺序受益人一样，保险的投保人也可以有第二顺序投保人。

第二顺序受益人是为了解决受益人去世时，身故保险金因为没有指定受益人而变为遗产的问题。类似地，第二顺序投保人是为了解决投保人先于被保险人去世时，保单的现金价值变为投保人遗产的问题。

对于设置了第二顺序投保人的保单，只要投保人还活着，第二顺序投保人就不会替代投保人。一旦投保人先于被保险人去世，第二顺序投保人就会自动成为投保人，行使投保人的权利，履行投保人的义务。

96　如果身故保险金较少，保险金信托该如何运作？

金总对客户经理说："一般来说，保险金信托运作的前提是保险金进入信托账户中。但是，如果在被保险人去世时，身故保险金较少，那么保险金信托能持续运作吗？"

▶▶▶ **专业解析**

对于保险金信托的门槛，监管部门没有明确规定，由各家信托公司自己把握，市场上的最低要求是100万元保额。

根据《中国保监会关于进一步完善人身保险精算制度有关事项的通知》（保监发〔2016〕76号）的规定，保险公司开发销售的个人定期寿险、个人两全保险、个人终身寿险和个人护理保险产品，死亡保险金额或护理责任保险金额与累计已交保费或账户价值的比例应符合以下要求：

保险金与累计已交保费或账户价值比例要求

被保险人到达年龄	比例下限
18~40周岁	160%
41~60周岁	140%
61周岁以上	120%

因此，市场上常见的增额终身寿险产品，其基本保额或有效保额并不等于身故保险金。在交费期间，对于18周岁以上的被保险人的身故保险金，一般是累计所交保费乘以一个比例，这个比例，

就是上表中的百分比数字：18~40 周岁为 160%，41~60 周岁为 140%，61 周岁及以上为 120%。

假设 45 岁的王先生为自己购买了某保险公司的增额终身寿险产品，并设立了保险金信托，基本保额为 100 万元，年交保费为 7 万元，10 年交。不到一年后，王先生去世，此时的身故保险金约为 7 万元 × 140% = 9.8 万元。按照合同约定，9.8 万元的身故保险金会进入信托账户，但这个金额对信托来说显然太少了，会导致信托目的无法实现而触发信托终止条款，在按信托文件中信托终止时的约定进行分配后，信托就会终止。

▶▶▶▶ **延伸阅读**

保险金信托成立前的"特别约定"

在保险金信托实务中，可能会出现这样一种情况：投保人已将保单受益人变更为信托公司，但还没有完成信托合同的签署，信托并未成立生效，此时，如果被保险人身故，那么身故保险金就无法正常进入信托账户。为了解决这个问题，在投保人变更保单受益人时，保险公司往往会让投保人和被保险人签署一份"特别约定"，约定在信托合同生效之前，如果发生保险事故，特别指定身故保险金的受益人。

97　保险金信托成立后，如何申请保险金？

金总知道，就保险来说，当被保险人去世后，是由受益人向保险公司申请理赔的。那么，如果用保险设立了保险金信托，在被保险人去世后，由谁向保险公司申请理赔呢？对于年金保险的年金，又该如何处理呢？

▶▶▶ **专业解析**

前面我们分析过，用终身寿险和年金保险来设立信托都是不错的选择。未来进入信托中的保险金，对于终身寿险是身故保险金，对于年金保险可能会是生存年金、满期生存金、身故保险金。因此，在保险金信托中，如何申请保险金，不同的险种会有一些差别。

一、被保险人身故后，谁来申请理赔？

在保险金信托设立时，保险的受益人会由自然人变更为信托公司，自然人不再具有保险受益权，只有信托公司有权向保险公司申请保险金。

当被保险人身故时，保险公司和信托公司一般都不太可能很快知道这一事实，最先知道的应该是被保险人的家人，一般就是信托受益人。因此，当保险事故发生后，信托受益人应当告知信托公司，同时准备理赔材料，协助信托公司向保险公司申请理赔。

二、理赔需要哪些材料？

对于申请死亡理赔，受益人除了要提供自己的身份证明材料

（对信托公司来说就是营业执照），还需要提供保险合同或相关资料、死亡证明复印件、户籍注销证明复印件或火化证明复印件，以及和死亡原因相关的事故证明或诊疗记录等。

三、年金保险的年金申请

对于年金保险，信托公司一般会要求将年金的受益人，即生存金受益人，变更为信托公司。年金的申请要简单得多，信托公司只要告知保险公司信托账户的账号，保险公司就会按保险合同约定的时间将年金给付至信托账户。

如果信托公司觉得小额的年金不太方便管理，也可以选择将年金存在保险公司累积生息，待积累至一定金额后再申领。

还有一些年金保险会约定将年金转入对应的万能险。这种情况下，委托人也可以与信托公司协商，不把年金受益人变更为信托公司，而将万能险也转入信托，并将万能险的身故受益人变更为信托公司。这样的话，年金就能通过万能险，最终转化为身故保险金进入信托。

▶▶▶ **延伸阅读**

《保险法》

第二十一条 投保人、被保险人或者受益人知道保险事故发生后，应当及时通知保险人。故意或者因重大过失未及时通知，致使保险事故的性质、原因、损失程度等难以确定的，保险人对无法确定的部分，不承担赔偿或者给付保险金的责任，但保险人通过其他途径已经及时知道或者应当及时知道保险事故发生的除外。

第二十二条 保险事故发生后,按照保险合同请求保险人赔偿或者给付保险金时,投保人、被保险人或者受益人应当向保险人提供其所能提供的与确认保险事故的性质、原因、损失程度等有关的证明和资料。

保险人按照合同的约定,认为有关的证明和资料不完整的,应当及时一次性通知投保人、被保险人或者受益人补充提供。

98 与人寿保险相比，保险金信托有哪些优势？

金总对客户经理说："我知道，保险金信托是人寿保险和家族信托的结合，所以，保险金信托肯定具备人寿保险没有的一些优势。请你给我系统讲一下，保险金信托有哪些人寿保险没有的优势。"

▶▶▶ 专业解析

保险金信托并非简单地把人寿保险和家族信托这两种常见的财富传承工具凑到一起，更重要的是，它进一步融合了两种工具的优势。

在保险金给付前，保险金信托是一张大额保单，在保险金进入信托账户后，它真正化身为家族信托。家族信托能够实现的功能，比如资产隔离、婚姻财产保护、避免继承纠纷、防止子女挥霍、税务筹划等，保险金信托全部能够实现。下面，我们讲一下保险金信托相对于人寿保险的优势。

一、受益人的范围更广

人寿保险的受益人一般是被保险人的父母、配偶或子女，如果第三代想要做保险受益人，则会受到诸多限制。

保险金信托的受益人比人寿保险的受益人范围更广，只要是和委托人有亲属关系的人都可以做受益人，包括配偶、血亲和姻亲。

其实，《信托法》并没有对受益人的资格或者受益人与委托人的关系做出限制，但是在信托实务中，为了防止利益输送以及洗钱等行为,信托公司会对委托人和受益人的关系做出限制,并要求委托人提供相应的关系证明。

二、保险金的安排更灵活

在人寿保险中,保险金一般是一次性给付的。虽然有的保险公司开发了保险金延期领取功能,但这一功能在法律上尚存争议,而且保险金延期领取的情形也很有限,无法做个性化的设计。

如果设立了保险金信托,委托人(投保人)可以提前在信托合同中对保险金的使用进行规划,将来保险金进入信托账户后,信托公司会严格按照信托合同来进行管理和分配。这样可以防范受益人挥霍和管理不当的风险,使保险金能更好地按委托人(投保人)的意愿来发挥作用。

三、保险金更安全

在人寿保险中,当保险公司将保险金赔付给受益人后,保险金就成了受益人的财产。当受益人存在债务时,保险金可能被用来偿还债务,这是投保人和被保险人都不愿意看到的。

在保险金信托中,保险金进入信托账户后,会成为独立的信托财产,与委托人的其他财产、信托公司的固有财产、受益人的财产相独立。如果受益人在可以取得信托利益时有大额债务,受益人既可以用信托利益偿还债务,也可以向信托公司申请暂时停止分配,待债务问题解决后再申领。也就是说,在保险金信托中,保险金作为信托财产是与受益人的债务相隔离的。

如果委托人担心受益人没有能力管理领取的财产,或者受益人是需要照顾的特殊人群,甚至可以要求信托公司直接向与照顾受益人生活有关的第三方支付相应款项,以保障受益人的基本生活。

四、实现保险金的再管理

在人寿保险中，当保险金赔付给受益人后，保险金会成为受益人的财产，很难实现财产的保值增值。

在保险金信托中，保险金进入信托账户并成为信托财产后，会由信托公司进行管理。信托公司是非常专业的资产管理机构，可以更好地实现保险金的保值增值。

▶▶▶ 延伸阅读

亲属是由婚姻关系、血缘关系或收养关系而产生的人与人之间的社会关系。根据发生的原因，亲属关系可以分为配偶、血亲和姻亲三类。

血亲，包括自然血亲和拟制血亲。自然血亲是指出自同一祖先，有血缘关系的亲属；拟制血亲，是指无血缘关系，但法律确认其与自然血亲有同等的权利义务的亲属，比如养父母与养子女、继父母与继子女。

姻亲，是指除配偶外因婚姻关系而产生的亲属，如儿媳、姐夫等。

99 与资金家族信托相比，保险金信托有哪些优势？

金总知道，在国内家族信托业务中，资金家族信托和保险金信托是最常见的两种类型，而且，近两年，保险金信托越来越火。那么，保险金信托有哪些优势是资金家族信托不具备的呢？

▶▶▶ **专业解析**

与资金家族信托相比，保险金信托有着自己独特的优势。下面，我们来简单了解一下。

一、保障杠杆可以放大资产规模

保险金信托中的保险一般都是大额终身寿险，而终身寿险具有较高的保障杠杆。这意味着，在被保险人身故后，保险公司给付的身故保险金往往是保费的数倍。因此，和资金家族信托相比，保险金信托可以利用大额保单的杠杆性，放大传承的财富，扩大信托财产的规模。

二、门槛低，受众广

从目前国内信托公司和各大银行开展家族信托业务的实际情况来看，设立家族信托需要满足监管的要求，信托财产金额或价值不能低于 1000 万元，这让不少家庭望而却步。

作为财产权信托的保险金信托则并不需要满足 1000 万元的门槛。对很多信托公司来说，客户只要购买最低保额为 300 万元的终身寿险，即可设立保险金信托，而对应的年交保费可能只有几十万元。这大大降低了家族信托的门槛,也扩大了客户的范围。

以平安家庭信托为例,其门槛仅为100万元总保费或保额,如果投保人选择20年期交的话,年交保费5万元左右即可设立保险金信托,不仅真正做到了信托进入"寻常百姓家",也能帮助更多家庭运用信托工具实现财富保护和有序传承的美好愿望。

三、操作便捷,争议少

在设立资金家族信托时,委托人需要面对信托公司复杂的尽职调查,比如核实委托人的社会身份、职业、资金来源、完税证明等。有很多委托人因为不能提供资金来源的证明,无法通过信托公司的尽职调查,不得不放弃家族信托。相比于资金家族信托,购买保险产品的流程相对简单,因此,设立保险金信托也相对便捷。

根据《个人所得税法》第四条的规定,保险赔款是免征个人所得税的。同时,指定受益人的保险金是受益人的个人财产,不应列入被保险人遗产。这意味着,保险金作为信托财产,来源干净,权属清晰,没有税务风险、债务风险和夫妻财产混同风险,因此争议也最少。

四、资金流动性较强

当委托人急需大量现金来解决临时问题时,一般信托公司都没有机制来应对,所以,装入家族信托中的资金,常常会面临丧失流动性的风险。

保险金信托则非常灵活,在保险金进入信托账户之前,保单的质押贷款、减保取现,甚至退保获取现金价值等功能都不受影响,这是保险公司的常规业务,可以有效解决投保人的资金流动性问题。另外,保险金信托架构搭建起来以后,在资金流动性充裕的情况下,委托人还可以随时向信托账户中追加现金，因此，委托人在守住现有财富的同时，还可以为未来的财富规划留下空间。

▶▶▶ **延伸阅读**

平安家庭信托"幸福家庭计划"是平安银行联合平安信托、平安人寿共同打造的新产品、新理念。

平安家庭信托的门槛仅为 100 万元总保费或保额，以较低门槛实现了普通家庭的"信托梦"，让更多客户轻松拥有家庭的专属信托账户。另外，信托账户还集多种功能于一体，客户可享受包括账户管理、保单管理、账户检视、定制方案、沙龙活动等在内的服务及权益。

平安家庭信托的信托开户、装入保单资产可"一站式"完成，最快一天可完成开户，实现了操作流程线上化，据悉尚属行业首例。

100 保险金信托的风险有哪些？

金总的朋友跟他说，虽然保险金信托特别好，设立的人也越来越多，但是，保险金信托有一些不确定性。跟传统的资金家族信托相比，它有一些自身的风险。金总想知道，保险金信托会有哪些风险呢？

▶▶▶ **专业解析**

我们知道，保险金信托包含了保险和信托两个法律关系。无论是在保险端还是在信托端，保险金信托都存在一些风险，从而给委托人（投保人）的心愿实现带来了一定的不确定性。下面，我们来具体讲一下。

一、保险合同终止的风险

虽然信托合同中一般都会有类似"信托成立后，除信托合同另有约定外，未经委托人、受托人协商一致，委托人和受益人不得擅自解除、撤销和终止本信托"的条款，但这仅仅是在信托层面进行的限制，无法解决保险合同终止导致信托公司收不到信托财产而造成信托终止的问题。

比如，投保人用保单进行质押贷款，逾期不归还本息，且保单现金价值不能覆盖本息，可能会导致保险合同终止；投保人逾期不交纳续期保费，也可能会导致保险合同终止。保险合同终止后，信托合同自然也会被动终止。

二、保险合同被解除的风险

投保人有权随时解除保险合同，而在保险合同被解除后，作为受益人的信托公司将不再享有保险金的受益权，这会直接导致信托财产的灭失和信托的终止。虽然有的信托公司会在信托合同中做出约定，限定投保人的保险合同解除权，但事实上这种约定不具备可执行性，无法约束投保人解除保险合同的行为。

另外，《保险法》还规定了保险公司可解除保险合同的几种情形，比如"投保人没有履行如实告知义务""投保人申报的被保险人年龄不真实"，投保人、被保险人或受益人骗保等。当这些情形发生时，如果保险公司解除合同，保险合同会失效，自然也会造成信托合同无法履行。

三、投保人先于被保险人身故的风险

前面我们讲过，如果投保人和被保险人不是同一人，那么当投保人先于被保险人身故时，保单的现金价值就会成为投保人的遗产，面临被分割的风险，结果也会造成信托目的无法实现。当然，投保人的继承人与被保险人和受益人协商一致后，可以变更投保人，让保险合同继续有效，但新的投保人不是信托合同的委托人，如果没有提前约定，在信托端也会存在一些争议。

规避这种风险有两种方法：一是将设立保险金信托的保单的投保人和被保险人设定为同一人；二是选择2.0版的保险金信托，在保单生效后，将保单的投保人和受益人同时变更为信托公司。

此外，对于投保人和被保险人不是同一人的大额保单，目前不少保险公司都允许设立第二顺序投保人。这样的话，一旦投保人身故，第二顺序投保人会自动替代原投保人，承接其权利和义务，避免保单现金价值作为遗产被继承分割。

四、信托端的风险

保险金信托在信托端的风险，除了信托项下的投资风险，还会有信托提前终止的风险。比如，我们前文讲过，被保险人在投保后短期内去世，保险金数额较低，进入信托账户后，因为不能满足信托财产价值的最低要求，或者因为信托财产价值较低无法实现信托目的，从而触发信托终止条款。

▶▶▶ **延伸阅读**

《保险法》

第十五条　除本法另有规定或者保险合同另有约定外，保险合同成立后，投保人可以解除合同，保险人不得解除合同。

附 录

中华人民共和国信托法

（2001年4月28日第九届全国人民代表大会常务委员会第二十一次会议通过）

第一章 总则

第一条 为了调整信托关系，规范信托行为，保护信托当事人的合法权益，促进信托事业的健康发展，制定本法。

第二条 本法所称信托，是指委托人基于对受托人的信任，将其财产权委托给受托人，由受托人按委托人的意愿以自己的名义，为受益人的利益或者特定目的，进行管理或者处分的行为。

第三条 委托人、受托人、受益人（以下统称信托当事人）在中华人民共和国境内进行民事、营业、公益信托活动，适用本法。

第四条 受托人采取信托机构形式从事信托活动，其组织和管理由国务院制定具体办法。

第五条 信托当事人进行信托活动，必须遵守法律、行政法规，遵循自愿、公平和诚实信用原则，不得损害国家利益和社会公共利益。

第二章 信托的设立

第六条 设立信托，必须有合法的信托目的。

第七条 设立信托，必须有确定的信托财产，并且该信托财产必须是委托人合法所有的财产。

本法所称财产包括合法的财产权利。

第八条　设立信托，应当采取书面形式。

书面形式包括信托合同、遗嘱或者法律、行政法规规定的其他书面文件等。

采取信托合同形式设立信托的，信托合同签订时，信托成立。采取其他书面形式设立信托的，受托人承诺信托时，信托成立。

第九条　设立信托，其书面文件应当载明下列事项：

（一）信托目的；

（二）委托人、受托人的姓名或者名称、住所；

（三）受益人或者受益人范围；

（四）信托财产的范围、种类及状况；

（五）受益人取得信托利益的形式、方法。

除前款所列事项外，可以载明信托期限、信托财产的管理方法、受托人的报酬、新受托人的选任方式、信托终止事由等事项。

第十条　设立信托，对于信托财产，有关法律、行政法规规定应当办理登记手续的，应当依法办理信托登记。

未依照前款规定办理信托登记的，应当补办登记手续；不补办的，该信托不产生效力。

第十一条　有下列情形之一的，信托无效：

（一）信托目的违反法律、行政法规或者损害社会公共利益；

（二）信托财产不能确定；

（三）委托人以非法财产或者本法规定不得设立信托的财产设立信托；

（四）专以诉讼或者讨债为目的设立信托；

（五）受益人或者受益人范围不能确定；

（六）法律、行政法规规定的其他情形。

第十二条 委托人设立信托损害其债权人利益的,债权人有权申请人民法院撤销该信托。

人民法院依照前款规定撤销信托的,不影响善意受益人已经取得的信托利益。

本条第一款规定的申请权,自债权人知道或者应当知道撤销原因之日起一年内不行使的,归于消灭。

第十三条 设立遗嘱信托,应当遵守继承法关于遗嘱的规定。

遗嘱指定的人拒绝或者无能力担任受托人的,由受益人另行选任受托人;受益人为无民事行为能力人或者限制民事行为能力人的,依法由其监护人代行选任。遗嘱对选任受托人另有规定的,从其规定。

第三章 信托财产

第十四条 受托人因承诺信托而取得的财产是信托财产。

受托人因信托财产的管理运用、处分或者其他情形而取得的财产,也归入信托财产。

法律、行政法规禁止流通的财产,不得作为信托财产。

法律、行政法规限制流通的财产,依法经有关主管部门批准后,可以作为信托财产。

第十五条 信托财产与委托人未设立信托的其他财产相区别。设立信托后,委托人死亡或者依法解散、被依法撤销、被宣告破产时,委托人是唯一受益人的,信托终止,信托财产作为其遗产或者清算财产;委托人不是唯一受益人的,信托存续,信托财产不作为其遗产或者清算财产;但作为共同受益人的委托人死亡或者依法解散、被依法撤销、被宣告破产时,其信托受益权作为其遗产或者清算财产。

第十六条 信托财产与属于受托人所有的财产(以下简称固有

财产）相区别，不得归入受托人的固有财产或者成为固有财产的一部分。

受托人死亡或者依法解散、被依法撤销、被宣告破产而终止，信托财产不属于其遗产或者清算财产。

第十七条 除因下列情形之一外，对信托财产不得强制执行：

（一）设立信托前债权人已对该信托财产享有优先受偿的权利，并依法行使该权利的；

（二）受托人处理信托事务所产生债务，债权人要求清偿该债务的；

（三）信托财产本身应担负的税款；

（四）法律规定的其他情形。

对于违反前款规定而强制执行信托财产，委托人、受托人或者受益人有权向人民法院提出异议。

第十八条 受托人管理运用、处分信托财产所产生的债权，不得与其固有财产产生的债务相抵销。

受托人管理运用、处分不同委托人的信托财产所产生的债权债务，不得相互抵销。

第四章 信托当事人
第一节 委托人

第十九条 委托人应当是具有完全民事行为能力的自然人、法人或者依法成立的其他组织。

第二十条 委托人有权了解其信托财产的管理运用、处分及收支情况，并有权要求受托人作出说明。

委托人有权查阅、抄录或者复制与其信托财产有关的信托账目以及处理信托事务的其他文件。

第二十一条 因设立信托时未能预见的特别事由,致使信托财产的管理方法不利于实现信托目的或者不符合受益人的利益时,委托人有权要求受托人调整该信托财产的管理方法。

第二十二条 受托人违反信托目的处分信托财产或者因违背管理职责、处理信托事务不当致使信托财产受到损失的,委托人有权申请人民法院撤销该处分行为,并有权要求受托人恢复信托财产的原状或者予以赔偿;该信托财产的受让人明知是违反信托目的而接受该财产的,应当予以返还或者予以赔偿。

前款规定的申请权,自委托人知道或者应当知道撤销原因之日起一年内不行使的,归于消灭。

第二十三条 受托人违反信托目的处分信托财产或者管理运用、处分信托财产有重大过失的,委托人有权依照信托文件的规定解任受托人,或者申请人民法院解任受托人。

第二节 受托人

第二十四条 受托人应当是具有完全民事行为能力的自然人、法人。

法律、行政法规对受托人的条件另有规定的,从其规定。

第二十五条 受托人应当遵守信托文件的规定,为受益人的最大利益处理信托事务。

受托人管理信托财产,必须恪尽职守,履行诚实、信用、谨慎、有效管理的义务。

第二十六条 受托人除依照本法规定取得报酬外,不得利用信托财产为自己谋取利益。

受托人违反前款规定,利用信托财产为自己谋取利益的,所得利益归入信托财产。

第二十七条　受托人不得将信托财产转为其固有财产。受托人将信托财产转为其固有财产的，必须恢复该信托财产的原状；造成信托财产损失的，应当承担赔偿责任。

第二十八条　受托人不得将其固有财产与信托财产进行交易或者将不同委托人的信托财产进行相互交易，但信托文件另有规定或者经委托人或者受益人同意，并以公平的市场价格进行交易的除外。

受托人违反前款规定，造成信托财产损失的，应当承担赔偿责任。

第二十九条　受托人必须将信托财产与其固有财产分别管理、分别记账，并将不同委托人的信托财产分别管理、分别记账。

第三十条　受托人应当自己处理信托事务，但信托文件另有规定或者有不得已事由的，可以委托他人代为处理。

受托人依法将信托事务委托他人代理的，应当对他人处理信托事务的行为承担责任。

第三十一条　同一信托的受托人有两个以上的，为共同受托人。

共同受托人应当共同处理信托事务，但信托文件规定对某些具体事务由受托人分别处理的，从其规定。

共同受托人共同处理信托事务，意见不一致时，按信托文件规定处理；信托文件未规定的，由委托人、受益人或者其利害关系人决定。

第三十二条　共同受托人处理信托事务对第三人所负债务，应当承担连带清偿责任。第三人对共同受托人之一所作的意思表示，对其他受托人同样有效。

共同受托人之一违反信托目的处分信托财产或者因违背管理职责、处理信托事务不当致使信托财产受到损失的，其他受托人应当承担连带赔偿责任。

第三十三条 受托人必须保存处理信托事务的完整记录。

受托人应当每年定期将信托财产的管理运用、处分及收支情况，报告委托人和受益人。

受托人对委托人、受益人以及处理信托事务的情况和资料负有依法保密的义务。

第三十四条 受托人以信托财产为限向受益人承担支付信托利益的义务。

第三十五条 受托人有权依照信托文件的约定取得报酬。信托文件未作事先约定的，经信托当事人协商同意，可以作出补充约定；未作事先约定和补充约定的，不得收取报酬。

约定的报酬经信托当事人协商同意，可以增减其数额。

第三十六条 受托人违反信托目的处分信托财产或者因违背管理职责、处理信托事务不当致使信托财产受到损失的，在未恢复信托财产的原状或者未予赔偿前，不得请求给付报酬。

第三十七条 受托人因处理信托事务所支出的费用、对第三人所负债务，以信托财产承担。受托人以其固有财产先行支付的，对信托财产享有优先受偿的权利。

受托人违背管理职责或者处理信托事务不当对第三人所负债务或者自己所受到的损失，以其固有财产承担。

第三十八条 设立信托后，经委托人和受益人同意，受托人可以辞任。本法对公益信托的受托人辞任另有规定的，从其规定。

受托人辞任的，在新受托人选出前仍应履行管理信托事务的职责。

第三十九条 受托人有下列情形之一的，其职责终止：

（一）死亡或者被依法宣告死亡；

（二）被依法宣告为无民事行为能力人或者限制民事行为能力人；

（三）被依法撤销或者被宣告破产；

（四）依法解散或者法定资格丧失；

（五）辞任或者被解任；

（六）法律、行政法规规定的其他情形。

受托人职责终止时，其继承人或者遗产管理人、监护人、清算人应当妥善保管信托财产，协助新受托人接管信托事务。

第四十条 受托人职责终止的，依照信托文件规定选任新受托人；信托文件未规定的，由委托人选任；委托人不指定或者无能力指定的，由受益人选任；受益人为无民事行为能力人或者限制民事行为能力人的，依法由其监护人代行选任。

原受托人处理信托事务的权利和义务，由新受托人承继。

第四十一条 受托人有本法第三十九条第一款第（三）项至第（六）项所列情形之一，职责终止的，应当作出处理信托事务的报告，并向新受托人办理信托财产和信托事务的移交手续。

前款报告经委托人或者受益人认可，原受托人就报告中所列事项解除责任。但原受托人有不正当行为的除外。

第四十二条 共同受托人之一职责终止的，信托财产由其他受托人管理和处分。

第三节 受益人

第四十三条 受益人是在信托中享有信托受益权的人。受益人可以是自然人、法人或者依法成立的其他组织。

委托人可以是受益人，也可以是同一信托的唯一受益人。

受托人可以是受益人，但不得是同一信托的唯一受益人。

第四十四条 受益人自信托生效之日起享有信托受益权。信托文件另有规定的，从其规定。

第四十五条 共同受益人按照信托文件的规定享受信托利益。信托文件对信托利益的分配比例或者分配方法未作规定的,各受益人按照均等的比例享受信托利益。

第四十六条 受益人可以放弃信托受益权。

全体受益人放弃信托受益权的,信托终止。

部分受益人放弃信托受益权的,被放弃的信托受益权按下列顺序确定归属:

(一)信托文件规定的人;

(二)其他受益人;

(三)委托人或者其继承人。

第四十七条 受益人不能清偿到期债务的,其信托受益权可以用于清偿债务,但法律、行政法规以及信托文件有限制性规定的除外。

第四十八条 受益人的信托受益权可以依法转让和继承,但信托文件有限制性规定的除外。

第四十九条 受益人可以行使本法第二十条至第二十三条规定的委托人享有的权利。受益人行使上述权利,与委托人意见不一致时,可以申请人民法院作出裁定。

受托人有本法第二十二条第一款所列行为,共同受益人之一申请人民法院撤销该处分行为的,人民法院所作出的撤销裁定,对全体共同受益人有效。

第五章 信托的变更与终止

第五十条 委托人是唯一受益人的,委托人或者其继承人可以解除信托。信托文件另有规定的,从其规定。

第五十一条 设立信托后,有下列情形之一的,委托人可以变更受益人或者处分受益人的信托受益权：

（一）受益人对委托人有重大侵权行为；

（二）受益人对其他共同受益人有重大侵权行为；

（三）经受益人同意；

（四）信托文件规定的其他情形。

有前款第（一）项、第（三）项、第（四）项所列情形之一的，委托人可以解除信托。

第五十二条　信托不因委托人或者受托人的死亡、丧失民事行为能力、依法解散、被依法撤销或者被宣告破产而终止，也不因受托人的辞任而终止。但本法或者信托文件另有规定的除外。

第五十三条　有下列情形之一的，信托终止：

（一）信托文件规定的终止事由发生；

（二）信托的存续违反信托目的；

（三）信托目的已经实现或者不能实现；

（四）信托当事人协商同意；

（五）信托被撤销；

（六）信托被解除。

第五十四条　信托终止的，信托财产归属于信托文件规定的人；信托文件未规定的，按下列顺序确定归属：

（一）受益人或者其继承人；

（二）委托人或者其继承人。

第五十五条　依照前条规定，信托财产的归属确定后，在该信托财产转移给权利归属人的过程中，信托视为存续，权利归属人视为受益人。

第五十六条　信托终止后，人民法院依据本法第十七条的规定对原信托财产进行强制执行的，以权利归属人为被执行人。

第五十七条　信托终止后,受托人依照本法规定行使请求给付报酬、从信托财产中获得补偿的权利时,可以留置信托财产或者对信托财产的权利归属人提出请求。

第五十八条　信托终止的,受托人应当作出处理信托事务的清算报告。受益人或者信托财产的权利归属人对清算报告无异议的,受托人就清算报告所列事项解除责任。但受托人有不正当行为的除外。

第六章　公益信托

第五十九条　公益信托适用本章规定。本章未规定的,适用本法及其他相关法律的规定。

第六十条　为了下列公共利益目的之一而设立的信托,属于公益信托:

（一）救济贫困;

（二）救助灾民;

（三）扶助残疾人;

（四）发展教育、科技、文化、艺术、体育事业;

（五）发展医疗卫生事业;

（六）发展环境保护事业,维护生态环境;

（七）发展其他社会公益事业。

第六十一条　国家鼓励发展公益信托。

第六十二条　公益信托的设立和确定其受托人,应当经有关公益事业的管理机构（以下简称公益事业管理机构）批准。

未经公益事业管理机构的批准,不得以公益信托的名义进行活动。

公益事业管理机构对于公益信托活动应当给予支持。

第六十三条 公益信托的信托财产及其收益，不得用于非公益目的。

第六十四条 公益信托应当设置信托监察人。

信托监察人由信托文件规定。信托文件未规定的，由公益事业管理机构指定。

第六十五条 信托监察人有权以自己的名义，为维护受益人的利益，提起诉讼或者实施其他法律行为。

第六十六条 公益信托的受托人未经公益事业管理机构批准，不得辞任。

第六十七条 公益事业管理机构应当检查受托人处理公益信托事务的情况及财产状况。

受托人应当至少每年一次作出信托事务处理情况及财产状况报告，经信托监察人认可后，报公益事业管理机构核准，并由受托人予以公告。

第六十八条 公益信托的受托人违反信托义务或者无能力履行其职责的，由公益事业管理机构变更受托人。

第六十九条 公益信托成立后，发生设立信托时不能预见的情形，公益事业管理机构可以根据信托目的，变更信托文件中的有关条款。

第七十条 公益信托终止的，受托人应当于终止事由发生之日起十五日内，将终止事由和终止日期报告公益事业管理机构。

第七十一条 公益信托终止的，受托人作出的处理信托事务的清算报告，应当经信托监察人认可后，报公益事业管理机构核准，并由受托人予以公告。

第七十二条 公益信托终止，没有信托财产权利归属人或者信托财产权利归属人是不特定的社会公众的，经公益事业管理机构批准，受托人应当将信托财产用于与原公益目的相近似的目的，或者将信托财产转移给具有近似目的的公益组织或者其他公益信托。

第七十三条 公益事业管理机构违反本法规定的，委托人、受托人或者受益人有权向人民法院起诉。

第七章 附则

第七十四条 本法自 2001 年 10 月 1 日起施行。

全国法院民商事审判工作会议纪要(节选)

七、关于营业信托纠纷案件的审理

会议认为,从审判实践看,营业信托纠纷主要表现为事务管理信托纠纷和主动管理信托纠纷两种类型。在事务管理信托纠纷案件中,对信托公司开展和参与的多层嵌套、通道业务、回购承诺等融资活动,要以其实际构成的法律关系确定其效力,并在此基础上依法确定各方的权利义务。在主动管理信托纠纷案件中,应当重点审查受托人在"受人之托,忠人之事"的财产管理过程中,是否恪尽职守,履行了谨慎、有效管理等法定或者约定义务。

88.【营业信托纠纷的认定】信托公司根据法律法规以及金融监督管理部门的监管规定,以取得信托报酬为目的接受委托人的委托,以受托人身份处理信托事务的经营行为,属于营业信托。由此产生的信托当事人之间的纠纷,为营业信托纠纷。

根据《关于规范金融机构资产管理业务的指导意见》的规定,其他金融机构开展的资产管理业务构成信托关系的,当事人之间的纠纷适用信托法及其他有关规定处理。

89.【资产或者资产收益权转让及回购】信托公司在资金信托成立后,以募集的信托资金受让特定资产或者特定资产收益权,属于信托公司在资金依法募集后的资金运用行为,由此引发的纠纷不应当认定为营业信托纠纷。如果合同中约定由转让方或者其指定的第三方在一定期间后以交易本金加上溢价款等固定价款无条件回购的,无论转让方所转让的标的物是否真实存在、是否实际交付或者过户,只要合同不存在法定无效事由,对信托公司提出的由转让方或者其指定的第三方按约定承担责任的诉讼请求,人民法院依法予以支持。

当事人在相关合同中同时约定采用信托公司受让目标公司股权、向目标公司增资方式并以相应股权担保债权实现的，应当认定在当事人之间成立让与担保法律关系。当事人之间的具体权利义务，根据本纪要第71条的规定加以确定。

90.【劣后级受益人的责任承担】信托文件及相关合同将受益人区分为优先级受益人和劣后级受益人等不同类别，约定优先级受益人以其财产认购信托计划份额，在信托到期后，劣后级受益人负有对优先级受益人从信托财产获得利益与其投资本金及约定收益之间的差额承担补足义务，优先级受益人请求劣后级受益人按照约定承担责任的，人民法院依法予以支持。

信托文件中关于不同类型受益人权利义务关系的约定，不影响受益人与受托人之间信托法律关系的认定。

91.【增信文件的性质】信托合同之外的当事人提供第三方差额补足、代为履行到期回购义务、流动性支持等类似承诺文件作为增信措施，其内容符合法律关于保证的规定的，人民法院应当认定当事人之间成立保证合同关系。其内容不符合法律关于保证的规定的，依据承诺文件的具体内容确定相应的权利义务关系，并根据案件事实情况确定相应的民事责任。

92.【保底或者刚兑条款无效】信托公司、商业银行等金融机构作为资产管理产品的受托人与受益人订立的含有保证本息固定回报、保证本金不受损失等保底或者刚兑条款的合同，人民法院应当认定该条款无效。受益人请求受托人对其损失承担与其过错相适应的赔偿责任的，人民法院依法予以支持。

实践中，保底或者刚兑条款通常不在资产管理产品合同中明确约定，而是以"抽屉协议"或者其他方式约定，不管形式如何，均应认定无效。

93.【通道业务的效力】当事人在信托文件中约定，委托人自主决定信托设立、信托财产运用对象、信托财产管理运用处分方式等事宜，自行承担信托资产的风险管理责任和相应风险损失，受托人仅提供必要的事务协助或者服务，不承担主动管理职责的，应当认定为通道业务。《中国人民银行、中国银行保险监督管理委员会、中国证券监督管理委员会、国家外汇管理局关于规范金融机构资产管理业务的指导意见》第 22 条在规定"金融机构不得为其他金融机构的资产管理产品提供规避投资范围、杠杆约束等监管要求的通道服务"的同时，也在第 29 条明确按照"新老划断"原则，将过渡期设置为截至 2020 年底，确保平稳过渡。在过渡期内，对通道业务中存在的利用信托通道掩盖风险，规避资金投向、资产分类、拨备计提和资本占用等监管规定，或者通过信托通道将表内资产虚假出表等信托业务，如果不存在其他无效事由，一方以信托目的违法违规为由请求确认无效的，人民法院不予支持。至于委托人和受托人之间的权利义务关系，应当依据信托文件的约定加以确定。

94.【受托人的举证责任】资产管理产品的委托人以受托人未履行勤勉尽责、公平对待客户等义务损害其合法权益为由，请求受托人承担损害赔偿责任的，应当由受托人举证证明其已经履行了义务。受托人不能举证证明，委托人请求其承担相应赔偿责任的，人民法院依法予以支持。

95.【信托财产的诉讼保全】信托财产在信托存续期间独立于委托人、受托人、受益人各自的固有财产。委托人将其财产委托给受托人进行管理，在信托依法设立后，该信托财产即独立于委托人未设立信托的其他固有财产。受托人因承诺信托而取得的信托财产，以及通过对信托财产的管理、运用、处分等方式取得的财产，均独立于受托人的固有财产。受益人对信托财产享有的权利表现为信托受益权，信托财产并非受益人的责任财产。因此，当事人因其与委托人、受托人或者受益人之间的纠纷申请对存管银行或者信托公司专门账户中的信托资金采取保全措施的，除符合《信托法》第17条规定的情形外，人民法院不应当准许。已经采取保全措施的，存管银行或者信托公司能够提供证据证明该账户为信托账户的，应当立即解除保全措施。对信托公司管理的其他信托财产的保全，也应当根据前述规则办理。

当事人申请对受益人的受益权采取保全措施的，人民法院应当根据《信托法》第47条的规定进行审查，决定是否采取保全措施。决定采取保全措施的，应当将保全裁定送达受托人和受益人。

96.【信托公司固有财产的诉讼保全】除信托公司作为被告外，原告申请对信托公司固有资金账户的资金采取保全措施的，人民法院不应准许。信托公司作为被告，确有必要对其固有财产采取诉讼保全措施的，必须强化善意执行理念，防范发生金融风险。要严格遵守相应的适用条件与法定程序，坚决杜绝超标的执行。在采取具体保全措施时，要尽量寻求依法平等保护各方利益的平衡点，优先采取方便执行且对信托公司正常经营影响最小的执行措施，能采取"活封""活扣"措施的，尽量不进行"死封""死扣"。在条件允许的情况下，可以为信托公司预留必要的流动资金和往来账户，最大限度降低对信托公司正常经营活动的不利影响。信托公司申请解除财产保全符合法律、司法解释规定情形的，应当在法定期限内及时解除保全措施。